그랜드스탠딩

그랜드스탠딩

grand standing

도덕적 허세는 어떻게 올바름을 오용하는가

Justin Tosi
Brandon Warmke

저스틴 토시·브랜던 월키 지음 | 김미덕 옮김

오월의봄

일러두기

1. 단행본, 정기간행물 등은 겹화살괄호(《 》)를, 논문·기사·영화 등은 홑화살괄호(〈 〉)를 사용해 표기했다.
2. 이해를 돕기 위해 본문에 옮긴이가 말을 덧댄 경우는 대괄호([ ])를 사용했다.
3. 본문의 각주는 모두 옮긴이 주이다.
4. 이 책을 옮기는 데 성신여자대학교 2021년 학술연구조성비(교내과제)를 지원받았다.

우리의 아이들인 데이비드 토시와 마리아 토시,

그리고 톰 웜키와 잔 웜키에게

차례

서문

　사람들 대부분은 공공의 장에서 도덕성과 정치를 이야기하는
것을 불편해한다. 저자인 우리는 많은 사람이 그런 토론에서 뭔
가 잘못되어 있다는 걸 감지할 것이라고 생각한다. 그런데 심하
게 모욕을 주는 것, 성급한 판단, 여타 나쁜 행동 같은 몇몇 상황
을 지적하는 것 이외에는 그 문제가 정확하게 무엇인지 꼬집기
가 어렵다.

　이 책은 공적 담론에서 나타나는 나쁜 행동의 중요한 원인 가
운데 한 가지를 진단한다. 우리의 담론 대부분은 간단히 말해, 자
기과시self-promotion를 위해 도덕적 이야기를 하는 도덕적 그랜드
스탠딩*으로 그 내용이 이루어졌기 때문에 정말 끔찍한 것이다.
오해는 말았으면 좋겠는데, 우리는 본래 도덕적 말이 좋은 것이

---

*　그랜드스탠드(grandstand)는 그랜드스탠딩을 '하다', 그랜드스탠더(grandstander)는 그랜드
　스탠딩을 하는 '사람', 그랜드스탠딩(grandstanding)은 그랜드스탠드의 명사형이다.

라고 생각한다. 정의, 자유, 평등, 해야 할 옳은 일에 관한 이야기는 필요하다. 다만 선한 일을 위해 도덕 담론을 말해야지 자신을 마냥 좋게 보이려고 그런 말을 해서는 안 된다. 〔다른 사람들의 눈길을 끌면서 자신의 도덕성을 과시하려고 도덕적인 말을 뱉는 사람인〕그랜드스탠더는 후자에 너무 신경을 쓴다.

그랜드스탠딩은 특정한 정치적 견해와 연관된 것만은 아니다. 온갖 종류의 의견을 가진 사람들이 그랜드스탠딩을 비판하기 위해 모일 수 있고 모여야 한다. 이것은 정파적 현상이 아니라 인간적인 현상이다. 자신을 정직하게 살펴보면 여러분도 남의 이목을 끌어 돋보이고자 도덕적 언사를 **쓸 뻔한** 적이 있었을 것이다 (우리는 틀림없이 여러분이 그랬을 거라고 생각한다). 최근, 한때 온라인 문화전쟁에 열정적으로 참여했던 한 사람이 자신의 그랜드스탠딩의 역사를 이렇게 회고한 적이 있다.

> 어떤 사람을 인종주의자나 성차별주의자라고 부를 때마다 나는 성급해졌다. 소셜 미디어상에서 평가의 기준이 되는 별, 하트, '좋아요'가 그 성급함을 재확인하고 지속시켰다.[1]

이런 인정은 놀랍기도 하고 특이하기도 하다. 우리는 왜 그런 의례에 참여할까? 우리는 왜 상호작용을 거의 하지 않는 사람들로부터 자신의 도덕적 이야기를 인정받는 데 신경을 쓸까? 우리는 왜 그 인정을 받으려고 다른 사람들을 기꺼이 희생시키려 들까?

이 책은 그랜드스탠딩을 이해하려는 노력으로서, 우리가 지난 5년에 걸쳐 그에 대해 알게 된 것을 여러분에게 말하려고 한다. 우리는 사회과학과 행동과학의 자료를 활용해 사람들이 왜 그랜드스탠딩을 하는지, 왜 그것이 지금과 같은 형태를 띠는지 설명할 것이다. 또 도덕철학을 활용해 그랜드스탠딩은 중요한 세 가지 도덕 이론 모두에서 도덕적 문젯거리임을 주장할 것이다. 말하자면 그랜드스탠딩은 나쁜 결과를 낳고, 사람들을 존중하는 데 실패한 방식이며, 도덕적이지도 않다는 것이다. 끝으로 과학과 철학 모두를 조금씩 활용해 그랜드스탠딩이 정치 영역에서 왜 문제적인지, 도덕 담론을 향상시키기 위해 우리가 해야 할 일이 무엇인지 말할 것이다.

어떤 독자는 우리가 인터넷과 소셜 미디어를 언급하고 있다는 것을 알아챘을 것이다. 인터넷과 소셜 미디어에 대한 이야기는 이 책 전반에 걸쳐 나온다. 그러나 이 책은 소셜 미디어가 아니라 도덕적 이야기를 다룬다. 도덕적 그랜드스탠딩은 새로운 현상이 아니며 인터넷의 부상으로 시작된 것이 아니다. 그러나 어찌 됐든 현재 도덕성과 정치에 대한 대부분의 토론이 이루어지는 곳은 인터넷이다. 인터넷은 자신이 좋은 사람이라는 것을 보여줄 청중을 찾기가 그 어느 곳보다 쉬운 장소이기 때문이다. 소셜 미디어를 언급하는 게 지겹다면 〔이탈리아 로마 구도심에 있는〕 로마인의 광장에서 카르타고Carthage를 가장 경멸하는 사람이 누구인지 이야기하거나 살롱에서 계몽주의 가치에 가장 헌신하는 사람이 누구인지 이야기하면서, 그때 여러 사람과 함께 있다고 마음껏 생각해봐도 된다. 그 심리와 행동은 똑같기 때문이다. 매체가 다를 수는 있겠지만 우리 사회는 그랜드스탠딩을 오랫동안 해왔고, 컴퓨터를 다룬 적이 없는 독자라 할지라도 여기에 나오는 이야기들을 알 수 있을 것이다.

다만 우리는 지금의 도덕적 이야기가 온라인에서 많이 일어난다는 점이 과거와 다른 부분이라고 생각한다. 우리가 신기술이나 문명의 급속한 쇠퇴에 관해 할 수 있는 이야기는 별로 없지만, 의사소통 수단은 현 시대 토론의 몇몇 특징에 영향을 끼쳐왔다. 여러분의 모든 생각을 펼칠 청중을 찾고, 여러분의 메시지를 방송하는 것이 그 어느 때보다 쉬워졌다. 수없이 많은 사람이 수백, 수천, 심지어 수백만의 사람에게 곧장 말할 수 있는 플랫폼을 갖고 있다. 이것 때문에 여러분도 사람들의 관심을 얻기 위한 경쟁심을 더 많이 느낀다. 튀기 위해서 여러분은 종종 특별한 무언가를 해야 한다. 나중에 이야기하겠지만, 이것은 우리가 논할 내용에 중요한 영향을 끼친다.

그리고 누구나 도덕적·정치적 토론을 찾아 소비하는 게 더 쉬워졌다. 이것은 그랜드스탠딩을 하는 사람은 늘 수없이 많았지만 지금이 그 어느 때보다 더 많은 그랜드스탠딩에 노출되었다는 것을 의미한다. 더 정확히 하자면, 그 어느 때보다 그랜드스탠딩을 발견하기 쉬워졌다고 말하기보다는 그 어느 때보다 피하기 어려워졌다고 말해야 할 것이다.

마지막으로, 지금은 다른 사람들의 도덕적 말을 찾기가 더 쉬워졌기 때문에 자신이 동의하지 않는 사람들을 관찰하고 괴롭히기도 더 쉬워졌다. 직업상 이념ideas을 토론하는 사람들은 가장 정확하게 이 점을 알고 있다. 사람들이 자신이 선호하는 (아니면 가장 경멸하는) 정치 인사들에 관해 듣고 싶지 않은 기사를 쓴 저널리스트들에게 증오가 담긴 메시지 폭격을 일상적으로 퍼붓기 때문이다. 자기 분야에서 최신의 이념적 흐름을 거스르는 학자들은 직업적 추방의 위기를 겪기도 하고 더 안 좋은 경우도 있다. 그리고 때로는 별 생각 없는 구경꾼들조차 현 시대 문화전쟁의 지뢰밭에 들어서서 관심을 좇는 군중의 분노를 느낄 것이다.

어떤 사람들은 다른 사람들의 공격적인 그랜드스탠딩을 받아본 다음에라야, 적어도 공개적으로 공적 도덕 담론이 뭔가 잘못되어가고 있다는 걸 인지한다. 우리는 이 책을 쓰면서 여러분이 그랜드스탠딩이 도덕적 문젯거리라는 걸 아는 데 그런 힘든 길을 갈 필요가 없기를 바랐다. 이 책은 그랜드스탠딩이 어떻게 일어나고 있으며, 왜 그것이 잘못된 것인지, 그것에 관해 해야 할 것과 하지 말아야 할 것이 무엇인가를 여러분에게 보이고자 한다.

텍사스주 루벅,
오하이오주 볼링그린에서

감사의 말

우리는 2014년 봄에 이 주제를 쓰기 시작했다. 그때부터 우리는 여기에 기록하는 여럿의 관대한 친구·동료와 수없이 많은 생산적인 논의를 해왔다. 누락된 사람이 있다면 양해를 구한다.

우리는 2018년 봄 미시간 대학에서 열린 도덕·정치철학 워크숍에서 제4장 초고에 대한 유익한 피드백을 받았다. 그 장을 발전시키는 데 도움을 준 철학자들인 조니 아노말리Jonny Anomaly, 댄 제이콥슨Dan Jacobson, 스티븐 월Steven Wall, 필리프 르모안Philippe Lemoine, 스펜서 제이 케이스Spencer Jay Case, 히리시케시 조시Hrishikesh Joshi, 그리고 네빈 클라이멘하가Nevin Climenhaga에게 고마운 마음을 전한다.

2018년 여름에는 맥도너 경영대학, 조지타운 시장 및 윤리 연구소Georgetown Institute for the Study of Markets and Ethics가 이 책의 초고를 발표할 워크숍을 친절하게 열어주었다. 초대해주신 연구소와 제이슨 브레넌Jason Brennan, 참가자인 브라이언 캐플란Bryan Caplan, 마이클 도우마Michael Douma, 윌리엄 잉글리시William English, 로빈 핸슨 Robin Hanson, 존 하스나스John Hasnas, 피터 야보르스키Peter Jaworski, 로 렌 로마스키Loren Lomasky, 그리고 토머스 물리건Thomas Mulligan의 논 평에 고마움을 표한다.

2019년 봄, 인문학 연구소Institute for Humane Studies에서 조금 더 진전된 원고에 대한 학제간 워크숍이 열렸다. 연구소와 책 전부 를 읽고 워크숍이 열린 이틀 내내 말할 수 없이 유용한 피드백과 조언을 준 애덤 아리코Adam Arico, 폴 블라시코Paul Blaschko, 가브리 엘 브람Gabriel Brahm, 빌 글로드Bill Glod, 브래들리 잭슨Bradley Jackson, 리 저심Lee Jussim, 멜라니 말로Melanie Marlowe, J.P. 메시나J.P. Messina, 캐스린 노로크Kathryn Norlock, 클레이 라틀리지Clay Routledge, 숀 스티 븐스Sean Stevens, 카일 스완Kyle Swan, 파비안 벤트Fabian Wendt에게 고 마움을 전하고 싶다.

볼링그린 주립대학에 있는 브랜던의 몇몇 동료가 이 책 여 러 부분에 유용한 피드백을 주었다. 제5장에 나오는 '쇼케이싱 showcasing〔본문에서는 이를 '전시'로 번역했다〕'이라는 용어를 만들기 도 한 크리스천 쿤스Christian Coons, 그리고 몰리 가드너Molly Gardner, 맥스 헤이워드Max Hayward, 케빈 발리에Kevin Vallier이다. 특별히 마 이클 베버Michael Weber는 초고에 대한 세밀한 논평을 주었다. 또 2018년 가을 학기 책 읽기 모임에서 초고를 읽고 방대하고 유용 한 피드백을 준, 관대한 볼링그린 대학 철학과 대학원생들인 조 슈아 브라운Joshua Brown, 크리스티나 드파우스키Christina Depowski, 라 이언 피스벡Ryan Fischbeck, 사라 가파리Sara Ghaffari, 이제킬 그라운

스Ezekeal Grounds, 마크 허먼Mark Herman, 바실리키 리언티스Vassiliki Leontis, 아미타바 파머Amitabha Palmer, 슈안푸 주왕Xuanpu Zhuang에게 도 고맙다. 윌 루거Will Lugar는 각 장마다 세심하고 상세한 논평을 해주었다.

수년간 크레이그 웜키Craig Warmke와 네이선 밸런타인Nathan Ballantyne이 여러 문제를 해결하는 데 도움을 주고, 현명한 조언과 지지를 해주었다. 몇몇 철학자는 각 장을 읽고 조언을 해주었다. 하워드 커저Howard Curzer, 브라이언 레이터Brian Leiter, 크리스천 밀 러Christian Miller가 내어준 시간과 훌륭한 감각에 고마움을 전한다. 우리가 이렇게 많은 사람의 도움을 받았다고 해서, 그들이 이 책 의 내용에 동의한다는 것은 당연히 아니다. 이 책에서의 모든 실 수는 우리 저자의 몫이다.

우리는 여러 곳에서 자료 일부를 발표했다. 우리를 초대해 준 노던일리노이 대학, 웨이크포레스트 대학, 미시간 대학 노스 캐롤라이나 철학사회North Carolina Philosophical Society, 크레이턴 대학, 워싱턴 D.C.에 있는 민주주의와 기술 센터Center for Democracy and Technology, 캐나다 노바스코샤주 핼리팩스의 캐나다 공공행정 윤 리 센터Canadian Centre for Ethics in Public Affairs와 그곳에서 받은 피드백 에 대해서도 고마운 마음을 전한다.

브랜던은 2016년 BGSU의 신임교수 오리엔테이션에서 조슈 아 그럽스Joshua Grubbs를 만났다. 조슈아는 많은 설득 없이도 그랜 드스탠딩이 경험심리학의 도구를 활용해 탐구할 만한 주제라는 것을 알아챘다. 그는 3년 동안 우리를 잘 견뎌주었고, 엄청난 주의를 기울여 그랜드스탠딩의 사회과학적 연구를 성숙한 연구 프로그램으로 선도적으로 이끌고 있다. 이 프로젝트에 헌신하고 여러 경험적 연구에 대한 유용한 조언을 준 그에게 고마운 마음을 마저 전한다.

매드하우스 크리에이티브Madhouse Creative의 그레그 젠킨스Greg Jenkins는 이 책의 표지를 디자인했다. 우리에겐 두 편집자를 둔 행운도 있었다. 프리랜서 편집자인 셰인 맥스웰 윌킨스Shane Maxwell Wilkins는 이 책의 초고를 읽고 전체 내용과 형식 모두에 관한 자세하고 예리한 피드백을 주었다. 옥스퍼드 대학 출판부의 편집자 루시 랜들Lucy Randall은 충분한 이해심과 인내심으로 우리를 지지해주었다. 두 번째 초고에 대한 그녀의 현명한 논평이 없었다면 지금과 같은 더 나은 책이 되지 못했을 것이다.

1장　　　　　　도덕적 이야기가 마법은 아니다

"암에나 걸리지 그래"

아이들은 서로에게 못되게 굴 수 있다. 아이들은 누군가를 괴롭히고 왕따시키고 조롱하며 놀리고 험담한다. 많은 아이가 누가 상처받는지 개의치 않고 이길 필요가 있다고 느끼며, 어떠한 비판에도 공격적으로 대응한다. 나쁜 일이 일어나면 타인을 비난하고 자신과 이질적인 사람들을 집단적으로 괴롭힌다.[1]

자라면서 우리가 배우는 가장 중요한 교훈의 상당 부분은 타인을 어떻게 더 잘 대하는가에 관한 것이다. 많은 사람에게 그 교훈은 효과가 있다. 우리 대부분은 성인이 될 때쯤 다른 사람을 존중하고 공감하는 법을 배운다. 그러나 많은 성인은 그 교훈을 선택적으로 적용하는 것도 배운다. 트위터는 그것을 알 수 있는 수많은 사례의 보고寶庫다. 2016년 미국 네브래스카 출신의 두 살짜리 사내아이가 플로리다주 올랜도에 있는 리조트에서 악어에게 물려 사망했다. 비극이다. 그런데 트위터 사용자 @femme_esq는 1만 2,000명의 팔로워에게 다른 이야기를 했다.

요즘 나는 백인 남성 권리에 너무 신물이 나서 악어에게 먹힌 그 두 살짜리 아기 사건이 슬프지가 않아. 걔 아빠가 사고 조짐을 무시했을 테니까.[2]

2017년 10월 1일 라스베이거스의 콘서트장에서 한 남성이 군중을 향해 총을 난사했다. 그는 58명을 죽이고 851명에게 상해를 입혔다. 엄청난 비극이다. 그런데 CBS의 [부사장이자] 수석변호사는 20명의 학생을 죽게 만든 샌디훅 초등학교 총기 사건과 그 사건을 연결시켜 트위터에 색다른 말을 남겼다.

아이들이 살해당했을 때 공화당 사람들은 아무것도 하지 않았다. 나는 그들이 옳은 일을 할 것이라는 아무런 희망이 없다. 컨트리 음악 팬은 대부분 공화당 총기 소지자들이라 실은 동정이 생기질 않는다.[3]

페미니스트 미디어 논평가 어니타 사키지언Anita Sarkeesian은 2013년 이래 비디오 게임에서 여성이 묘사되는 방식을 비판하는 동영상 시리즈를 만들었는데, 거기에 대해 엄청나게 많은 잔인하고 폭력적인 트윗이 작성됐다. 다음은 그 몇 가지 사례다.

- 암에나 걸리지 그래.
- 그냥 말하는 건데, 당신은 지금 받고 있는 모든 살해 협박을 받아 마땅해.
- '괴롭힘'은 계속되고 심해질 것이다. 우리는 페미니스트라고 공개적으로 선언하는 사람이 모조리 없어질 때까지 멈추지 않을 것이다.

이 사례는 온건한 축이다.[4] 많은 트윗에 성적 폭력 협박, 자살 유도, 살해 협박이 담겨 있었다.

우리는 아이들이 이런 종류의 행동을 해서는 안 된다는 것을 금방 알 수 있다. 예컨대 버스 사고가 났는데, 여러분의 자녀가 라이벌 초등학교의 아이들이 탄 버스라서 슬프지 않다고 친구들에게 말한 것을 알았을 때 엄습할 공포를 가정해보라. 혹은 자신이 좋아하는 비디오 게임에 대해 안 좋은 소리를 한 학급친구에게 성적 폭력을 행사하겠다고 협박한 걸 알았을 때를 가정해보라. 그런데 대부분의 성인이 도덕성이나 정치를 토론할 때 이런 종류의 폭력적 행동이 전적으로 가능한 것처럼 행동한다. 우리는 아이들이 다른 사람을 놀리고 모욕하고 집단적으로 괴롭히는 것을 허락하지 않는다. 그러나 성인인 **우리가** 자신이 무례하다고 생각하는 도덕적 견해를 표현한 사람들을 놀리고 모욕하고 집단적으로 괴롭히는 것은 다른 문제라고 본다. 다시 말해, 아이들과 달리 어른인 자신은 그렇게 해도 된다고 믿는 것 같다. 우리는 케이블 뉴스를 보거나 정치적 입장이 여럿인 사람들이 다니는 회사에서 정치에 대해 토론하거나 혹은 소셜 미디어를 자세히 조사하지 않아도, 공적 담론이 하나의 커다랗고 소란스러운 성인들의 운동장이라는 것을 알 수 있다.

성인들의 공적 담론과 아이들의 비행을 비교하는 것이 나이브하다고 생각할 수 있다. 아니면 그런 비교가 〔세상물정 모르는 우리의〕 특권에서 기인한 무지에서 나온 것이라고 생각할 수도 있다. 분명 사람들은 자신의 도덕적 신념과 가치관을 방어할 때 대화에 열을 올리곤 한다. 도덕성을 무척이나 신경 쓰기 때문이다. 그리고 여러분이 정말로 옳고 그름에 신경 쓴다면 도덕적 이야기가 아무리 거칠어져도 문제 삼지 않을 것이다. 누군가 여러분을 불쾌하게 하는 도덕적 견해를 표현하면 그 사람이 경멸스럽다고 분명한 용어로 말하는 것이 공정한 게임이다. 여러분은 이런 모습을 단순히 성인들이 말하는 이런저런 공적 도덕 담론일 뿐이라고 생각할 수 있다.

우리는 이런 견해를 가진 사람들은 그런 도덕적 이야기 방식이 끼치는 해악을 잘 모르고 있다고 생각한다. 대부분의 도덕적 이야기는 훌륭하다. 그러나 일부는 그렇지 않다.

도덕적 이야기

우리가 말하는 '도덕적 이야기'란 도덕적인 사안들—정의, 인권, 더 넓게는 누가 도덕적으로 선하고 어떤 일을 도덕적으로 행해야 하는가에 관한 주제들—을 다룬 대화다. 조금 더 구체적으로 말하면, 다음의 내용 중 하나라도 포함하면 도덕적 이야기라고 할 수 있다.

- 권리·존엄·정의·존중에 관한 이야기: "이민은 기본적인 인권이다", "우리는 안톤을 위한 정의를 요구한다".
- 어떤 사람이 도덕적으로 옳은 일을 했는지 그른 일을 했는지에 관한 이야기: "그녀는 자신을 욕하는 사람을 공개적으로 비난함으로써 옳은 일을 했다", "그는 틀림없이 저 여성들을

괴롭혔다".

- 어떤 사람이 얼마나 도덕적이고 나쁜지에 관한 이야기: "그는 말할 수 없이 용감하다", "그녀는 부정직하다".
- 선한 일이나 나쁜 일을 한 사람에게 마땅히 일어나야 할 일이 있다는 이야기: "그녀는 우리 모두의 존경을 받아 마땅하다", "그를 타도하라".
- 도덕적 감정에 관한 이야기: "나는 그녀가 그리 사악한 거짓 말을 했다는 데 분개한다", "나는 가정을 위해 그가 치른 희생에 경의를 표한다".
- 사회 정책들에 관한 찬반을 다루는 이야기: "우리는 후세대를 위해 탄소 배출을 줄여야 할 의무가 있다", "정의를 위해 사형 제도를 실시해야 한다".

이런 도덕적 이야기는 참 귀중하다. 이런 이야기는 우리가 실제 문제를 살피도록 도덕성을 환기하게 만드는 중요한 수단이다. 우리는 위협을 경고하고 타인에게 해를 끼치는 사람들을 밝힐 때 그런 이야기를 한다. 우리는 신뢰할 만한 사람들을 남 앞에서 칭찬한다. 우리는 자신이 공유하는 도덕적 이념에 대한 감동적인 연설로 긍정적인 사회 변화에 박차를 가한다. 우리는 그저 도덕적으로 비난하는 말들을 내뱉음으로써 타인의 행동에 영향을 끼친다. 간단히 말해, 도덕적 이야기는 우리 자신·이웃·세계를 더 좋게 만드는 강력하고 중요한 사회적 도구다.

도덕적 이야기는 매우 중요하기 때문에 여러분은 그것이 보통은 칭송받을 만하다고 생각할 것이다. 적어도 사람들이 도덕적 언사를 나쁜 짓을 하려고 쓰지는 않고, 신중하고 책임감 있게 사용하리라 생각할 것이다. 그렇게 하면 도덕적 이야기가 필요할 때 모두가 그것을 신중하게 여길 것이다. 우리는 어떤 사람이—권리·정의·존엄·존중 등을 호소하는—그럴듯한 강력한 이야기를 내세우면, 하찮고 사소하고 개인적인 말다툼에 걸릴 일 없이 작은 문제들이 밀려나고 중요한 문제들을 심각하게 토론하게 되는 것을 잘 알고 있다.

불행히도 많은 사람이 도덕적 이야기를 무책임하게 한다. 사람들은 자신이 싫어하는 사람들을 모욕하고 겁주고 위협하기 위해, 친구들에게 좋은 인상을 주고 스스로를 꽤 좋은 사람이라고 느끼기 위해, 자신이 저지른 나쁜 짓을 타인이 덜 의심하게 하기 위해 그런 이야기를 한다. 이런 양태들이 바로 도덕적 이야기의 오용이다. 문제는 사람들이 무례할 뿐만 아니라 부당한 목적을 위해 도덕적 이야기를 마음대로 끌어들인다는 것이다. 사람들이 도덕적 이야기를 이런 방식으로 사용할 때, 바로 그 도덕적 이야기가 정작 도움을 주어야 할 사람들의 보호 장치가 되지 못하게 만든다.

우리가 이 책 전반에 걸쳐 설명하겠지만, 도덕적 이야기를 마구잡이로 하는 것은 다른 사람들을 해친다. 엄청난 해를 입히기도 한다. 감당하기 어려운 허황된 도덕적 이야기도 또 다른 면에서 파괴적이다. 그런 도덕적 이야기가 일상다반사가 되면 사람들은 도덕적 이야기 전부가 실천할 가치가 없다고 확신하게 된다. 냉담해진 사람들은 그것을 일련의 옹졸하고 믿기지 않는 주장에 불과하다고 보고, 결국 도덕적 이야기를 실천하지 않는다.

그런데 많은 사람은 여지없이 도덕적 이야기의 오용이 일으키는 부정적인 면을 보지 않는다. 사람들은 마치 도덕적 이야기가 항상 존중받아야 마땅한 것처럼 행동한다(적어도 자신의 편이 그런 이야기를 할 때는). 그 사람들에게 도덕적 이야기는 마법이다. 정의·존엄·권리·평등·명예·전통·신념·가족과 같은 성스러운 단어들은 자신의 저급하고 폭력적이며 이기적인 행동을 영웅적이고 칭찬받을 만한 것으로 마법처럼 둔갑시킨다. 싫어하는 사람들에겐 잔인해지고, 마음 맞는 동료들로부터는 축하를 받길 원하는가? 자신의 행동을 하늘 높이 떠 있는 도덕적 언어로 포장해보라. (이렇게 생각될 것이다.) '와! 용감하고 존경스럽고, 권력자에게 진실을 말하는 사람이군.'

그러나 도덕적 이야기는 마법이 아니다. 성스러운 단어를 쓰고 자신이 유념하고 있는 것을 제 방식으로 보인다고 해서, 다른 사람들을 마음대로 나쁘게 대할 권한이 있는 게 아니다. 도덕적 언사를 거침없이 쓰는 것 자체는 (노력을 통해 이룬) 성취가 아니다. 가십 잡지를 읽는 사람들을 칭찬하는 이들을 떠올려보자. "적어도 뭔가를 읽고 있군. 좋은 일이야!" 대부분의 저급한 도덕적 이야기와 달리 이런 종류의 책 읽기에 도덕적으로 반박할 만한 것은 없다. 그러나 존경할 만한 이유도 분명 없다. 성인이 뭔가를 읽는 행위로 인정받을 필요가 없는 것처럼, 도덕적 이야기를 그냥 하는 것만으로 인정받을 것은 없다. 모든 도덕적 언사가 칭송받을 만한 것도 아니고 어떤 것은 사라져야 세상이 더 좋아진다.

도덕적 이야기에는 당위가 있다. 중요한 건 이런 것들이다. 우리가 더 나은 사람이 되도록 하고, 다른 사람을 받아 마땅한 존중으로 대하고, 세상을 더 나은 곳으로 만드는 것 말이다. 그러나 모든 종류의 도덕적 이야기가 그것을 이루도록 돕지는 않는다. 도덕적 이야기는 오용될 수 있다. 그리고 도덕적 이야기를 오용할 때 도덕적으로 더 나아지기 위한 노력이 결국 훼손된다.

도덕적 이야기를 제대로 사용하기 위해서는 도덕적 이야기가 어떻게 잘못된 방향으로 갈 수 있는지도 이해할 필요가 있다. 도덕적 이야기를 오용하는 몇 가지 방식은 어느 정도 분명하다. 자신의 생활방식이나 도덕적 견해에 동의하지 않는 사람을 욕하는 건 전형적으로 눈살을 찌푸릴 일이다. 대부분의 사람은 어떤 경솔한 작은 실수를 한 사람에게 죽어 마땅하다고 말하는 게 잘못이라는 것을 안다. 그런데 어떤 유해한 형태의 도덕적 이야기는 독이 들긴 했지만, 감지하기가 어렵다. 이 책은 공적 담론에 있는 이런 종류의 독, 바로 도덕적 그랜드스탠딩moral grandstanding에 관한 것이다.

다음 장에서 더 자세하게 다루겠지만, 간단한 표어 문구 정도로 서술해보면 도덕적 그랜드스탠딩은 자기과시를 위해 도덕적 이야기를 하는 것이다. 그랜드스탠딩은 도덕적 이야기를 허영 프로젝트로 바꾼다. 그랜드스탠더는 도덕적 자질로 다른 사람들에게 좋은 인상을 주기 위해 과시하는 자다. 그랜드스탠딩이 무엇인지 더 잘 이해하기 위해 몇몇 예를 들어보자.

그랜드스탠딩: 하비 와인스틴부터 로이 무어까지

대부분의 독자는 현대 정치에서 그랜드스탠딩이 얼마나 자주 언급되는지만 봐도 그 단어가 무슨 뜻인지 대략 이해할 것이다. 예컨대 2013년 ('오바마 케어'로 알려진) 부담적정보험 법안 Affordable Care Act의 예산 확보를 둘러싼 논쟁에서 공화당 의원들이 연방 정부에 그것을 중단하라고 위협할 때, 당시 대통령 오바마 Barak Obama는 그들이 그랜드스탠딩을 한다고 비판했다. 오바마는 "이 그랜드스탠딩은 보통 사람들에게 실질적인 영향을 끼친다"[5]라고 말했다. 《L.A.타임스 L.A. Times》 편집팀 또한 가족계획연맹 Planned Parenthood에 대한 재정 지원을 줄이려는 공화당 의원들의 시도를 그랜드스탠딩이라며 비난했다.[6] 브루킹스 연구소 Brookings Institute는 2012년 (매사추세츠 주지사였고 2012년 공화당 대통령 후보였던) 밋 롬니 Mitt Romney의 이란에 관한 발언을 그랜드스탠딩이라고 불렀다.[7] 로스 다우댓 Ross Douthat은 당시 후보였던 도널드 트럼프 Donald Trump의 노동자 계층 지지자들에 대한 호소를 "트위터 논쟁을 만드는 끊임없는 분열 요소이자 가짜 애국주의 그랜드스탠딩"에 불과하다고 했다.[8] 트럼프의 2016년 대통령 선거 캠페인 웹사이트에는 이런 구절이 있었다. "진짜 문제를 다루는 데는 그랜드스탠딩이나 정치적 의제가 아니라 진짜 해결책이 필요하다."[9] 그리고 트럼프가 대통령이었을 때 전前 FBI 국장 제임스 코미 James Comey를 해고하며 그가 과시자이자 그랜드스탠더라는 사유를 댔다.[10] 트럼프는 존 매케인 John McCain이 부담적정보험

법안 폐지 반대표를 던진 것을 두고도 마찬가지로 그가 그랜드
스탠딩을 하는 사람이라고 했다.[11] 이제 여러분도 감을 잡았을 것
이다.

사람들은 그랜드스탠딩을 상당히 자주 비난한다. 그런데 그
랜드스탠딩은 어떤 모습일까? 유명한 영화 제작자이자 할리우
드 거물인 하비 와인스틴Harvey Weinstein의 사례를 들어보자. 2017
년 가을 수십 명의 여성이 와인스타인을 수많은 성희롱과 성폭
행 혐의로 고소했다. 그해 10월 5일 와인스틴은 그 혐의들에 대
한 첫 번째 공식 성명을 발표했다. 그는 "60년대와 70년대가 내
성장기였고 그때는 행동과 직장에서의 모든 규칙이 달랐다"라는
말로 포문을 열었다. 이어서 그는 "모든 여성을 존중하고 일어난
일에 유감을 표한다"라고 하면서, 지난 수십 년간의 잘못을 반성
하고 앞으로 더 좋은 일에 헌신하겠다고 했다. 그런데 우리의 작
업 목적에 비추어보면 그 성명서에서 재미있는 부분은 맨 끝에
나온다.

나는 화를 풀 장소가 필요해서 미국총기협회에 온 관심을 쏟으리
라 결심했다. 나는 웨인 라피에어Wayne LaPierre(미국총기협회 CEO)
가 그의 은퇴 파티를 즐기길 바란다. …… 나는 우리 대통령〔도널
드 트럼프〕에 대한 영화를 제작 중이다. 우리는 그들의 합동 은퇴
파티를 열 수도 있을 것이다. 1년 전에 나는 USC에 있는 여성 디
렉터들에게 장학금을 줄 목적으로 500만 달러의 재단을 꾸리기
시작했다. 우연처럼 보이겠지만 그 일을 1년간 진행해왔다. 그 재

단의 이름은 내 어머니의 이름에서 따올 것이고, 나는 그녀를 실
망시키지 않을 것이다.[12]

와인스틴의 성명서는 여기저기서 혹평을 받았다. 어떠한 정
치적 입장을 가진 사람이라도 와인스틴이 그의 잘못을 비켜가기
위해 자신의 의도를 더 진보적인 정치적 대의명분 쪽으로 내보
이고 있음을 알 수 있다. '그가 실수를 했을 수 있다. 그러나 그는
좋은 사람이다. 그는 총기협회를 싫어한다. 그는 정당하게 트럼
프 대통령을 비판한다. 우연히도 그가 여성을 위한 장학금을 만
들었다.' 우리는 그가 그랜드스탠딩을 하고 있음을 확신한다.

또 다른 예를 들어보자. 2017년 가을 상원의원 보궐선거에서
앨라배마 공화당 소속 로이 무어Roy Moore는 민주당 소속 더그 존
스Doug Jones에 맞서 입후보했다. 무어는 오랫동안 성범죄 혐의로
기소를 당한 역사를 포함해 논쟁적인 이력을 갖고 있다. 그 내용
을 우리가 여기서 자세하게 파헤치지는 않을 것이다. 우리에게
흥미로운 것은 그가 자주 그랜드스탠딩을 한다고 비판받는다는
점이다. 앨라배마 보궐선거 전에 《애틀랜틱The Atlantic》의 미셸 코
틀Michelle Cottle은 "무어처럼 전투적이고 자기를 과장하는 그랜드
스탠더는 정확하게 앨라배마가 이익을 대표할 필요가 없는 사람
입니다"[13]라고 말했다. 무어의 적수인 더그 존스도 그를 그랜드
스탠더라고 칭했다. 한 텔레비전 캠페인 광고에서 존스는 카메라
를 정면으로 응시하면서 건강보험 시스템이 "망가졌고", "로이
무어의 극단적 견해와 그랜드스탠딩은 그것을 고치는 데 아무런

쓸모가 없다"라고 말했다.[14] 《내셔널 리뷰National Review》에서 일하는 데이비드 프렌치David French는 무어를 "얼빠지고 그랜드스탠딩을 하는 헌법 무식자"라고 불렀다.[15]

그런 비난이 아주 틀린 것은 아니다. 무어는 앨라배마주 대법원장이 되자마자 5,280파운드의 화강암 기념비에 십계명을 새겨 법원 건물에 그것을 두라고 지시했다. 몇몇 인권 시민단체가 그 기념비가 위헌이라고 고발을 했다. 무어는 패소하고 기념비를 치우라는 명령을 받았다. 하지만 그는 거부했고 법원 명령을 어긴 까닭에 결국 판사직에서 해고되었다. 무어는 그 일이 진행되는 내내 도덕적·종교적 믿음을 근거로 기념비를 옹호하는 데 강경했다. 그는 판사직에서 해고되기 3개월 전에 열린 한 기자 회견에서 강렬한 도덕적 공세를 퍼부었다.

앨라배마주의 대법원장으로서 내 의무는 우리 주의 사법체계를 파괴하는 것이 아니라 관리하는 것입니다. 나는 그 십계명비와 우리 법의 도덕적 근간을 철거할 의도가 없습니다. 그렇게 하는 것이야말로 사실상 우리 주의 사법체계를 망가뜨리는 것입니다. 나는 이것을 할 수도 없고 하지도 않을 겁니다. 그런데 조금 더 큰 의미에서 여러분, 문제는 내가 그 기념비를 철거하느냐 마느냐가 아닙니다. 내가 법원 명령을 따를 것이냐 마느냐의 문제도 아닙니다. 진짜 문제는 우리를 창조하고—생명·자유·행복 추구와 같은—양도할 수 없는 권리들을 주신 하나님을 내가 부정하느냐 마느냐의 문제입니다.[16]

아마도 이것은 '무어가 그래줬으면' 하는 신의 입장일 것이다. 다른 해석은 이것이다. 무어가 위로든 아래로든 지구상에서의 어떤 권력도, 그 화강암 기념비가 양도할 수 없는 권리 보호에 핵심이라는 자신의 도덕적 신념을 움직일 수 없다고 앨라배마 사람들에게 알리고 싶었다는 것이다. 기념비와 양도할 수 없는 권리 사이에 정확하게 어떤 관계가 있을까? 불분명하다. 분명하게 보이는 것은 무어가 앨라배마 유권자들이 자신을 종교와 법의 도덕적 근간을 옹호하는 도덕의 화신으로 생각하게 만들고 싶었다는 점이다. 다시 한번 우리는 그가 그랜드스탠딩을 했다고 확신한다.

유명 인사와 정치인이 유달리 그랜드스탠딩을 하기 쉬운 것 같지만 결코 그들이 전부가 아니다. 여러분의 소셜 미디어 피드는 자신이 역사의 옳은 편에 서 있음을 증명하고자 애쓰는 사람들로 가득하다. 그런 사람들 덕분에 공적 담론은 도덕적 우위를 차지하려는 전쟁터가 된다. 여러분은 총기규제의 장점으로 시작된 토론에서 결국 자신이 초등학생들에게 가장 마음을 쓰는 사람이라고 다른 사람들을 설득함으로써 그 토론을 끝내는 이들을 본 적이 있을 것이다.

많은 사람은 지금의 공적 담론이 안 좋은 상태라는 데 쉽게 동의하지만, 이때 떠올리는 것은 '다른 편'의 행동이다. 타 집단들의 나쁜 행동을 인지하기란 쉽다. 자신은 두말할 것도 없고, 자기가 속한 집단이 하는 나쁜 행동을 인지하기는 더 어렵다.

이 책은 우리 자신을 공평하고 정직하게 들여다보고, 우리가 도덕적 이야기로 선한 일을 **하고** 있는지 아니면 그냥 좋게 **보이려 고만** 하는지 묻는 책이다. 우리는 도덕적 이야기로 자신을 좋게 보이고자 하는 행위가 선을 위해 정작 그만두어야 하는 바로 그 행위임을 보이려고 한다.

예상되는 비판들에 대하여

그랜드스탠딩에 대한 비판이 최근 문화전쟁에서 또 다른 무기가 되고 있기 때문에, 그에 대한 토론이 가열되고 혼란스러운 경향이 있다. 우리는 극적인 뭔가를 만들기보다 이 논쟁을 진전시키고 싶을 뿐이다. 따라서 도덕적 그랜드스탠딩의 상세한 내용과 그것이 왜 위험하다고 보는지 깊게 들어가기 전에, 여러분이 염려할 수 있는 부분을 명확히 하고 앞으로 전개할 내용을 미리 간략하게 설명하고자 한다.

지금쯤이면 여러분이 이미 파악했을 것이라 생각하는데 도덕적 이야기는 오용될 수 있다. 도덕적 이야기는 우리 모두가 중요하다고 생각하는 정의·공정·자유 기타 등등과 같은 것들의 실천을 약속한 것이긴 하지만, 그랜드스탠딩을 할 때처럼 그것이 잘못될 때는 부정적인 효과를 낸다. 우리가 살펴본 사례들과 여러분이 매일 마주치는 일들을 통해 이미 자각했겠지만, 다음 장에서 도덕적 그랜드스탠딩이 정확하게 무엇인지 설명할 것이다.

우리가 도덕적 그랜드스탠딩을 풀어내면 낼수록 여러분은 틀림없이 몇 가지 의구심을 갖게 될 것이다. 말하자면 이와 같은 것들이다. 사람들이 정말로 그렇게 그랜드스탠딩을 할까? 사람들이 그랜드스탠딩을 할지라도 왜 그렇게 흔하다고 생각하나? 만약 그 행위가 드물다면 아마 그렇게 중요하지 않을 것이다.

이 책 전반에 걸쳐 우리는 사람들이 그랜드스탠딩을 할 뿐만 아니라, 너무 많은 수가 일상적으로 그랜드스탠딩을 한다고 납득시키기 위해 애쓸 것이다. 물론 수많은 그랜드스탠딩이 진행되고 있다는 데 동의할지라도, 도덕적 그랜드스탠딩에 대한 우리 이론이 여전히 잘못되었다고 생각할 수도 있다. 만약 그렇다면 그랜드스탠딩 개념과 그것의 작동방식에 대한 우리의 이해를 향상시킬 방법을 다른 이들로부터 듣기를 바란다.

우리는 또 도덕적 그랜드스탠딩은 도덕적 이야기를 오용하는 한 방법이며, 대체로 나쁘고 피해야 한다고 생각한다. 우리는 이 점을 여러분에게 확신케 하려고 정말 많은 논거를 제시할 것이다. 그 논거 전부를 보고 나서도 확신하지 못할 수도 있지만, 괜찮다. 우리가 제시하는 논거의 대부분이 좋은 논거인 만큼, 그랜드스탠딩이 대체로 나쁘고 피해야 한다는 점은 밝혔다고 본다.

우리가 전면에 다루길 원하고 독자들이 제기할 수 있는 또 다른 반대 의견도 있다. 우리는 그 의견이 재고의 가치가 없다고 보지만 여러분이 우리 의견에 마음을 열지 못하게 하는 요소일 수도 있어서, 짧게 이야기하고 싶다. 그랜드스탠딩이 도덕적 이야기를 오용하는 가장 최악의 방식이거나 가장 흔한 방식이 아니라는 비판이다. 그러나 우리는 그 어느 쪽도 주장하지 않으며, 우리의 주장은 이 의견들에 기대지 않는다. 어떤 사람들은 가장 심각하거나 가장 흔한 형태가 아닌 한, 도덕적 이야기의 오용을 다루는 책을 써서는 안 된다고 반박할 수 있다. 하지만 누구도 '최악의 문제만을 다뤄야 한다'는 원칙을 지킬 필요는 없다. 그 누구도 캠퍼스에서 성폭행과 같은 더 심각한 문제들이 있기 때문에, 아니면 거짓말이나 표절 같은 다른 비리들이 더 흔하기 때문에 성적 괴롭힘 문제에 관한 책을 써서는 안 된다고 생각하지 않는다. 설혹 그 원칙이 맞는다고 해도, 우리는 기껏해야 다른 책보다 이 책을 쓰는 것이 **도덕적으로** 틀렸음을 보일 뿐이다. 그것이 우리 주장이 틀렸다는 말은 아니다.

가능하지만 미덥지는 않은 마지막 비판에는 특별한 주의를 기울일 필요가 있다. 우리 주제가 공적 담론의 도덕성에 관한 것이기 때문에 어떤 이들은 우리 주장이 어찌 됐든 표현의 자유를 존중하는 것과 상충한다고 주장할 것이다. 그런 생각은, 어떤 공공의 표현이 도덕적으로 부당하다고 밝히려는 작업은 양심을 이야기할 권리가 없다고 여기는 것이라고 보는 듯하다. 이것은 틀린 생각이다. 이 책의 어느 부분도 표현의 자유에 대한 확고한 권리와 상충하지 않는다. 그와 동시에, 원하는 무엇이라도 말할 권리가 있다는 것은 원하는 건 무엇이나 다 말하고 아무 방식으로나 말하는 것이 도덕적으로 옳다는 것을 뜻하지 않는다. 이 점을 더 분명하게 살피기 위해 거짓말을 생각해보자. 우리는 여러 정황에서 거짓말을 하는 것이 도덕적으로 나쁘다는 것을 알고 있다. 그러나 누구도 거짓말을 나쁘다고 생각하는 것과 자유로운 발언의 권리를 주장하는 것 사이에서 하나를 골라야 한다고 생각하지 않는다.

　이어지는 다섯 장에서 우리는 그랜드스탠딩이 무엇이고 그것이 나쁘다고 생각하는 이유를 밝힐 것이다. 주장을 설명한 후에 그랜드스탠딩이 민주주의 사회의 정치에 어떻게 영향을 끼치는지 살필 것이고, 지금의 도덕적 이야기를 개선하기 위해 우리가 할 수 있는 것들을 제안함으로써 이 책을 마무리하려고 한다.

　진실로 정의를 생각하는 사람이라면 이 책을 읽기 바란다.

2장   **도덕적 그랜드스탠딩이란 무엇인가?**

그랜드스탠딩

　모든 그랜드스탠딩이 도덕적 색채를 띠는 것은 아니다. 어쨌든 사람들이 타인에게 자신을 과시할 수 있는 방법은 많다. '과시하다'라는 의미로 쓰인 '그랜드스탠드'의 최초 기록은 1888년에 발표된 미국 야구에 관한 책에, 인상적인 경기를 펼친 후 뽐내고 싶은 야구 선수들을 서술할 때 나온다. "그 경기는 '그랜드스탠드 선수'를 만든 그런 종류의 일이었다. 그들은 불가능한 캐치를 해냈고 공을 잡고 나서 바닥에 굴렀다."[1] 그 선수들이 싼 좌석들, 관람석인 그랜드스탠드에 있는 사람들에게 깊은 인상을 남길 요량으로 그리 행했다는 아이디어다.

　그랜드스탠딩은 다른 사람들에게 좋은 인상을 주려는 목적의 어떤 행동이기에, 다른 분야에서도 나타난다. 날카로운 지성이나 지식의 깊이를 전시하는 대화를 활용해 지적 그랜드스탠딩을 하는 친구나 동료가 다들 있지 않은가. 또 종교적이거나 영적인 그랜드스탠딩이라고 불리는 것에 익숙할 수도 있다. 슈퍼볼을 보자고 여러분이 다니는 교회 집사를 초대한다고 치자. 그런데 그 집사는 여러분이 그런 종류의 일을 할 시간이 있다는 데 놀랐고 자신은 일요일 밤에는 모든 선교사를 위한 기도를 할 시간이라서 안타깝게도 참석하지 못할 것이라고, 소리가 들리는 범위 내의 모두에게 선언을 한다. 요컨대 발언을 통해 자랑할 수 있는 사회적으로 바람직한 자질이 있다면 누구나 그것을 시도해봤을 것이다.

'그랜드스탠딩'이란 용어는 20세기 후반에 더 널리 유행한 것으로 보인다. 1970년 《하버드 크림슨The Harvard Crimson》에 실린 놈 촘스키Noam Chomsky의 《아시아와의 전쟁에서At War with Asia》 서평에는 이런 구절이 있다. "토요일 오후 보스턴 코먼 공원에서의 약간의 그랜딩스탠딩으로 [베트남과 미국 간] 전쟁을 끝낼 수 있다는데 만족하지 못하는 우리 같은 사람들 눈에는, 그 분쟁을 종식하기 위한 의미 있는 무언가를 하는 일은 여전히 대화 단계에 머물러 있는 것으로 보인다."[2] 1975년 《뉴 리퍼블릭The New Republic》의 한 기사는 미국의 7대 대통령 앤드루 잭슨Andrew Jackson이 "대법원에 그랜딩스탠딩한 반항을" 했다고 비난했다.[3] 1976년 로저 이버트Roger Ebert는 클로드 샤브롤Claude Chabrol의 〈어두워지기 전에〉(1971)라는 영화 리뷰에 이렇게 썼다. "그 영화는 유죄에 대한 사색이다. 남편이 자수를 하겠다고 결심할 때 부인은 그가 그랜드스탠딩을 한다고 비난한다. 당연히 부인과 그 친구 모두 진심으로 살인을 후회하지만, 경찰까지 개입하게 한다는 건……. 글쎄, 그건 너무 나갔다."[4]

이제 우리는 '그랜드스탠딩'이라는 용어가 미국인이 도덕성과 정치를 토론하면서 사용하는 보편적인 어휘 중 하나라는 데까지 왔다. 하원의장 폴 라이언Paul Ryan이나 상원의원 버니 샌더스Bernie Sanders가 그랜드스탠딩을 한다고 비난하는 케이블 텔레비전의 사회자를 보면, 그 비난이 어떤 것인지 대강 알 수 있다. 이 책에서 우리는 그 그림을 명확히 하고 특별히 도덕적 맥락에서 그랜드스탠딩을 하는 것의 의미가 무엇인지 여러분이 이해할 수 있도록 돕고자 한다.

도덕적 그랜드스탠딩의 기본 공식

앞의 사례들에서 본 것처럼 '그랜드스탠딩'은 수많은 삶의 영역에서 쓰이고 있다. 그렇다면 그랜드스탠딩에 관해 **우리는** 무슨 이야기를 할 수 있을까?[5] 아래는 기본 공식이다.

1. 그랜드스탠딩을 하는 사람들은 자신의 도덕적 자질로 다른 사람들에게 좋은 인상을 주길 원한다. 우리는 이것을 **인정 욕구**recognition desire라고 부른다.
2. 그랜드스탠딩을 하는 사람들은 공적 도덕 담론에서 뭔가를 말함으로써 그 욕구를 충족하려고 한다. 우리는 이러한 공개적 전시를 **그랜드스탠딩 표현**grandstanding expression이라고 부른다.

따라서 다음과 같은 간단한 공식으로 그랜드스탠딩을 생각할 수 있다.

그랜드스탠딩=인정 욕구+그랜드스탠딩 표현

조금 더 자세하게 두 요소를 살펴보자.

인정 욕구

그랜드스탠더는 다른 사람들이 자신을 도덕적으로 훌륭하다고impressive 생각해주길 바란다. 이것이 **인정 욕구**며 그랜드스탠딩 **기본 공식**의 첫 번째 요소다.

자신이 열심히 일하고 있다고 다른 사람들이 믿게 하기 위해 직장에서 바쁜 모습을 보이려는 것처럼, 그랜드스탠딩은 다른 사람들이 자신을 도덕적으로 훌륭하다고 믿게 하는 한 수단이다. 종종 그랜드스탠더는 자신이 도덕적 성인이나 도덕적 영웅으로 여겨지길 바란다. 또 어떤 때는 조금 더 평범하게 자신을 도덕적으로 예의 있는 사람 정도로 생각해주길 바라기도 한다. 도덕적 훌륭함의 문턱을 넘는 귀한 사람이 거의 없는 세상에서 그랜드스탠더는 최소한 그 기준은 넘는다. 예를 들어, 아무도 이민자를 신경 쓰지 않지만 자신만은 신경을 쓴다고 다른 사람들이 인식해주길 원한다. 자신이 도덕적으로 위대하게 보이길 바라든 아니면 그냥 예의가 있는 정도로만 보이길 원하든, 그랜드스탠더는 전형적으로 다른 사람이나 다른 집단보다는 자신이 더 나은 사람으로 보이길 원한다. 그랜드스탠더가 바라는 것을 설명하기 위한 용어가 있는 것이 좋겠다. 그랜드스탠더는 '도덕적으로 훌륭하게' 보이길 원한다고 하자.

어떤 경우 그랜드스탠더는 다른 사람들이 자신의 도덕적 훌륭함에 대해 막연하게 긍정적인 인상을 갖길 원하는데, 그때 목적은 자신이 '선善의 편'이라는 데 전반적인 감탄과 존경을 받는 것이다. 또 어떤 때는 조금 더 구체적인 것을 원한다. 예를 들어,

그랜드스탠더는 다른 사람들이 자신이 도덕적으로 고상한 가치를 가진 사람이라고 생각해주길 바란다. 공정함이나 도덕적 진보로 여겨지는 자신의 견해가 정말로 특별하다고 생각해주길 바란다. 혹은 도덕적 쟁점에 관한 자신의 민감함에 다른 사람들이 깊은 인상을 받길 바란다. 자신만큼 지진에 슬퍼하거나 최저임금법에 분개하는 사람들이 없다는 식이다. 또는 자신이 가진 도덕적 우선순위는 흠잡을 데가 없다고 다른 사람들이 생각해주길 바란다. 예컨대 자신의 트위터 팔로워들은 세금 부담을 줄이는 데 주로 신경 쓰지만, 자신은 정의를 최우선으로 신경 쓴다는 것이다. 또 어떤 경우 그랜드스탠더는 자신이 문제 해결 방법에 관한 도덕적 통찰력을 갖고 있다고 생각되길 바란다. 다시 말해, 자신이 극단적 빈곤의 원인이 무엇인지, 무엇을 해야 하는지를 정확하게 알고 있음을 다른 사람들이 알아봐줄 필요가 있는 것이다.

또 사회적 위상social status에 따른 욕망의 형성이라는 것 안에서 그랜드스탠더가 원하는 것이 무엇인지를 생각해볼 수 있다. 심리학자들은 사회적 위상을 얻는 데 명성prestige과 지배력dominance이라는 두 가지 방법이 있다고 설명한다.[6]

명성이란 어떤 사람의 지식·기술·성공을 다른 사람들이 훌륭하다고 생각하는 데서 나오는 위상을 가리키는 말이다. 그 사람은 다른 사람들이 접근할 수 없는 중요한 자원에 접근할 수 있어서 존경을 받는다. 고대에는 새총 만드는 법을 알거나 훌륭한 사냥꾼이 되는 것, 현대에는 특허법 관련 전문 지식을 갖거나 세계적으로 알려진 테니스 선수가 되는 것이 이를 뜻한다.

한편 지배력은 다른 사람들에게 협박·강제·잔인한 힘을 보이면서까지 겁을 먹게 함으로써 얻는 위상을 가리킨다. 피지배자는 지배자가 자신을 심하게 다룰 거라는 두려움 때문에 지배자를 존경으로 대한다. 고대인들은 성적 파트너의 경쟁자를 때리거나 죽임으로써 지배력을 얻었다. 현대인도 여전히 물리적 폭력을 사용하지만, 소셜 미디어에서 다른 사람들을 당황케 하거나 미팅에서 동료를 비난함으로써 지배력을 얻을 수도 있다.

명성과 지배력의 차이는 그랜드스탠더의 동기를 이해하는 데 도움을 준다. 그랜드스탠더는 적어도 연관된 네트워크 안에서라도 자신의 사회적 지위를 높이려고 한다. 많은 경우 그랜드스탠더는 도덕적 자질 면에서 명성을 추구함으로써 지위를 높인다. 그리고 예를 들어 다른 이들에게 영감을 주는 도덕적 모범이라는 평판을 원한다. 자신이 도덕적으로 영웅적인 무언가를 실제로 반드시 **행함으로써가** 아니라 그냥 키보드를 두드리거나 어떤 단어를 말하면서 그러한 명성을 바란다. 그러한 평판을 통해 적어도 도덕성이라는 부분에서만큼은 다른 사람들에게 존경을 받을 것이라고 생각한다.

그러나 어떤 그랜드스탠더는 더 어두운 목적을 위해 도덕적 이야기를 한다. 다른 사람들을 지배하려고 그랜드스탠딩을 하는 것이다. 그들은 타인을 모욕하거나 침묵시키며 공포를 만들기 위해 도덕적 이야기를 한다. 그들은 말로 위협을 하고 굴욕감을 준다. 또 자신의 경쟁자를 폄하함으로써 사람들에게 인상을 남기려고 하는데, 이것은 모든 평범한 인간의 충동이다.[7] 자신의 명성을 높이려고 애쓰기보다 다른 사람들의 콧대를 꺾어 위상을 얻으려고 한다. "입 닥치고 세상에 대한 내 의견을 따라라. 안 그러면 나는 당신을 모욕하고 당황하게 만들 거야! 내가 여기서 유일하게 도덕적으로 선한 사람이야!" 그랜드스탠더는 대개 도덕적 명성을 좇는데, 어떤 사람들은 기를 쓰고 지배력을 좇는다.

그랜드스탠딩의 명성/지배력 양상은 우리가 수행한 이 주제에 대한 경험적 연구를 통해서도 확증되었다.[8] 미국 대학생과 성인을 대상으로 한 연구에서 도덕적 그랜드스탠딩은 일관되게 둘 중 하나 아니면 둘 모두와 연관이 있었다. 명성 양상은 "내 도덕적/정치적 믿음은 다른 사람들을 고무시켜야 한다"와 같은 언술에 얼마나 동의·반대를 하느냐를 통해 측정되었다. 지배력 양상은 "내 도덕적/정치적 신념을 내게 반대하는 사람들을 기분 나쁘게 하려고 공유한다"와 같은 언술에 얼마나 동의·반대를 하느냐로 측정되었다.

그랜드스탠더는 누구에게 좋은 인상을 주려고 할까? 그것은 상황에 따라 다른데, 어떤 때는 마음 맞는 동료들의 존경을 얻길 바란다. 대충 종교·정치·경제에 의견이 같은 사람들은 내집단in-group이 된다. 그랜드스탠더는 예를 들어 어떤 쟁점에서 '옳은 편'이 됨으로써 내집단 구성원의 인정을 좇는다. 그러나 어떤 경우에는 외집단out-group 구성원이 자신을 유별나게 도덕적으로 훌륭하다고 생각하게 만들고 싶어 한다. 예를 들면, 자신에게 동의하지 않는 사람들이 자신의 우월한 도덕적 판단을 인정하고 결국 도덕 담론에서 자신을 따르길 원한다. 외집단을 겨냥한 그랜드스탠딩은 지배력을 얻으려는 시도일 가능성이 높다. 우리의 예비적 경험 연구에서 그랜드스탠딩의 지배력 형태는 외집단을 대상으로 하는 경향이 매우 높음을 발견했다.[9] 또 어떤 상황에서는 그랜드스탠딩이 집단 간 구별을 의도하지 않은 채로 보통 사람들을 향하기도 한다. 그런 경우 그랜드스탠더는 청중이 도덕적 자질 면에서 자신을 그냥 호의적으로 생각해주길 바란다.

기본 공식의 두 번째 부분인 **그랜드스탠딩 표현**으로 넘어가자.

그랜드스탠딩 표현

사람들은 뭔가를 말하거나 쓰면서 그랜드스탠딩을 한다. 자신이 라이벌 정치인보다 가난한 사람들을 더욱 신경 쓴다고 유권자가 생각해주길 바라는 정치인은 선거 기간의 유세 연설에서 뭔가를 말할 것이다. 선거 결과에 가장 분개하는 사람이 자신이라고 동료들이 생각해주길 바라는 대학원생은 페이스북이나 트위터에 뭔가를 쓸 것이다. 우리는 그들이 말하거나 쓴 그 뭔가를 **그랜드스탠딩 표현**이라고 부른다. 그랜드스탠더는 사람들로 하여금 자신이 도덕적으로 특별하다고 믿게 하려고 그랜드스탠딩 표현을 쓴다. 달리 말해, 그랜드스탠더란 **인정 욕구**가 있고 그것을 충족하기 위해 무언가를 하는 사람을 말한다. 앞의 정치인과 대학원생은 그들이 도덕적으로 훌륭하다고 타인이 믿도록 노력하는 것이다.

인간이 한 가지 동기로만 행동하는 경우는 거의 없다. 여러분이 풋콩을 주문하는 건, 그 맛을 좋아하고 **또** 건강한 음식을 먹고 싶기 때문이다. 그랜드스탠딩도 다르지 않다. 그랜드스탠딩을 하는 정치인은 자신이 가난한 사람들을 무척이나 신경 쓴다고 유권자가 생각해주길 바라지만, 군중을 열받게 하고 적수를 당황케 만들고 싶기도 하다. 그 정치인은 자신이 노동자 권리에 누구와도 비교할 수 없을 만큼 헌신한 것에 대해 다른 사람들이 감동하길 원한다. **그리고** 자신의 발언을 들은 후 다른 사람들도 노동운동을 지지하는 행동을 취하길 바란다.

인정 욕구는 그랜드스탠딩 표현을 추동하는 **유일한** 원인은 아니다. 그것이 가장 강렬한 동기라고도 생각하지 않는다. 그러나 **인정 욕구**는 틀림없는 강렬한 동기다. 얼마나 강렬하냐고? 그랜드스탠더가 자신이 말한 내용을 통해 청중이 자신의 도덕적 자질에 감화받지 않음을 알았을 때 실망할 정도의 강렬함이다. 그랜드스탠더가 그랜드스탠딩을 할 때 사람들이 감화를 받는지 안 받는지 확인할 필요가 있다는 말은 아니다. 다만 그것이 그들의 욕구가 얼마나 강렬한지 알아볼 수 있는 기준 정도는 된다는 말이다.

누구라도 원하는 것을 얻지 못하면 실망하지 않느냐고 할 수 있겠지만 우리는 그리 생각하지 않는다. 인간은 어떤 것에 상대적으로 약한 열망을 갖고 있다. 그리고 그것을 얻지 못하면 '어, 그래' 하고 다음으로 넘어간다. 브랜던은 내셔널 리그의 야구팀 하나가 내년 월드 시리즈에서 이기길 바란다. 그렇지만 그 일이 일어나지 않아도 그가 **실망**하지는 않을 것이다. 브랜던은 그 일에 충분히 전념하지 않았다. 그것은 그의 약한 욕구다. '그런 일이 일어나면 좋겠군' 정도로 생각한다. 다른 사람들에게 좋은 인상을 주길 원하는 것도 마찬가지다. 우리가 아무에게도 좋은 인상을 주지 못했다는 것을 알게 되어도, 다른 사람들에게 좋은 인상을 주고 싶다는 것이 매우 약한 욕구일 경우에는, 이것이 충족되지 않더라도 실망으로까지 이어지지는 않는다. 반면 그랜드스탠더는 실망할 것이다.

실망이 타당한 테스트 기준이라는 점은 그랜드스탠더가 다른 사람들에게 좋은 인상을 주려고 전념하는 방식과 관련이 있다. 우리 모두는 다른 사람들이 자신을 높게 평가해주길 바라는 감각이 있다. 보통 이 욕구는 도덕적으로 순수하고, 자제력으로 그 욕구에 따라 행동하지 않을 수 있기 때문에 큰 해를 끼치지 않는다.[10] 저녁 파티에 온 손님들이 내가 돈을 얼마 버는지 알아줬으면 하는 욕구가 있을 수 있다. 그러나 스스로를 통제하고 그것을 내뱉지는 않을 것이다. 통제하기가 더 어려워질 때가 바로 그 욕구가 강렬할 때다. 그랜드스탠더는 정말로 다른 사람들이 자신을 좋게 생각해주길 바란다. 그래서 실망은 타당한 테스트 기준이 될 수 있다.

그랜드스탠더는 곤란한 상황에 놓여 있다. 한편으로는 아무 말이나 던지면서 사람들이 자신을 도덕적으로 훌륭하다고 생각하길 바라면 안 된다. 만약 여러분이 가난한 사람들을 정말 신경쓴다고 다른 사람들이 생각해주길 바란다면 이 같은 말을 내뱉어서는 안 된다.

"이 프레즐을 먹으니 목이 말라!"

다른 한편, 그랜드스탠더는 나서서 좀처럼 다음과 같이 뭔가를 직접적으로 말하지 않는다.

"내가 여기서 제일 도덕적으로 민감한 사람이야. 너희들 전부보다 내가 가난한 사람을 더 신경 써."

그 대신 그랜드스탠더는 좀더 우회적으로 뭔가를 말하는 경향이 있다.

"가난한 사람들을 위해 오랫동안 싸워온 사람으로서 나는 임대료 통제법을 없애려는 이 모든 제안서가 역겹기 짝이 없습니다. 이것이 조금이라도 들을 가치가 있다고 생각한다면 이 나라의 빈곤에 관해 아무 생각이 없는 겁니다."

이런 연설은 무척이나 생생하지만, 이 간접적인 접근은 발화자가 얼마나 가난한 사람들을 신경 쓰는지에 대해 어떤 것도 분명하게 말하지 않는다. 그런데 이와 같은 언술의 의도된 효과가 바로 사람들에게 깊은 인상을 남기는 것이다. 그랜드스탠더가 **말한** 것이 있다. 그리고 **암시하려고** 한 것이 있다.[11] 전형적으로 그랜드스탠더는 바로 꺼내서 말하지 않고 자신에 관해 뭔가를 암시하려고 한다.[12] 그러한 간접적 언어가 도처에 널려 있다. 예를 들어 우리가 무언가를 요청할 때는 대개 "소금 좀 건네주시면 좋겠어요"라고 말하지만, (딱지를 떼여) 뇌물을 제안할 때는 "아이고 경관님, 이 딱지를 지금 당장 해결할 무슨 방도가 있지 않을까요?"라고 말한다.

어떤 독자들은 간접적인 언어, 겸손을 가장한 잘난 척humble-bragging이라는 형태에 익숙할 것이다. "아마존Amazon에서 내 책 주문을 한 번에 세 권 이상 못 하게 하네. 짜증나!"[13] "왜 우리 상사는 항상 나한테만 가장 중요한 고객을 맡기지?" 이들은 자랑을 하는 것이다. 그런데 그들 또한 겸손한 언어로 자신의 진짜 의도를 감추려고 한다. 그랜드스탠더도 유사한 이유로 간접적인 언어를 쓴다.

그런데 그랜드스탠더는 왜 사람들이 믿어줬으면 하는 바로 그것을 소통하는 데 실패할 수 있는 우회적인 언어로 말할까? 우리는 설명변수가 단 하나만 있다고 생각하지 않는다. 다른 맥락이면 상이한 이유로 간접적인 언어가 필요하다. 스티븐 핑커Steven Pinker, 마틴 노왁Martin Nowak, 제임스 리James Lee는 그랜드스탠더가 간접적 언어 사용에 왜 끌리는지에 관한 잠재적 설명변수 몇 가지를 제안한다. 우리는 여기서 그중 하나만 언급한다.

그랜드스탠더가 간접적 언어를 쓰는 건 그것이 그들에게 부인할 수 있는 구실plausible deniability을 주기 때문이다. 보통 자신의 훌륭한 성질을 공개적으로 추켜세우면 안 된다는 사회적 금기가 있다. 내가 최고의 미각을 가졌다거나 최고로 뛰어난 음악적 취향을 가졌다고 공언하는 것이 촌스러운 것처럼, 내가 도덕적으로 훌륭하다고 내뱉는 것은 사회적으로 받아들여지지 않는다. 그런데 이것이 정확하게 그랜드스탠더가 하려는 것이기 때문에 그것을 우회적으로 표현할 언어가 필요하다. 그러나 자신이 도덕적으로 훌륭하다는 것을 나서서 직접적으로는 말하지 않음으로써 부인할 수 있는 구실을 남겨둔다. 여러분은 그랜드스탠딩을 한다고 비난받고 이렇게 되받아치는 사람들을 떠올릴 수 있다. "워워, 이게 **내** 문제는 **아니지**. 그렇지만 임대료 통제법 폐지는 **정말** 나쁘다고 생각해." 노골적인 자기과장에는 사회적 대가가 따르기 때문에 그랜드스탠더는 자신이 하고 싶은 것을 부인하는 방식을 쓰는 것이다. 그러나 우회적 언어를 쓰는 것 자체가 자신의 행위가 어색함을 자각하고 있다는 것이다.

그러나 전후 사정을 보았을 때 우회적 언어를 쓰면서도 그 사람이 그랜드스탠딩을 하고 있는 것은 분명한 것 같다. 그러면 우회적 언어를 쓰는 요점이 무엇일까? 분명한 그랜드스탠딩의 경우와 평범한 실제 대화를 한꺼번에 담은 문장을 만들기 어렵다는 점에 주목하자. 이것은 누군가 그랜드스탠딩을 한다고 결론짓기 위해 우리가 사용할 증거 상당수가 맥락(성격, 인성, 도덕적 이야기에 대한 그 사람의 역사, 토론하고 있는 주제, 목소리 톤, 기타 등등)에 달려 있기 때문이다.[14] 그랜드스탠딩은 다른 사람들에게 좋은 인상을 주려는 욕구와 관련 있고, 그 사람의 머릿속에 무엇이 들어 있는지 알기 어렵기 때문에 이 단서들이 중요하다. 발화 내용과 함께 모든 맥락적 증거가 그 발화자에게 **인정 욕구**가 있음을 보여준다.

그래서 우리는 맥락적 단서들의 도움으로 누군가 그랜드스탠딩을 하고 있다고 정확하게 결론을 내릴 수 있다. 그러나 핵심은, 보통 맥락에서 벗어난 우회적인 언어는 발화자가 그랜드스탠딩을 하고 있음을 명확하게 가리키지 않는다는 것이다. 반면 직접적인 말은 그것을 명확히 가리킨다. 어떤 맥락 속에서 "내가 여기서 가장 도덕적으로 민감하다"라는 말은 꼼짝없이 그랜드스탠딩이다. 그러나 맥락이 없는 상태에서 "가난한 사람들을 위해 오랫동안 싸워온 사람으로서……"라는 말은 그랜드스탠딩인지 불분명하다. 따라서 그랜드스탠더는 맥락 속에서 위장이 되지 않을 때조차 우회적인 말을 할 동기가 있다. 당연히 이것 중 어느 것도 그랜드스탠더가 상대적으로 그런 섬세한 행위를 항상 잘한다는 의미는 아니다. 핵심은 그랜드스탠더가 그것을 시도할 만한 이유가 있다는 것이다.

그랜드스탠더는 스스로를 도덕적으로 훌륭하다고 생각할까?

그랜드스탠더는 다른 사람들이 자신을 도덕적으로 훌륭하다고 생각하도록 애쓴다. 그들은 어떤 때는 자신을 무리 중의 한 명으로 생각해주길 바라고, 어떤 때는 자신이 도덕적으로 탁월하다고 생각해주길 바라는데, 어느 쪽이든 다른 사람보다 자신이 도덕적으로 더 우월하게 보이길 원한다. 그런데 우리는 그랜드스탠더가 정말로 스스로를 다른 사람들보다 도덕적으로 더 낮다고 믿는지에 대해선 할 말이 없다. 그랜드스탠더가 그것을 생각할까?

간단히 말해, 그 답은 '아니오'이다. 대중연설을 할 때 누구도 자신만큼 미국의 공장노동자를 신경 쓰지 않는다고 유권자가 믿기를 원해서 (그리고 그들이 그렇게 생각하지 않으면 실망할), 그들의 곤경에 대한 연민을 가장하는 정치인을 생각해보자. 우리 논리에 따르면 이 정치인은 지금 그랜드스탠딩을 하고 있다. 실제 자신이 도덕적으로 훌륭하다고 믿지 않더라도, 그 정치인은 다른 사람들이 자신을 그렇게 생각해주길 바란다. 그런데 〔사실〕 우리는 많은 그랜드스탠더가 다른 사람들이 자신을 도덕적으로 훌륭하다고 믿어주길 원하는 만큼 스스로도 자신을 그렇게 생각한다고 본다. 이것을 이해하면 그랜드스탠딩이 왜 그렇게 흔한지도 이해할 수 있다.

여러분은 굉장히 많은 부분에서 자신이 대부분의 다른 사람보다 더 낫다고 생각할 것이다. 아마도 스스로를 대부분의 사람보다 더 나은 운전자라거나, 더 많은 책임감을 가졌다라거나, 더 괜찮은 부모라고 생각할 것이다. 여러분은 많은 면에서 보통 사람보다 자신이 더 나은 사람이라고 생각할 것이다. 심리학자들은 이렇게 자신을 실제보다 더 낫다고 보는 태도를 **자기고양**self-enhancement이라고 부른다. 예를 들어, 어떤 연구들에 따르면 우리는 평균적 사람보다 자신을 더 유능하고 더 야망 있고, 더 지성적이며 더 지혜롭다고 생각하는 경향이 있다.[15] 또 평균적 사람보다 더 열심히 일하고 편견이 더 적으며, 9·11 사건에 더 속상해하고 환경에 더 많이 신경 쓰는 사람이라고 생각한다.[16] 우리 저자들과 동료들에게 유달리 당황스러운 결과였는데, 한 연구에 따르면 대학교수의 90퍼센트가 자신을 평균적인 교수들보다 더 훌륭하다고 말했다고 한다.[17] 일반적으로 우리는 자기 자신에게 매우 후한 점수를 준다.[18]

흥미롭게도 자기고양은 도덕성 부분에서 더 강렬해진다. 몇몇 연구는 사람들이 자신의 행동을 다른 사람들보다 도덕적으로 우월하다고 평가하는 경향이 있음을 설명한다.[19] 자신은 다른 사람들보다 더 많은 선행을 하고 더 적은 비행을 저지른다고 생각하는 경향이 있다.[20] 또 자신을 다른 사람들보다 더 정직하고 신뢰할 만하다고 생각하는 경향이 있다.[21] 심리학자들은 이것을 도덕적 자기고양이라고 부른다.[22] 심리학자 데이비드 더닝David Dunning은 "사람들은 동료들에게는 주지 않는 도덕적 지위에 자신을 올려 둔다"[23]라고 말한다. 이 경향은 경험적으로도 증명하기 쉽다. 심리학자 네이다브 클라인Nadav Klein과 니콜라스 에플리Nicholas Epley는 "인간 판단에서 (자신이 다른 사람보다 더 도덕적이라고 믿는) 독선self-rightness만큼이나 증명하기 쉬운 편견은 없다"[24]라고 했다.

몇몇 사례를 생각해보자. 어떤 연구에서는 참여자의 80퍼센트가 자신은 다른 사람의 시험지를 베끼지 않을 것이라고 답한 반면, 다른 학우들이 베끼지 않을 것이라고 답한 참여자는 55퍼센트에 불과했다.[25] 다른 연구에서는 참여자의 83퍼센트가 자신은 암 연구 기부를 위한 꽃 한 송이를 살 것이라고 답한 반면, 다른 학우들이 그럴 것이라고 답한 참여자는 56퍼센트뿐이었다.[26] 사람들은 비윤리적 행동을 저지른 후 자신이 다른 사람보다 그것을 더 심각하게 느끼고, 다른 사람들보다 극단적인 비윤리적 행동을 덜 저지를 것이라고 생각하는 경향이 있다.[27] 폭력적인 범죄자조차 자신의 행동이 다른 범죄자들과 비교하면 덜 심하다고 생각한다. 죄수들은 법 준수 항목을 제외한(그들은 겸손하게도 그 항목에 평균점을 줬다) 모든 친사회적 특징을 측정하는 항목에 자신이 평균적 사람보다 더 낫다고 점수를 매겼다. 그들도 스스로를 보통 사람이라고 평가했다.[28]

더 나아가서 우리는 다른 사람들과의 비교를 통해서뿐만 아니라 절대적인 기준에서도 자신을 굉장히 도덕적이라고 평가한다.[29] 도덕적 자기고양은 동서양 문화 어디에라도 있는 보편적인 인간 현상으로 보인다.[30] 도덕성 면에서 우리는 자신을 꽤 괜찮은 표본으로 생각한다는 것이다.

심리학자들은 자신이 잘난 줄 아는 이런 생각을 **도덕적 우월성의 환상**illusion of moral superiority이라고 부른다.[31] 이것이 왜 환상일까? 먼저 우리 **모두**는 평균치보다 더 낫다고 할 수 없다. 수십 년에 걸친 도덕적 성격에 대한 연구를 보건대 심지어 우리는 자신이 생각하는 것만큼 그렇게 덕스럽지 않다.[32] 과장된 자기평가는 틀릴 확률이 높다. 우리는 도덕적으로 그냥 평범한 수준이다.[33] 앞에서 언급한 연구에서 83퍼센트의 학생이 자신은 암 연구 기부를 돕기 위해 꽃을 살 것이라고 말하고, 다른 학우들은 56퍼센

트만이 살 것이라고 답한 것을 생각해보자. 실제로는 그 학생들 가운데 43퍼센트만이 꽃을 샀다.[34]

도덕성을 둘러싼 자기인식은 매우 중요하다.[35] 우리는 삶의 상당 부분을 다른 사람들이 갖는 자신에 대한 인상을 통제하려는 데 쓰기 때문이다. 심리학 문헌에서는 이런 노력을 '인상 관리impression management'라고 한다.[36] 스스로 유능하고 열심히 일하는 사람이라고 생각하면 다른 사람들도 자신을 그렇게 생각해주길 바란다. 그래서 동료들에게 그런 인상을 심어주려고 노력한다. 예를 들어, 항상 바쁘게 보이려고 한다. 우리는 이런 온갖 방법으로 자신의 긍정적인 이미지를 만들려고 노력한다. 자신이 준 팁을 커피숍의 바리스타가 반드시 보도록 하고, 오든W. H. Auden이나 디킨스Charles Dickens는 내보이지만 싸구려 로맨스 소설은 숨긴다. 우리가 세상을 연극 무대로 생각한다고 말한 셰익스피어가 옳았다.

그렇다면 사람들이 도덕적 평판을 무척 신경 쓰면서 관리하고 보호하려는 것은 당연하다.[37] 앤드루 보내시Andrew Vonash와 동료들은 남이 자신의 도덕적 자질을 어떻게 생각하는지를 사람들이 얼마나 신경을 쓰는지에 관한 연구를 수행했다.[38] 이 연구자들은 많은 사람이 그들이 속한 공동체에 범죄자로 알려진다거나 신나치로 가정된다거나 혹은 소아성애자로 잘못 알려지기 전에, 감옥에서 1년을 보내거나 손을 잃거나 아니면 차라리 죽음을 더 원한다는 결론을 얻었다. 많은 참여자는 암묵적 연합 검사implicit association test에서, 그들이 (조작된) 높은 '인종차별' 점수를 받았다는 사실을 더 큰 대학 사회가 알지 못하도록, 버르적거리고 꿈틀

대는 딱정벌레 유충이 담긴 그릇에 손을 집어넣는 것을 선택했다.

도덕적으로 훌륭하다는 자기인식이 중요하다면 다른 사람들도 그것을 알아주길 바랄 것이다. 그래서 많은 사람이 자신이 이미 믿고 있는 것, 즉 자신이 도덕적으로 훌륭하다는 것을 다른 사람들이 믿게 하려고 공적 담론에서 갖은 노력을 하는 게 당연하다. 달리 말해, 사람들에게 그랜드스탠딩을 할 동기가 있다는 게 그리 놀랍지 않다.

알고도 하고 모르고도 하는 그랜드스탠딩

그랜드스탠딩의 **기본 공식**을 보면 그랜드스탠더는 자신의 **인정 욕구**를 충족하려고 노력한다. 많은 경우 그랜드스탠더는 **의식적으로** 그 욕구를 충족하려고 노력할 것이다. 심리학자들은 당연히 어떤 인상 관리는 의도적이라고 말한다.[39] 혹자는 스스로 이렇게 생각한다. '사람들이 내가 정의에 헌신하는 것에 감동받길 원한다. 그래서 이 같은 말을 할 것이다…….' 우리는 이것을 **의도적인 그랜드스탠딩**witting grandstanding이라 부른다. 그랜드스탠더는 (자신이 하고 있는 것을 '그랜드스탠딩'이라고 서술하지 않더라도) 다른 사람들이 자신의 도덕적 자질에 관심을 갖도록 스스로 노력하고 있음을 자각한다.

그러나 그랜드스탠딩이 반드시 고의적인 것은 아니다. 우리는 '나는 지금 이 욕구를 채우기 위해 뭔가를 해야 해'라는 식으로 자각하지 않아도 욕구를 채우려고 뭔가를 할 때가 있다. 예를 들어, 건강한 치아를 원하면 그걸 원하기 때문에 치아를 닦는다. 그러나 '나는 건강한 치아를 원한다. 그래서 그것을 닦는다'라고 생각하는 경우는 거의 없다. 당연히 건강한 치아를 위한 욕구를 채우기 위해 치아를 닦지만, 그 욕구를 생각하지 않은 채로 있다. 비슷한 상황이 그랜드스탠딩에도 일어난다. 그랜드스탠더는 **인정 욕구**가 있어서 **그랜드스탠딩 표현**으로 그 욕구를 충족하려고 한다. 그렇지만 의식적으로 '나는 나의 도덕적 탁월함을 다른 사람들이 알아주길 바라서 이것을 말할 것이다'라고는 생각하지 않는다.[40]

그러면 이런 비판이 있을 수 있다. '누군가 다른 사람에게 좋은 인상을 주기 위해 **의도적으로** 도덕적 말을 하는 게 아니라면, 그 사람은 그랜드스탠딩을 하는 것이 아니다. 고매한 도덕적 공언을 하는 이유를 묻는다면, 가난하거나 짓밟힌 미국 공장노동자들에게 마음이 쓰였기 때문이라고 설명할 수 있다. 그렇다면 이것은 그랜드스탠딩이 아니다!'

이 비판은 '사람들이 자기의 마음을 얼마나 잘 아는가'라는 문제를 순진하게 생각하기 때문에 나올 수 있는 것이다. 심리학자 리처드 니스벳Richard Nisbett과 티머시 윌슨Timothy Wilson은 그들의 유명한 한 실험에서 참여자들에게 여러 양말을 고르라고 했다. 흥미롭게도 참여자들은 일관되게 오른쪽 끝에 있는 양말들을 골랐다. 그 양말들을 왜 골랐느냐고 묻자 그들은 위치 때문에 골랐다고 답하지 않았다. 그 양말들은 똑같은 것들이었지만 그들은 원단의 재질, 색깔을 기준으로 골랐다고 말했다. 그들은 자신의 선택을 그냥 합리화하기 위한 답을 찾거나 만들어냈다.[41] 심리학자들은 이것을 작화증confabulation, 作話症이라고 한다.[42] 대체로 스스로의 진정한 동기조차 불투명하기 때문에 사람들은 행동에 대한 설명을 꾸며내고, 이때 전반적인 자아 개념과 일치하는 이야기들을 한다. "생활에서 조금 더 세밀한 것을 인식하기 때문에 그 양말을 골랐다", "그 양말이 그냥 더 섬세한 재질이었다"라고 말하는 식이다. 사람은 자기 자신에게 높은 도덕적 점수를 주기 때문에 도덕적 이야기를 하는 이유를 좋게 둘러대는 건 그리 놀라운 일이 아니다. 그렇게 하면서 자신을 괜찮고 중요한 사람이라고 느낀다. 자기 자신에게는 고상한 목적을 위해 도덕적 이야기를 한다고 하지만 여전히 숨어 있는 조금 수상쩍은 동기들이 있다.

일상생활은 꾸며대기의 예로 가득 차 있다. 《뇌 속의 코끼리 The Elephant in the Brain》에서 케빈 심러Kevin Simler와 로빈 핸슨Robin Hanson은 이런 사례들을 말한다.

부모는 보통 (그냥 아이들 없이 한두 시간 평화롭고 조용한 시간을 갖고 싶은) 자신을 위한 동기가 있을 때조차 "아이들을 위해서"라고 하면서 그들을 재우려고 한다. 당연히 많은 부모는 진심으로 취침이 아이들을 위한 것이라고 믿지만, 그것만이 이야기의 전부라는 것은 의심스럽다.

노래·책·영화와 같은 자료를 (비용을 지불하지 않고) 다운로드하는 사람들은 "어찌 됐든 [대면을 통한 교류가 없는 온라인상의] 얼굴 없는 회사들이 예술가들의 이익 대부분을 가져간다"라고 하면서 자신의 행위를 정당화한다. 이 사람들 대부분이 베스트 바이*(똑같이 얼굴 없는 회사)에서 CD나 DVD를 훔친다고 꿈에도 생각하지 않는다는 사실은 그들 행동의 또 다른 설명변수(즉, 온라인상에서는 익명이라 느끼고 걸린다는 두려움이 적다는 것)가 있음을 가리킨다.[43]

다른 예를 들어보자.

소셜 미디어에서 다른 사람들을 모욕하고 침묵시키기 위해 고매한 도덕적 선언을 하고 도덕적 이야기를 하는 사람들은, 대체로 자신이 피억압자들을 옹호하고 옳은 것을 지킨다고 하면서 자신의 행동을 정당화한다. 그런데 이들은 얼굴을 맞댄 사적인 대화에서는 같은 방식으로 말하지 않을 것이다. 이는 사람들이 정말로 원하는 것인 도덕적 명성, 더 심하게는 사회적 이익을 위해 타인을 지배하고자 공적 플랫폼을 이용한다는 것을 보여준다.

간략히 말해, 공적 담론에 참여하는 진정한 동기 면에서 사람들은 대체로 자기기만에 빠진다. 사람들은 자신도 알지 못한 채

---

* Best Buy, 전자제품 및 컴퓨터 관련 제품을 종합적으로 판매하는 미국의 대형 유통업체.

그랜드스탠딩을 한다. 왜 그럴까? 심리학자 윌리엄 폰 히펠William von Hippel과 진화생물학자 로버트 트리버스Robert Trivers는 인간은 어떤 목적에 따라 의식적으로 한 행동이 자신의 의도를 드러내는 바람에 결국 목적을 이루지 못한 상황에서, 스스로 동기를 속이도록 진화했다고 한다.[44] 대개 자기고양 동기를 자신이 모르는 이유 가운데 하나는 우리가 그것을 억누르도록 진화했기 때문이다. 이는 타당한 설명이다. 다른 사람들에게 좋은 인상을 주는 것을 의식한 채 노력을 하면 행위자가 이기적인 게 너무 뻔히 보이고, 그래서 비효과적인 어수룩한 행동을 하도록 만든다. 커피숍에서 첫 데이트 현장을 관찰해보면 이런 종류의 자기고양을 엿듣게 되는데, 그것은 역효과를 내는 경향이 있다. 그런데 자기고양 동기가 의식적으로 감춰지면 다른 사람에게 좋은 인상을 주려고 하는 방식이 더욱 교활해질 수 있다. 이 자기기만에는 하나의 덤이 있는데, 그랜드스탠딩을 한다고 비판받을 때 〔자각하고 있지 않아서〕 양심적으로 부인할 수 있다는 것이다. 결국 우리는 다른 사람들에게 좋은 인상을 주기 위해 노력한다고 스스로 **생각하지** 않는다.

어떤 그랜드스탠딩은 분명 알고 하는 것이다. 어떤 그랜드스탠더는 자신이 그랜드스탠딩을 하고 있음을 자각하면서, 자신의 도덕적 올바름을 보일 목적을 갖고 공개적인 주장으로 자신을 부풀리려고 애쓴다. 하지만 슬프게도 무의식적으로 그랜드스탠딩을 하는 경우가 훨씬 더 일반적이다.

우리는 이 책 초반에 여러분이 책을 읽으면서 내내 질문과 의

구심을 가질 수 있다고 말했다. 그리고 그랜드스탠딩의 기본 동기를 제시하면서 이미 핵심을 말했다. 더 나아가기 전에 몇 가지 질문과 반박을 해보겠다.

그랜드스탠딩과 거짓

보통 그랜드스탠딩에 대한 비난은 그랜드스탠더가 허구를 말한다고 생각하는, 그들의 이데올로기에 반대하는 자들에게서 나온다. 그 결과, 어떤 사람들은 누군가 그랜드스탠딩을 하면 그 사람의 말이 틀림없이 거짓일 거라고 생각한다. 그런데 이것은 착오다.

그랜드스탠더가 거짓을 말하는 게 그랜드스탠딩의 필수요건은 아니다. 물론 그랜드스탠더는 다른 사람들이 자신이 도덕적으로 깨어 있다고 믿어주길 바라고, 그가 **말하는 내용이** 거짓일 수 있다. 그러나 그가 **말하는** 것이 사실일 수도 있다. 저자 중 한 명이 한때 그랬던 것처럼, 페이스북에 이 같은 내용을 올리는 그랜드스탠더를 상상해보자.

그 누구도 의료를 받을 돈이 없다는 이유로 죽어서는 안 된다. 그 누구도 아프다는 이유로 파산을 해서도 안 된다. 우리는 우리 사이의 가장 약한 사람들만큼 강할 뿐이다. 여러분이 여기에 동의한다면 오늘 남은 시간 내내 페이스북이나 마이스페이스에 이것을 올려주세요.

인터넷이 좀더 단순했던 시기의 이상한 유물이지만, 이 구절에 뚜렷하게 잘못된 것은 없다. 그 안에 있는 모든 도덕적 주장은 정말 참일 수 있다. 그렇다고 이것이 **그랜드스탠딩 표현**이라는 점을 피할 수는 없다. 우리는 그 점을 알아채야 한다.

여전히 의심스럽다면 제1장에서 살펴봤던 하비 와인스틴의 성명서로 돌아가보자. 우리가 아는 한 그가 한 모든 말은 사실이지만, 그가 A급의 그랜드스탠딩을 했다는 판단에는 큰 차이가 없다. 요점은 간단하지만 중요하다. 즉, 진실을 말한다고 해서 그랜드스탠딩의 혐의를 막지 못한다는 것이다. 우리는 진실을 말하는 **동시에** 그랜드스탠딩을 할 수 있다.

당연히 그랜드스탠더는 대체로 거짓말을 한다. 사실 우리가 다음 장에서 밝힐 것인데, 정확히는 공적 담론에서 위상을 추구하는 사회적 동학이 그랜드스탠더가 거짓말을 하도록 부추긴다.

그랜드스탠딩이 효과가 있을까?

그랜드스탠더는 좋게 보이려고 도덕적인 말을 한다. 다른 사람들이 자신을 도덕적으로 훌륭하다고 생각해주길 바란다. 그런데 사람들이 그 행동을 받아들일까? 그랜드스탠딩이 사람의 명성을 만드는 데 효과적인 방법일까? 청중인 우리는 도덕적 이야기가 사익을 위해 오용되는 것을 알고 있으며, 전부는 아니더라도 많은 경우의 그랜드스탠딩을 눈치챈다. 우리는 그랜드스탠더에게 눈을 치켜뜨거나 친구에게 "저 사람 또 그러고 있어"라는 문자를 보낸다. 그러나 보통 그랜드스탠딩은 효과가 있다. 그래서 그렇게 많은 사람이 그랜드스탠딩을 하는 것이다. 특히 능수능란한 그랜드스탠더는 자신이 도덕적 모범이라고 수많은 이를 설득시킬 수 있다. 그랜드스탠딩이 왜 효과가 있을까? 그리고 왜 간혹 실패할까? 이 질문들은 경험적으로 연구되어야 하지만, 여기서 몇 가지만 언급하려고 한다.

그랜드스탠딩이 효과가 있는 이유부터 시작해보자. 우리는 일반적으로 다른 사람들이 우리를 속인다고 생각하지 않는다.[45] 다른 사람들이 진실하다고 믿지 않으면 사회생활이 정말 어려워진다. 사회학자 어빙 고프먼Erving Goffman에 따르면 우리는 대체로 "암묵적으로나 명시적으로 자신이 어떤 사회적 특징을 가졌다고 표명하는 사람은 진짜로 그 사람이 주장하는 모습일 거라고" 기대한다.[46] 자신이 도덕적으로 특별하다고 드러내기 위해 도덕적 이야기를 할 때는, 보통 자신을 정확하게 나타낸다는 배후의 가정에 기대고 있는 것이다. 그랜드스탠딩은 사람들이 말하는 것을 우리가 그대로 믿기 때문에 성공한다.

그러나 그랜드스탠더는 다른 사람들에게 도덕적 선함을 잘 설득시키지는 못한다. 예를 들어, 제1장에서 논했던 하비 와인스틴의 언술을 보고 다른 사람들이 그를 좋은 사람(아니면 제대로 된 사람)이라고 확신하진 않았다. 그러면 어떤 기준으로 그랜드스탠

그랜드스탠딩

딩의 효과 여부를 알 수 있을까? 수많은 설명변수가 있는데 우리는 그중 두 가지를 든다.

첫째, 누군가가 전시하려고 애쓰는 이미지가 다른 사람들이 전에 알고 있던 그 사람의 모습과 다를 때, 그랜드스탠딩은 효과가 덜하다. 사람들은 이미 나쁘다고 생각한 사람의 그랜드스탠딩에 감응하지 않는다. 달리 말해, 청중이 발화자가 위선적이라고 생각할 때 그 발화자의 그랜드스탠딩을 믿을 확률이 떨어진다. 이것이 와인스틴의 그랜드스탠딩이 비참한 실패를 맞은 이유 중 하나다. 널리 보도된 그와 관련된 나쁜 행위들과 자신은 좋은 사람들 중 하나라는 그의 주장이 너무 불일치했다. 일단 청중이 그랜드스탠더가 전시하는 도덕적 이미지와 실제 그 사람의 도덕성이 다르다는 것을 알면 그 사람을 하찮게 본다.[47] 사람들은 위선에 그리 관대하지 않다.[48]

둘째, 그랜드스탠딩은 청중이 이미 갖고 있는 도덕적 신념과 가치관을 나타낼수록 성공한다. 청중이 그랜드스탠더와 다르면 다를수록 청중을 감흥시킬 가능성은 줄어든다. 2017년 골든글러브 시상식에서 배우 메릴 스트립Meryl Streep은 여러 사람에게 회자된, 대통령 당선자 트럼프를 비판하는 연설을 했다. 그녀는 이렇게 연설을 시작했다.

앉아주십시오. 감사합니다. 여러분 모두를 사랑합니다. 양해를 구합니다. 이번 주에 고함을 치고 비탄에 빠져 목소리가 잠겼거든요.[49]

이어진 연설에서 그녀는 선거 결과가 할리우드의 진보적 가치, '외국인들', 그리고 언론에 대한 악의적 공격이라고 정의했다. 메릴 스트립이 그랜드스탠딩을 했는지 확신할 수 없지만 예증을 위해 그랜드스탠딩을 했다고 치자. 그 연설에 대한 반응은 극과 극이었다. 당시 그녀와 같은 공간에 있던 모든 사람이 그랬던 것처럼, 메릴 스트립이 가진 전반적인 진보적 가치와 트럼트 당선에 관한 그녀의 판단에 동의하는 사람들은 그녀가 정의를 위한 대담하고 용기 있는 입장을 취했다고 생각한다. 배우 러번 콕스Laverne Cox는 "그녀가 말한 모든 것. #메릴 스트립 당신의 업적과 오늘 밤 말한 모든 것에 고마움을 표하며, #공감 #골든글러브"[50]라는 트윗을 썼다. 코미디언 레타Retta는 "본받아야 할 여성 #메릴 스트립",[51] 음악인 마크 론슨Mark Ronson도 "또 말하지만 메릴 스트립 최고다"라는 트윗을 남겼다.[52]

다른 한편, 스트립의 가치관과 신념에 전적으로 반대한다면 아무런 감흥을 느끼지 않을 것이다. 그녀의 "위선의 도덕화"가 "자화자찬하는 할리우드의" 전형이라고 한 비평에 동의할 것이다.[53] 하나의 연설에 이렇게 크게 반응이 양분되는 것은, 청중이 발화자에게 동의할수록 발화자의 그랜드스탠딩에 더 감응한다는 것을 보여준다.

그랜드스탠딩의 효과 여부에 영향을 끼치는 몇 요소를 알았으니 이제 '누가 그랜드스탠딩을 하는가'라는 중요한 질문으로 관심을 돌리려 한다. 어떤 집단에서 더 흔하게 그랜드스탠딩을 볼 수 있는가?

그랜드스탠딩이 좌파 쪽만의 문제인가?

적어도 미국과 영국에서 그랜드스탠딩에 대한 공공연한 비난은 좌파를 비난하는 우파가 훨씬 더 많이 해왔고, 특히 진보적 좌파가 그 비난의 대상이 되어왔다. 그러나 진보주의 진영 역시 내부의 그랜드스탠더를 우려해왔다. 제인 코스턴Jane Coaston은《뉴욕 타임스 매거진The New York Times Magazine》에 이런 글을 발표했다.

진보적인 사람들끼리 대화를 할 때, 어떤 유형의 한 사람을 못마땅해하면서 모두가 눈을 위로 치켜뜨는 모습을 쉽게 볼 수 있다. 거의 모든 쟁점에서 영웅적 입장을 취하는 사람이다. 실사판 〈알라딘〉 캐스팅에 대한 격렬한 분노, 힐러리 클린턴Hillary Clinton의 의상 선택에 대한 강경한 방어, 발화자 자신이 속해 있지 않은 집단이 겪는 어려움에 대한 과장된 감정적 투여를 하는 사람 말이다. 그 뒤에 이어질 칭찬, '좋아요', 올바름의 아우라를 기대하는 그 시도가 너무 뻔히 보인다.[54]

그랜드스탠딩의 책임이 가장 큰 건 아마도 좌파 쪽일 것이라는 대중적인 짐작 탓에, 좌파의 개탄스러운 정치 상황에 대한 한탄을 기대하며 이 책을 고른 사람이 있을지도 모르겠다. 이것이 여러분의 예상이었다면, 그랜드스탠딩 기본 공식이 중요한 의미에서 굉장히 보편적이라는 것도 알아챘을 것이다. 이 책은 그랜드스탠더의 정치적 믿음에 관한 것이 아니다. 모든 정치적 입장에서 그랜드스탠더가 있을 수 있고, 있어왔기 때문이다. 그랜드스탠더의 심리적 프로파일도 역시 마찬가지로 일반적이다. 그랜드스탠딩을 추동하는 심리적 메커니즘은 보편적인 인간 특징이지 어떤 특정 집단 구성원에 한정되지 않는다.

정치사를 대충만 훑어보아도 그랜드스탠딩이 현대 좌파에만 한정되는 것이 아님을 알 수 있다. 미국을 생각해보면, 좌파의 그랜드스탠딩이 분명히 자각되기 전, 9·11 공격 이후와 이라크 전쟁 동안 국가안보에 대한 그랜드스탠딩이 있었다. 당시 미국의 정치인들은 모든 기회를 활용해 "테러에 관대하지 않다"는 것을 보여주려 했다. 이 국면에서 우스꽝스러운 그랜드스탠딩이 있었는데, 프랑스가 이라크 공격을 반대하자 공화당 의원 밥 네이Bob Ney가 의회 식당의 프렌치 프라이french fries 이름을 '프리덤 프라이freedom fries'로 바꿨을 때다. 그 이전에는 빌 클린턴Bill Clinton의 섹스 스캔들이 있었고, 이는 지도자로서의 성적 도덕성과 자격 문제에 관해 우파로부터 끝없는 그랜드스탠딩과 도덕화moralizing를 촉발했다. 그 2000년대 초반에, 좌파는 1970년대에 미국에서 시작된 운동인 정치적 올바름political correctness에 대한 관심을 새로 일깨웠다. 아마도 현시대에 우파 진영의 그랜드스탠딩 최고의 흔적은 도덕적 다수파*가 영향력을 행사한 시기일 것이다. 그 조직의

---

* Moral Majority, 종교지도자 제리 폴웰(Jelly Falwell)이 보수적인 사회적 가치를 발전시키기 위해 1979년에 설립한 미국의 정치조직이다. 1960년대와 1970년대 미국에서 일어난 사회적·문화적 변화에 대응하여 형성되었다. 당시 시민권 운동, 여성운동, 동성애자 인권운동 등에 대응한 것으로 그들은 특히 공립학교에서 제도적으로 시작되는 단체 기도와 성

그랜드스탠딩

주요 인물들은 도덕적 경건함moral piety을 대중적으로 과시해 전국적 명성을 얻었다. 그리고 이 모든 것 이전에는 당연히 적색 공포**가 있었고, 그 기간 동안 도덕적 다수파 관계자들은 대중에게서 가장 열정적인 반공주의자라는 타이틀을 얻으려 경쟁하고, 다른 사람들도 동참하자고 극성을 떨었다.

어째서 최악의 그랜드스탠더라는 평판이 집단 간, 정치 진영 간에 그리 왔다 갔다 하는지 추측해보는 것은 흥미로운 일이다. 그 평판은 정치 권력에 붙는 것 같지도 않고, 분명 특정 이데올로기나 정당에 국한되지도 않는다. 게다가 정직한 사람들은 자신의 편이 그랜드스탠딩 하는 것을 알아볼 수 있다.

이러한 그랜드스탠딩의 분포는 우리가 수행한 예비 작업에서도 나타난다.[55] 우리는 앞에서 사람들이 명성과 지배적 위상을 얻으려고 그랜드스탠딩을 한다고 언급했다. 같은 연구에서 그랜드스탠딩은 (특히 명성을 얻고자 할 때) 비교적 일반적이고 만연하며, 나아가 정치 진영은 명성이나 지배를 위한 그랜드스탠딩과 관련이 없다는 것을 발견했다. 달리 말해, 그랜드스탠딩은 좌파나 우파의 신념과 관계가 있는 것 같지 않다. 민주당 지지자와 공화당

경 읽기를 금지하고(Abington Township v. Schempp) 낙태에 대한 법적 권리를 확인하는(Roe v. Wade) 대법원 판결을 반대했다. 이러한 배경에서 그 조직은 임신중단, 포르노, 평등권 수정안(ERA), 동성애자 인권에 반대하는 보수적인 사회적 가치를 발전시켰다(모든 내용은 영문 출처의 일부를 옮긴이가 번역했다. https://www.britannica.com/topic/Moral-Majority, 2021년 7월 10일 접속).

**   Red Scare, 넓게 매카시즘을 의미한다.

지지자 모두 그랜드스탠딩을 할 가능성이 똑같고, 자유주의자와 보수주의자도 마찬가지다. 그런데 흥미롭게도 (좌우 상관없이) 더 극단적인 정치 견해를 가진 사람들이 중도파보다 명성을 위해 더 많이 그랜드스탠딩을 한다는 것을 발견했다. 하지만 그들은 지배를 위한 그랜드스탠딩은 그렇게 많이 하지 않는다. 즉, 정치 스펙트럼에서 극단적인 쪽에 있는 사람들은 명성을 위해 그랜드스탠딩을 더 하는 반면에, 정치 스펙트럼에 상관없이 지배를 위한 그랜드스탠딩의 정도는 대략 엇비슷하게 나왔다.

요약하면, 현재 그랜드스탠딩에 관한 대중적인 이해와 달리 이것은 비단 좌파의 문제만이 아니라 훨씬 일반적인 행위다. 다만 극단적인 정치 견해를 가진 사람들이 중도적인 견해를 가진 이들보다 명성을 얻으려고 그랜드스탠딩을 좀더 한다.

이 책의 지은이인 우리도
그랜드스탠딩을 하고 있는 것은 아닌가?

이 책의 제목을 본 순간부터 사람들은 저자인 우리에게 관심을 돌리고 **우리가** 그랜드스탠딩을 하고 있을 거라 우려했다. 바로 이런 생각이다. 우리가 도덕적 이야기가 가득 찬 책을 쓰고 있다면, 사람들에게 공적 담론에서 그랜드스탠더가 얼마나 나쁘게 행동하고 있는가를 말하고 우리가 더 나은 방법을 알고 있다고 주장하는 건 우리 자신도 스스로를 좋게 보이려고 애쓰는 것이 아닌가? 저자들도 그랜드스탠딩을 하고 있는 것이 아닌가?

만약 여러분의 반응이 이런 것이라면, 그러한 관심을 받아 영광이라고 인정하지 않을 수 없다. 그렇긴 하지만, 만약 누군가 이 책에 대해 깊이 생각해본 이후에도 저 생각을 내세우며 이 책에 강력히 반대한다면, 약간 실망스러울 것 같다. 우리가 굉장한 그랜드스탠더라 할지라도 우리 주장은 여전히 유효하기 때문이다. 또 우리가 선한 사람인가 아닌가는 그랜드스탠딩에 대한 우리 주장이 옳은가와 상관이 없다. 이런 식으로 생각해보자. 이 책이 소셜 미디어를 관찰하고 있는 믿을 수 없을 만큼 똑똑한 로봇이 쓴 책이라고 가정해보자. 여러분은 로봇에 관한 다른 사실들에 대한 걱정 없이 로봇의 주장을 평가할 수 있다. 여러분은 우리에게도 똑같이 할 수 있고 그렇게 해야 한다. [그러나 우리에게 똑같이 하지 않아도] 우리는 이해한다. 이런저런 까닭으로 누군가에게는 이 책이 그랜드스탠딩 행위라고 믿는 것이 중요할 수 있다. 우리는 그 비판에도 반박할 수 있다. 물론 그 반박도 애당초 우리의 동기를 의심하는 사람에게는 아무런 증거 가치가 없을 것이다. 결국 그런 사람들은 **인정 욕구**가 우리를 움직였는가 아닌가에 대한 우리의 이야기를 믿지 않을 것이다. 그러나 지금 우리는 끝이 안 보이는 비판과 부인의 투쟁에 갇혀 있다. 이 무용한 결론 없는 논쟁은 우리가 나중에 논할, 사람들이 그랜드스탠딩을 한다고 비난하고 다녀선 안 된다는 주장의 중요한 증거가 된다.

어찌 됐든 우리는 그랜드스탠딩에 대한 우리 이론의 참과 거짓이 우리가 그랜드스탠더인가 아닌가의 문제보다 훨씬 더 흥미

진진하다고 생각한다. 그러나 그랜드스탠더는 우리가 그랜드스
탠더인가 아닌가의 문제가 더 흥미진진하다고 말할 것이다.

미덕 시그널링

우리가 그랜드스탠딩에 관한 글을 쓰기 시작하고 몇 년이 지
날 즈음 사람들이 '미덕 시그널링'*이라는 용어를 쓰고 있는 것
을 알게 되었다. 우리는 두 개념이 분명 연관이 있고 사람들이 이
둘을 서로 호환해서 사용한다고 짐작했다. 보통 명명命名은 그리
중요하지 않다. 흥미로운 것은 결국 그 명명이 가리키는 생각이
다. 그러나 간혹 특정 명명이 다른 명명보다 이해를 돕고 혼란을
줄이는 데 더 나을 때가 있다. 그랜드스탠딩이 바로 그런 사례라
보고, 우리가 관심을 둔 현상을 지칭하는 데 그랜드스탠딩이 왜
더 나은 용어인지 몇 마디 첨언하려고 한다.

우리가 아는 바로 '미덕 시그널링'은 2015년에 대중적인 용어
로 등장했다.[56] 현재 이 용어의 용례 상당 부분이 우파가 좌파의
행위에 가하는 비판(그리고 자신들을 그런 식으로 비판한다며 우파를
비판하는 좌파)과 관련이 있다. 그 용어는 분명 정치적 색채가 가

---

* virtue signaling, 주로 소셜 미디어에서 자신이 다른 사람들보다 정치적으로 올바르며 도
   덕적으로 우월한 위치에 있음을 과시하는 행위를 일컫는 말로, 대중매체에서는 '미덕 과
   시'로 번역·활용되고 있다. 그런데 '과시'는 분명한 의도·욕구를 포함하고 있어서 '알리
   다', '신호를 보내다'라는 본래 의미를 담아 미덕 '시그널링'으로 번역했다.

그랜드스탠딩

득하다. 우리는 그 이유뿐만이 아니라 그 단어가 오해를 낳을 수도 있어서 사용하지 않는 것이 최선이라고 생각한다.

'시그널링signaling'은 생물학과 심리학에서 사용되는 개념으로, 소통하고자 하는 **욕구**나 **시도**를 반드시 포함하지는 않는다. 시그널signal이란 생명체의 어떤 행동이나 특징을 가리키는 말이다. 이 시그널은 정보를 교환하며 생명체를 최적화하는 것이므로, 진화를 통해 선택되거나 일부러 정보를 전달한다. 수컷 공작은 암컷 공작에게 자신이 건장하다는 신호를 보내기 위해 긴 꼬리 깃털을 갖고 있다. 꼬리 깃털이 클수록 더 잘 생존하며(그것을 잘 끌고 다닐 만큼 건강하고 강해야 한다), 그래서 짝으로서 더 알맞다는 것이다.[57] 그러나 수컷 공작은 이 목적을 위해 깃털을 키우려고 **애쓰지** 않는다. 많은 독충은 밝은색을 띠는데, 그 색깔이 먹잇감에게 독충을 피하라고 알려준다. 독충의 색깔은 일종의 신호지만, 내보내고 싶은 신호는 아니다.[58]

인간은 어떤 시그널을 의도적으로 보낸다. 예를 들어 어떤 사람은 자신이 부자로 보이길 바라서 비싼 차를 몬다. 그런데 많은 인간 행위는 의도하든 아니든 시그널을 보낸다. 스스로 그것을 깨닫지 못할지라도 누군가 홀푸드**에서 장을 보고, [친환경 자동차로 알려진] 프리우스Prius를 몰고, NPR***을 듣는 것은 그 사람에

** Whole Foods, 인공 첨가제가 포함되지 않은 유기농 식품을 전문적으로 판매하는 슈퍼마켓 체인점.

*** 자본과 권력으로부터 독립적이라고 평가받는 공신력 있는 미국 공영 라디오 방송국.

대한 무언가를 표시한다. 행위자가 자신이 시그널을 보내는지 그 여부를 착각할 수도 있다. 경제학자 브라이언 캐플란은 우리 대부분은 교육 시스템이 박식하고 노련하며 다재다능한 성인을 생산한다고 생각하지만 실은 그렇지 않다고 주장한 바 있다.[59] 캐플란에 의하면 교육 시스템, 특히 대학의 주요 기능은 예비 고용주에게 자신이 다른 사람들의 기대에 얼마나 잘 부합하는지, 얼마나 똑똑하고 성실한 인물인지 시그널을 보내는 것이다. 말하자면, 자신이 정확하게 현대 고용주들이 찾는 자신감 있고 열심히 일하는 팀 플레이어라는 것이다. 그러나 학위를 따는 것이 고용주들에게 자신이 유능하고 열심히 일하는 팀 플레이어임을 보여준다는 점을, 어느 누가 자각하고 대학에 들어갈까? 우리도 몰랐다.

따라서 이렇게 많은 시그널링이 비의도적인 반면, 우리가 그랜드스탠딩이라고 부르는 현상은 다른 사람들이 자신에 대해 무언가를 생각해주길 원하거나 시도하는 것이다. 그런데 굉장히 많은 시그널링은 그것을 보내길 원하거나 시도하지 않은 채로도 일어나기 때문에, 우리는 '미덕 시그널링'이 그것과는 다르다 생각하며 그래서 그 단어를 선택하지 않았다.

'미덕 시그널링'은 또 다른 이유로 오해의 소지가 있다. 'X가 Y라는 시그널을 보낸다'라고 할 때, 대개는 X가 정말로 Y를 갖고 있다는 뜻이라는 데 주목하자. 예를 들어, "박사학위는 학식과 6년 동안 공부할 수 있는 경제적 자유를 나타낸다"라고 말했다 치자. 평범한 상황에서, 이런 것들이 박사학위자들에게 해당되는 말임을 소통하고 싶어서 그런 말을 할 수 있다. 그래서 "누군가가 미덕 시그널링을 한다"라고 말하는 것은 그 사람이 실제로 도덕적이라고 잘못 암시할 수 있다. 그런데 당연하게도 미덕 시그널링에 대한 대부분의 비판은 그것을 보내는 사람이 그다지 도덕적이지 않음을 시사하고 있다.

혼란을 낳는 또 다른 잠재적 원인이 있다. '미덕 시그널링'이라는 용어는 행위자가 자신의 **미덕**을 내보내고 (혹은 내보내려고 애쓰고) 있다는 것을 암시한다. 미덕은 보통 성격의 탁월함으로 이해된다. 그러나 우리가 이 장 초반에서 설명했듯이, 다른 사람들로 하여금 자신이 탁월한 성격을 지녔다고 생각하게 노력하지 않아도 그랜드스탠딩을 할 수 있다. 최소한 도덕적으로 예의 바르다는 정도로만 자신을 생각해주길 원할 수 있다(대부분의 사람이 그 정도 수준보다 훨씬 못하다고 보면서). '그랜드스탠딩'은 다른 사람들이 자신의 덕을 유달리 알아보게 하려고 노력하고 있음을 암시하지 않는다.

이와 관련해 '미덕 시그널링'은 '악덕 시그널링vice signaling'이라는 말을 연상시킨다. 이것은 자신이 얼마나 나쁜 사람인가를 자랑하는 것이다. 예를 들어, 강경한 자유지상주의자들은 가난한 사람들의 곤경을 거의 신경 쓰지 않는다는 악덕 시그널링을 보낸다. 그런데 우리가 보기에 악덕 시그널링은 내집단 구성원에게 '정확한' 도덕적 가치로 좋은 인상을 주거나, '부정확한' 도덕적 가치를 가진 외집단(약자와 게으른 자를 무책임하게 방어하는 사람들)을 폄하하는 또 다른 방식의 그랜드스탠딩으로 보인다. 나아가 악덕 시그널링에 대한 토론이 계속 유행하면, 좋은 가치를 표하는지 부정한 가치를 표하는지를 기준으로 어떤 사람이 '미덕 시그널링'을 하는지 '악덕 시그널링'을 하는지에 대한 수많은 답 없는 논쟁이 있을 것이 뻔하다. 우리는 그 용어를 완전히 피해야 한다고 생각한다.

마지막으로, 사람들은 미덕 시그널링을 하고 있다고 추정되는 사람이 실제로 자기가 제기하는 도덕적 주장을 스스로 믿지 않는다고 생각하기 때문에, 미덕 시그널링을 보내는 이들을 비난하곤 한다. 달리 말해, 진심에서 우러나지 않은 빈말을 한다는 것이다. 자신은 아무런 영향을 받지 않은 채, 믿지도 않은 도덕적 요구를 다른 사람들은 지켜야 한다고 시그널링하고 있다는 것이다. 이러한 위선insincerity에 대한 집착은 근시안적인데, 사람들이 자기과시를 위한 도덕적 말을 하는 데서 기인한 다른 문제들을 가벼운 것으로 치부하게 만들기 때문이다. 우리가 앞으로 살펴볼 것인데, 도덕적 그랜드스탠딩의 가장 심각한 문제들은 그랜드스탠더가 대체로 마음에 **있는** 말을 하기 때문에 발생한다. 물론 그랜드스탠더는 마음에 없는 말도 한다. 말한 바를 실제 믿는가 안 믿는가의 여부에 상관없이 사람들은 그랜드스탠딩을 한다.

아마 이런 염려들 가운데 어느 것도 '미덕 시그널링'이라는 용어를 거부할 충분한 이유가 되지 않을 수 있다. 하지만 이 이유들을 종합적으로 보면 '미덕 시그널링'이라는 용어가 매우 오해의 소지가 있음을 알 수 있다. 그냥 사용하지 않는 게 어떨까?

다만 '미덕 시그널링'이 더 나은 용어로 보이는 도덕적 자기과시의 장이 있다. 바로 비언어적 행위의 영역이다. 예를 들어,

그랜드스탠딩

토시는 다른 사람들이 자신을 환경보호에 엄청 마음을 쓰는 사람이라고 생각해주길 원한다고 가정해보자. 그래서 그가 프리우스를 사서 타고 다닐지도 모른다. 이것을 그랜드스탠딩이라고 부르기엔 어색하다. 우리가 언급한 몇 가지 측면에서 여전히 그 사용이 마땅하진 않지만 '미덕 시그널링'은 이런 데 더 어울리는 용어다. 그러나 이 책은 도덕적 **이야기**의 사용과 악용에 대한 것이어서 도덕적 치장moral preening과 같은 비언어적 형태까지 다루지는 않는다.

결론

그랜드스탠딩은 자기과시를 위해 도덕적 이야기를 하는 것이다. 이 현상에 대한 우리의 **기본 공식**에 따르면, 다른 사람들이 도덕성 면에서 자신을 좋게 생각해주길 바라는 욕구(어떤 힘)이고, 그 욕구를 채우기 위해 공적 담론에 참여하는 것이다. 여러분이 그랜드스탠딩을 하고 있다고 자각하거나 틀린 어떤 것을 말해야만 그랜드스탠딩을 하는 것이 아니다. 이 장에서 그랜드스탠딩의 일반적인 특징을 수없이 언급했지만, 다소 추상적인 내용이었다. 이 거친 세상에서 그랜드스탠딩이 보통 어떤 모습을 띠는지 알아야 유용할 것이다. 다음 장에서 정확하게 그랜드스탠딩의 실제 모습들을 살펴보자.

3장 그랜드스탠딩의 실제 모습

사회생활에서 다른 사람들에게 좋은 인상을 주려는 시도는 일상다반사다. 이것은 대개 도덕성과 연관이 없다. 예를 들어, 어떤 사람은 똑똑함으로 타인에게 좋은 인상을 주려고 한다. 그 방법 중 하나가 다른 사람의 발언을 교정하는 것이다. 여러분의 친구가 K2가 지구상에서 두 번째로 높은 산이라고 말했다 치자. 당신이 끼어들어 이리 말한다. "맞아. 그런데 높이만 그런 거야. 돌출높이prominence로 보면 20위 안에도 못 들어." 어떤 사람은 자신의 지성을 넌지시 풍기려고 그 대화에 불필요한 세세한 정보를 집어넣는다. 한 동료는 무심히 자기가 완벽한 LSAT(법학대학원 입학시험) 점수를 받았던 주에 사랑니를 뽑았다는 말을 꺼낸다. 어떤 사람은 석·박사학위를 수집해 서류에 기록을 남긴다. 또 어떤 사람은 박사학위 디펜스를 하는 방에 불쑥 들어서며 이렇게 말한다. "늦어서 죄송합니다. 스트라빈스키Igor Stravinsky가 NPR에서 흘러나와 다 듣고 나와야 했어요." 나중에 하버드 대학 철학 교수가 된 한 10대는 브루클린 주변에서 플라톤Plato의 《국가》 표지를 앞으로 내보인 채 들고 다니곤 했다.' 적당히 영리한 사람은 다른 사람들이 얼마나 자신이 똑똑한가를 알게 하는 딱 맞는 방법을 일생 동안 찾기도 한다.

그랜드스탠딩도 마찬가지다. 우리는 다른 사람들이 자신을 도덕적으로 괜찮다고 생각하게 만들려고 창조적인 방식으로 도덕적 이야기를 활용한다. 이 책의 마지막 장에서는 사람들이 **왜** 그랜드스탠딩을 하는지 그 심리를 전반적으로 설명할 것인데, 이 장에서는 사람들이 **어떻게** 그랜드스탠딩을 하는지 알아보려고 한다.

우리는 그랜드스탠딩을 하는 이들이 공통으로 사용하는 다섯 가지 방법, 즉 보태기piling on, 치닫기ramping up, 날조하기trumping up,[2] 강렬한 감정 표출, 무시dismissiveness라는 방법이 있다는 것을 발견했다. 그리고 그 과정에서 그랜드스탠딩이 왜 그런 형태를 띠는지 설명하기 위해 심리학 연구를 활용했다.

그런데 먼저 자연스러운 오해 하나를 해명코자 한다. 이 장은 그랜드스탠딩의 실제 모습을 담고 있다. 예를 들면, 그랜드스탠딩이 왜 과한 도덕적 분노의 형태를 띠는지 설명할 것이다. 그러나 누군가가 과한 분노를 표현할 때마다 그 사람이 그랜드스탠딩을 한다고 주장하는 것은 아니다. 우리는 어떤 사람이 그랜드스탠딩을 하고 있는지 아닌지를 결정하는 **검사**를 하려는 것이 아니다. 똑똑함으로 다른 사람들에게 좋은 인상을 주려고 고학력학위를 딴 사람을 다시 떠올려보자. 누군가에게는 학위를 따는데 그 이유가 정말 중요할 것이다. 그러나 고학력 학위를 따는 **모든 사람이** 자신이 얼마나 똑똑한가를 단순히 과시하려 한다고 결론 내는 것은 명백한 착오다. 어떤 사람은 그냥 학교 다니는 것을 즐길 수도 있다.

따라서 우리의 목적은 그랜드스탠딩 사례를 감별하는 확실한 방법을 제시하는 것이 아니라, 그것이 어떤 양태인가를 밝히는 것이다.

보태기

누구에게나 영원히 끝나지 않을 것 같은 자리에 있어 본 경험이 있을 것이다. 이런 모임에서 자리가 끝나지 않는 공통된 원인 중 하나는 이미 나온 말이 반복되기 때문이다. 사람들은 왜 이미 충분히 표현되고 몇 번씩이나 나온 이야기를 또다시 할까? 그저 크게 주의를 기울이지 않아서일 수 있다. 아니면 그냥 다른 사람의 아이디어에 조금 보태는 말일 뿐이지만, 일면 자신이 중요한 기여를 한다고 보이길 원하기 때문일 수도 있다. 자신이 팀플레이어, 상냥한 동료, 혹은 조직의 가치관에 동조하는 사람이라고 보이길 원하는 것일지도 모른다. 그 이유가 무엇이든, 사람들이 그 시스템에서 빠져나올 때까지 우리는 그 자리에 갇혀 실제로 해야 하는 일에 집중하지 못한다.

도덕적 이야기는 이 장시간 모임의 모델을 따르는 것 같다. 사람들은 도덕적 문제를 다루는 토론에 끼어들어 "어, 그래!"라고밖에 말하지 않는다. 우리는 이를 '보태기' 현상이라고 부른다. 이 명칭이 암시하는 것처럼, 발화자가 무엇에 동의를 표명하는 것 말고는 도덕 담론에 기여하는 바가 없을 때 일어나는 현상이다. 사람들이 보태기로 그랜드스탠딩을 할 때 그들은 그냥 옳은 편에 속하거나 어떤 행동을 같이하려고 노력하는 것일 뿐이다. 사람들은 수없이 많은 방식으로 보태기를 한다. 어떤 사람은 타인이 방금 한 말을 조금 바꾸거나 단어 하나하나를 그냥 반복하면서, 아니면 다른 모든 사람이 말한 것에 동의를 표현함으로써 보태기를 한다.

보태기 현상은 인터넷 토론에서 가장 쉽게 볼 수 있다. 예를 들어, 여러 사람이 어떤 부정의에 항의하기 위해 청원을 시작해야 한다는 열정적인 글을 게시판에 연달아서 올렸다고 가정해보자. 그 집단의 의도는 차고 넘치게 분명해서 그 문제를 더 이상 논할 필요가 없다. 그런데 어떤 사람은 다음과 같이 또 글을 써서 올린다.

사람들이 말한 것에 공감을 표하고 싶다. 이 청원은 정의라는 대의명분에 필수적이고, 나는 정말 기쁜 마음으로 이 청원을 지지한다. 우리가 역사의 옳은 편에 서 있다는 것을 보여줄 필요가 있다. 얼른 서명을 해야겠다!

보태기 현상은 훨씬 더 나쁜 행동을 수반할 때도 있는데, 소셜 미디어에서 사람들이 순간적으로 어떤 규범이라고 추정되는 것을 위반한 단 한 사람에게 그들의 분노를 집중적으로 쏟아내고, 모든 사람이 공개적으로 그 사람을 비난하고 모욕을 할 때다. 당연히 이 현상은 그들의 표적이 후회의 말을 뱉을 때까지 이어지는데, 그 말이 나오면 틀림없이 '너무 부족하고 너무 늦다'라며 새로운 위반사항을 찾으려 말꼬리를 물고 늘어진다. 그리고 새로 찾아낸 위반사항에 더 많은 보태기가 발생한다.

보태기 현상을 볼 수 있는 현실세계의 사례를 하나 생각해보자. 고등학교 무도회인 프롬prom에서 몸에 딱 달라붙는 중국 전통 드레스를 입은 사진을 소셜 미디어에 올린 10대 백인 여성 케지아 다움Keziah Daum의 사례다. 한 사람이 그 사진에 "내 문화는 그따위 프롬 드레스가 절대 아니다"라며 문화적 전유에 대한 글을 썼고, 여기에 보태기가 일어났다. 그 글은 4만 번 이상 리트윗 됐다.[3]

그랜드스탠딩이 보태기 형태를 띠는 것은 그야말로 이치에 맞는다. 만약 자신이 선호 집단의 가치를 공유한다고 다른 사람들이 생각해주길 원한다면, 그 욕구를 충족할 수 있는 분명한 전략이 바로 공개적으로 의견을 올리는 것이다. 그 행위가 토론에 아무런 기여를 하지 않더라도 말이다. 모욕 보태기에 자신의 비난을 덧붙이는 것은 도덕적 가치를 알리는, 간단하면서도 비용이 적게 드는 방법이다.

그런 경우 보태기를 하는 그랜드스탠더는 자신이 **옳은 편**에 있다는 것을 분명하게 하려고 애쓴다. 많은 경우 그랜드스탠더는 진심으로 그 표적에게 잘못이 있어서 그 표적이 모욕을 받을 만하다고 믿는다. 표적이 [잘못을 해] 도덕성이 필요한 때와 그랜드스탠더의 도덕적 신념을 입증할 기회가 마침 일치한 것이다.

그런데 보태기를 하는 그랜드스탠더 중에는 한창 중심이 된 표적이 그렇게 비판받을 만하다는 데 확신이 없거나, 표적이 될 만한 까닭이 아예 없다는 것을 아는 경우도 있다. 그래도 동료들에게 도덕적으로 그럴싸하게 보이려고 어찌 됐든 보태기에 가담한다.

사회심리학자들에 의하면 사람들은 마음속으로 동의하지 않을 때조차 자기 집단의 공개적 주장에 자주 동의를 표현한다. 선구적인 사회심리학자 솔로몬 애시Solomon Asch는 동조conformity에 대한 그의 유명한 책[4]에서 이것을 정확하게 밝혔다. 가장 널리 알려진 그의 실험을 보자. 실험자가 만든 대본에 따라 행동하는 여러 연기자가 모인 집단에 한 외로운 참여자가 있었다(사회학자들은 연기자들을 '공범자들'이라고 부른다). 공범자들은 의도적으로 (그리고 분명히) 이 집단에게 제공된 선의 길이를 틀리게 말한다. 참여자들은 나중에 그들이 [마음속으로는] 동의하지 않았음에도 틀린 답에 대부분 동의했다고 말했다(그 당시 대략 36퍼센트).[5]

　사람들은 매우 평범한 질문에, 의도적으로 매우 낮은 위험을 조성한 환경에서조차 그 집단의 의견에 동의하지 않음으로써 (한 참여자의 표현대로) "파장을 일으키는 것을" 싫어한다. 그 실험의 변형된 버전들에서는 틀린 답을 말하는 대다수와 함께 다른 의견을 내는 한 명의 공범자를 심었는데, 이때 참여자들이 그들의 진짜 속마음을 표현할 가능성이 더 높다는 결과가 나왔다.[6] 중요한 건, 그 버전의 실험에서 전반적으로 참여자들은 반대자 한 명의 존재가 자신의 반대 의견을 더 수월하게 표현하게 만들지는 않았다고 주장했다는 점이다. 그러나 다수와 상이한 의견은 반대자가 한 명도 없을 때보다 한 명의 반대자가 있을 때 더 많이 나왔다. 이렇게 보면 우리가 동조 압력에 얼마나 크게 영향을 받는지 꼭 자각하는 것은 아니다.

　그 선의 길이를 파악하는 데서 다른 사람들이 자신을 유능한 판단자라고 생각해주길 원하는 것처럼, 우리는 동료들이 자신을

　　　　　　　　　　　　　　　　　그랜드스탠딩

도덕적으로 훌륭하다고 생각해주길 바란다. 그래서 속으로 보태기 현상을 꺼리는 사람들도 어찌 됐든 그 행동에 끼어들어 그랜드스탠딩을 한다.

애시의 동조 이론은 많은 그랜드스탠더가 내심 거리낌이 있더라도 보태기에 편승한다는 것을 보여준다. 그러나 보태기에는 저열한 방식의 공개적 망신 주기도 있다. 자신이 뱉는 불쾌한 장광설의 표적에게 잘못이 있는지 없는지 확실하지 않은데도, 정말로 사람들은 자신이 옳은 편에 있다는 걸 증명하려고 그렇게까지 할까?[7]

사회학자인 롭 윌러Robb Willer와 동료들은 최근 연구에서 애시의 연구를 확장해 사람들이 그보다 더하다는 걸 보여주었다.[8] 한 연구에서 연구 참여자들은 마음속으로는 두 와인이 비슷하다고 평가를 하면서도, 사회적 압력 때문에 (똑같은 품질의) 와인 한쪽이 훨씬 더 낫다는 평가를 내렸다. 그다음 상당수의 참여자는 (다른 참여자들의 와인 평가 능력에 점수를 매기고 그것이 공개된다고 들었을 때) 두 와인을 똑같다고 평가한 그 집단의 일탈적인 구성원을 부정적으로 평가했다. 다시 말해, 사람들은 대중적 관점이라고 생각되는 것에서 벗어난 사람들을 부정적으로 평가한다. 자기 자신 역시 실제로 그 대중적 관점에 동의하지 않는데도 그리한다.[9] 윌러와 그의 동료들은 이것을 '규범의 허구적 강제false enforcement of norms'라고 부른다. 이것은 겉보기에 이상한 행동이다. 왜 사람들은 자신과 같은 믿음을 가진 다른 사람들을 부정적으로 평가할까?

윌러와 동료들은 사람들은 밖으로 공개되는 자신의 의견을 주류에 맞추고 비판을 피하면서, 자신이 진실하지 않고 기회주의적으로 보일까봐 걱정한다고 주장한다. 그런데 사람들과 잘 어울리려고 하면서 다른 사람들이 자신을 진실하다고 믿게 하는 방법에는 어떤 수가 있을까? 자신이 말한 것이 진심이라고 보이게 하는 방법은 그것을 행동에 옮기는 것, 말한 것을 실천하기다. 그래서 마음속으로 의견이 확실치 않은 사람은, 자연스러운 해결책으로 주류 의견에서 벗어난 이들을 부정적으로 평가한다.

'잘못된 의견'을 지닌 사람을 제재하려고 유달리 노력한다는 건 자신이 진정으로 신념을 가진 사람이라고 더욱 설득력 있게 증명하는 셈이다. 그 결과가 '자아강화 동학self-reinforcing dynamic'이다. 사람들이 비판을 피하고 자신의 의견을 방어하며, 이어서 자신이 진실하지 않다는 의심을 피하기 위해 다른 사람들을 비난한다는 것이다. 그러면 누군가 '잘못된 의견'을 지녔다고 벌하는 모습을 보면서 자신도 그리해야 한다고 결론짓고 다른 사람들을 벌한다. 심지어 '진정으로 신념을 가진 사람'의 상당수도 그들이 지지하지 않는 의견을 공개적으로 지지할 뿐만 아니라 그것에 동의하지 않는 이들을 벌하기도 한다!

이 규범 강제에 대한 설명으로 우리가 소셜 미디어에서 목격하는 보태기 현상을 이해할 수 있다. 어울리길 원하는 사람들이 얼마나 많은 도덕적 말을 할까? 속으로는 고등학교 무도회에 전통 중국 드레스를 입고 가는 것이 문화적 전유로서 해롭다는 생각에 회의적이지만, 집단이 요구한다고 믿기 때문에 얼마나 많은

그랜드스탠딩

이가 그 보태기를 이어갔는가? 예측하기 어려운 일이다.[10]

집단의 행위를 따르라는 압력은 소속된 집단이 자신의 사회적 정체성에서 중요한 부분일 때 더욱 커진다. 집단의 새 구성원에게는 특히 더하다. 예를 들어, 남녀 사교클럽 수습회원은 나중보다 가입 초반에 스스로가 그 집단의 스테레오타입에 더 잘 맞는다고 판단한다.[11] 달리 말해, 그들은 집단의 구성원이라는 자의식에 자신이 일치한다고 느끼기 위해 순응한다. 비슷한 이유로, 사람들이 집단에서 선호되는 도덕적 믿음을 골라 표현한다는 것도 상상하기 어렵지 않다.

충분히 동조하지 않는 사람들은 심리학자들이 말하는 **검은 양 효과**black sheep effect의 희생양이 될 위험에 처한다.[12] 당연하겠지만, 사람들은 자기 집단 내 가장 높은 위치에 있는 구성원들을 다른 집단 내 높은 위치에 있는 사람들보다 더 호의적으로 평가한다. 그런데 **자신의 집단** 내부의 낮은 지위에 있거나 일탈적인 구성원들에 대해서는 다른 집단 내부의 그런 이들보다 훨씬 더 부정적으로 판단한다. 생각해보면 이것은 일리가 있다. 적어도 이 한 가지 사항, 즉 비록 상대편 정당의 완고한 당원들이 틀릴지라도 원칙적이라는 점에서는 그들을 인정할 수 있다. 심지어 상대편 정당의 중도파 구성원도 유용할 수 있다. 그들은 여러분이 옹호하는 정책을 지지하기 위해 여러분의 정당으로 넘어올 수 있을 만큼 실제로 꽤 합리적이다. 그런데 자기가 속한 정당의 '일탈적' 당원들은 어떠한가. 그들은 행동을 같이해야 할 필요가 있다. 그들은 자신이 어느 편인지 모른단 말인가? 예를 들어, 〔공화당 내에서 진보적 성향이었던) 상원의원 존 매케인John McCain이 트럼프 대통령을 비판할 때 충실한 공화당원들이 그에 대해 무슨 말을 했는지, 혹은 클린턴 대통령과 1990년대 클린턴 행정부가 추진한 중도-좌파 어젠다에 대해 민주당 내 진보 진영 사람들이 어떻게 말했는지 생각해보자. 두 사례 모두에서 **검은 양 효과**를 볼 수 있다.

달리 말해, 다른 모든 조건이 같다면 내집단 구성원에게 가능한 최악의 경우는 검은 양이 되는 것이다. 검은 양이 되는 건 애당초 그 집단에 소속되지 않은 것보다 더 나쁘다. 그리고 집단 내 부인들이 도덕적 쟁점을 토론할 때 그 위험 부담이 커진다. 아주 작은 실책도 큰 문제가 되고 집단 내에서 그 사람의 위상에 의문을 제기할 수도 있다. 따라서 종종 이야기에 맞장구를 치고, 비록 집단이 하고 있는 일이 꺼려질지라도 그들과 뜻을 같이한다고 상기시켜주는 것이 중요하다.

혹자는 우리가 연대에 관한 모든 언술이 그랜드스탠딩 사례라고 주장하는 것 같다는 의견을 낼 수 있다. 결국 명분이나 집단에 연대를 밝힐 때는 단순히 자신의 도덕적 견해를 알리기 위해 (대체로 다른 사람들이 이미 말한 것에 아무것도 더하지 않은) 도덕적 주장을 하게 된다. 연대를 보여줄 때의 핵심은 예를 들자면 이런 것이다. 자신을 불이익을 받는 개인 및 집단을 지지하는 사람이라고 정체화해, 자신이 그런 입장을 가졌다고 다른 사람들에게 알리는 것이다. 분명 가치 있는 대의명분하에서 연대를 밝히는 게 문제될 것은 없다. 따라서 우리의 설명이 그런 언술을 그랜드스탠딩의 전형이라고 비난하는 것이라면, 우리 설명에 문

그랜드스탠딩

제가 있는 것이다.

우리는 연대를 표현하는 많은 언술이 칭송받을 만하고 그것들을 그랜드스탠딩으로 묘사하는 건 부정확하다는 데 동의한다. 우리가 염두에 둔 연대를 표현하는 언술 유형은 주로 발화자가 연대하고 있는 사람들을 도우려는 열망에서 기인한 것들이다. 그런 경우, 발화자의 동기가 단순히 자신이 어떤 도덕적 가치를 가졌다고 인정받길 원할 뿐이라고 하는 것은 틀린, 불완전한 묘사다. 결정적으로 그 사람은 **다른 사람을 돕기 위해** 인정을 얻고자 희망하고 있다. 그런 사람은, 자신이 말한 것으로부터 무언가 이득을 얻는 사람이 발화자인 자신뿐이라고 하면, 실망하거나 어쩌면 약간은 죄책감도 가질 것이다. 반면 그랜드스탠더는 그리 실망하지 않는다. 그랜드스탠더는 자신이 좇는 인정을 받는 데 기뻐하고 거기에 실패하면 실망할 것이다.[13]

치닫기

20세기 후반 소비에트와 미국은 핵무기 경쟁에 빠져 있었다. 1980년대 초반 양국은 수도 없는 탄도를 비축했다.[14] 무엇 때문에 그런 무기 경쟁을 했을까? 상대편에게 뒤지고 싶지 않다는 열망 때문이다.[15] 새 폭탄을 만든 후 소비에트는 "이게 우리가 가질 정확한 폭탄 수다. 여기서 그쳐야 해"라고 말하지 않는다. 그 대신 뒤지지 않으려고 계속 폭탄을 만들고 미국보다 더 많은 탄도를 모았다. 그건 경쟁이었고 양 국가는 서로를 이기고자 했다.

도덕적 이야기도 자주 도덕적 무기 경쟁으로 진행되는데 사람들은 토론 중인 문제에 점점 더 강렬한 주장을 한다. 이것을 **치닫기**라고 부르자. 소련과 미국이 정확한 수의 폭탄을 생산하려고 노력하지 않았던 것처럼, 사람들이 치달을 때는 더 이상 올바른 도덕적 주장에 도달하려고 하지 않는다. 서로를 능가하려고 노력할 뿐이다. 그런 행위의 동기는 자신이 도덕적으로 가장 훌륭하다는 인상을 남기고픈 욕구다. 그래서 사람들은 자신이 정의 문제에 좀더 익숙하고, 다른 사람들은 상황의 뉘앙스와 심각성을 이해하거나 인식하지 못한다고 알리기 위해 점점 더 강렬한 도덕적 주장을 한다.

그랜드스탠딩은 많은 경우에 이런 치닫기 형태를 띤다. 아래 논의를 살펴보자.

앤: 그 상원의원의 행동은 잘못이고 공개적으로 비난받아야 한다는 데 우리 모두 동의할 수 있습니다.

벤: 아, 그래요. 우리가 정말로 정의를 생각한다면 그 사람에게 공직 사퇴를 요구해야 해요. 우린 그런 행동을 묵과해선 안 돼요. 나는 용납하지 않을 겁니다.

칩: 오랫동안 사회정의를 위해 분투해온 사람으로서 나도 그 제안에 공감합니다. 그런데 이 문제와 관련해 형법을 아는 사람이 있을까요? 나는 형사고발을 제안하고 싶습니다. 세상이 지켜보고 있다는 걸 기억하면서, 우리가 잘 해내야 합니다.

그랜드스탠딩은 왜 이런 패턴을 따를까? 사람들은 보통 타인과의 비교 속에서 자신의 자리를 가늠한다. 심리학자들은 이를 '사회적 비교social comparison'라고 한다.[16] 예를 들어, 우리는 다른 사람들이 얼마나 매력적이고 재미있는지를 기준으로 자신의 매력과 유머 감각을 평가한다. 제2장에서 본 것처럼 우리 대부분은 스스로를 정말 도덕적으로 훌륭하다고 생각한다.

우리는 보통 〔어떤 사안을 둘러싼〕 도덕적 순수성에 대한 어느 정도의 판단을 다른 사람들의 의견을 듣기 전에 이미 내리고 있다. 그런데 일단 타인의 견해를 (혹은 최소한 그들이 자신의 견해라고 말한 것을) 들으면 우리에겐 두 가지 선택지가 주어진다. 자신이 〔그 사안을 판단하는 데〕 도덕적으로 평범하다는 것을 받아들이고 자기 의견을 그대로 두거나, 아니면 내집단에서 도덕적 모범으로서 지위를 지키려고 의견(혹은 최소한 그것에 대한 자신의 표현)을 살짝 바꾸기도 한다. 많은 사람이 후자를 선호한다. 그래서 전에 합리적인 견해였던 자신의 의견을 도덕적으로 좀더 까다로운 것으로 바꿔야 한다.

이것이 어떤 모습인지 아까의 대화로 돌아가보자. 이 대화를 시작하기 전 앤, 벤, 칩은 정의 문제에 관해 자신이 도덕적으로 훌륭하다고 생각했을 것이다. 그런데 앤이 먼저 자신의 의견을 말한다. 일단 앤이 도덕적 진단을 내리면, 벤과 칩이 집단에서 그들의 기존 지위를 지키기 위한 어떤 조치를 취해야 한다. 그들은 강도를 높여야 하고 안 그러면 도덕적으로 우월한 능력이 있는 사람에게 패배한 것처럼 보인다. 벤과 칩의 그랜드스탠딩은 그 집단의 견해를 극단으로 치닫게 하는 경향을 띨 것이다. 그리고 앤이 다시 끼어든다면, 앤은 결국 자신이 전시하고 싶은 이미지를 유지하기 위해 자신의 관점을 바꿀지도 모른다. 자기는 줄곧 형사고발을 하자는 쪽이었는데, 그게 너무 당연해 보여 그걸 언급할 생각조차 하지 않았다는 식으로 말이다.

이 사례에서는 강렬한 부정적 반응을 통해 치닫기가 나타나지만 강렬한 긍정적 주장을 낳는 데서도 똑같이 나타난다. 어떤 사람이 누군가의 행동을 "용감하고 존경받아 마땅하다"라고 하면, 다른 사람은 "그 행동은 용감할 뿐만 아니라 내가 지금까지 본 최고로 용기 있고 이타적인 행동"이라고 말한다. 여기서도 마찬가지로 치닫기는 누군가가 도덕적으로 훌륭하다는 것을 소통하기 위해 사용될 수 있다. 즉, 치닫기를 통해 부당하게 저평가된 도덕적 성인을 알아볼 수도 있다.

우리는 **인정 욕구**로 동기화된 많은 대화가 도덕적 무기 경쟁이 되는 것까지도 **예상**할 수 있다. 치닫기는 도덕성과 정치에 대한 많은 대화가 왜 그렇게 빨리 감당할 수 없게 되는지 설명해준다. 관세에 대한 이견으로 시작된 것이, 누군가가 대부분의 도덕적 문제에 자신과 의견이 다른 사람들을 나치라고 부르면서 끝이 난다.

사람들이 정말로 특정한 모습으로 보이기 위해 자신의 도덕적 판단을 공개적으로 바꿀까? 그런 것 같다. 심리학자 세라 롬Sarah Rom과 폴 콘웨이Paul Conway에 따르면, 사람들은 타인이 자신에게 따뜻함을 보이길 기대하는지 아니면 능력을 보이길 기대하는지에 따라 자신의 (비공개는 아닌) 공개적인 도덕적 판단을 바꾼다고 한다.[17] 사람들이 페이스북에 올리는 모든 도덕적 선언이 깊이 있고 신중하게 고려된 의견이라고 추정해서는 안 된다. 자신을 특정한 방식으로 생각해달라고 여러분을 꼬드기는 사람들이 전략적으로 많은 도덕적 주장을 한다.

물론 모든 '치달은' 토론이 그랜드스탠딩 때문에 일어나는 것은 아니다. 사람들은 그냥 타인의 의견에 동의하지 않거나 사안의 진실에 더 가까워지려고 더 강렬한 주장을 할 때도 있다. 어떤 사람이 노예제를 미지근하게 비판하는 걸 보면 더 강력한 비판으로 참견하는 게 맞을 것이다. 우리는 선한 믿음으로 강렬한 주장을 하는 사람을 보고 있는지, 아니면 도덕적 무기 경쟁에 기반한 그랜드스탠더를 보고 있는지 단정 짓기 어렵다. 그러나 그 차이를 구별하기 어렵다고 해서 차이가 없는 것은 아니다.

날조하기

한스 크리스티안 안데르센Hans Christian Andersen의 동화 〈공주와 완두콩〉에서 왕자는 아내가 될 진짜 공주를 찾는다. 왕자는 최선을 다했지만 계속해서 마땅한 짝을 찾지 못한다. 어느 날 밤 한 젊은 여성이 폭풍을 피할 쉼터를 찾는다면서 도시의 성문 앞에 나타나 자신이 진짜 공주라고 주장한다. 그 여성을 머물도록 하면서, 여왕은 완두콩 한 알을 놓고 20개의 매트리스와 20겹의 깃털 무더기를 둔 침대에 잠을 재운 뒤, 그 여성이 정말 왕족인지 신분을 시험했다. 다음 날 아침 사람들이 그녀에게 잘 잤느냐고 묻자, 그녀는 "엄청 불편해서 뜬눈으로 밤을 지샜어요. 도대체 침대에 뭐가 있었는지, 뭔가 딱딱한 데 누워 있는 것 같았어요. 아침에 보니 온몸에 멍이 들어 있었다고요. 끔찍해요!"라고 말한다. 왕족들은 "진짜 공주가 아니고서야 …… 이렇게 예민한 피부일 리가 없어"라며 진정한 공주를 찾았다고 한다.[18]

이 이야기가 재미있는 것은 **당연히** 아무도 그렇게 예민할 수 없다는 점이다. 안데르센은 왕족의 자격을 세우려는, 예민함에 대한 말도 안 되는 시험을 조롱한 셈이다. 그러나 어떤 이들은 도덕적 문제에 그와 유사한 정도의 예민함을 보임으로써, 자신의 **도덕적** 자격을 내세우려고 노력한다. 보통 그것은 실상 아무 것도 없는데 도덕적 문제가 있다고 주장하는 거짓 주장을 낳는다. 우리는 이런 도덕적 주장의 잘못된 사용을 **날조하기**라고 부른다. 검사가 피의자를 상대로 거짓 혐의를 꾸며낼 수 있는 것처럼, 도덕 담론에 참여하는 사람들도 종종 거짓으로 도덕적 고발을 한다. 날조하기는 그랜드스탠더에게 유용한 도구다. 그랜드스탠더는 날조를 통해 도덕적 무지렁이인 우리가 대수롭지 않다거나 순수하다거나 심지어 칭찬할 만한 것으로 여기는 세계의 특징에 반대함으로써, 자신을 도덕적으로 훌륭하게 보이려고 한다. '도덕적 공주'인 그랜드스탠더는 우리보다 부정의에 조금 더 민감하다. 보태기, 치닫기와 달리 날조하기는 도덕에 관한 잘못된 말을 한다는 점을 명심하라. 보통 정확한 도덕적 평가를 반복함으로써, 보태기를 하거나 더 급진적이더라도 참인 도덕적 견해를 주장함으로써 치닫기를 할 수 있다. 그러나 날조하기는 틀림없이 뭔가 잘못을 한다는 것이다.

안타깝게도 날조하기는 공적 도덕 담론에서 흔한 움직임이다. 2014년 오바마 대통령은 두 해병을 지나쳐 걸으며 커피잔을 든 채로 그들에게 거수경례로 답했다. 표준 군사 의전에는 어떤 물건을 든 채 경례하는 것이 금지되어 있다. 보수 논평가들은 오바마에게 도덕적 비난을 가하기에 급급했다. 칼 로브Karl Rove는 "그냥 차이chai tea나 들고 그곳에 소풍을 간다는 생각이 …… 내 말은 그게 얼마나 무례하냔 말이에요?"라고 말했다.[19] 〔극우 성향의 매체〕《브레이트바트Breitbart》는 "오바마의 점잖지 못한 라테 거수경례의 충격과 무례"라는 헤드라인[20]으로 이야기를 퍼뜨렸다. 군사 의전의 사소한 위반에 대해 일부 사람들이 그랬던 것처럼, 이런 일에는 상당한 예민함이 필요하다. 우리는 로브와 다른 이들이 그랜드스탠딩을 했는지 확신할 수 없지만 이 도덕적 불만은 확실히 날조된 것이다.

날조하기는 철학자 줄리아 드라이버Julia Driver가 도덕주의moralism, 즉 "도덕적 고려의 불법적 사용"[21]이라고 부른 것과 닮았다. 도덕화는 종종 지나치게 까다롭거나 엄격한 형태를 띤다. 예를 들어, 여러분이 운전을 할 때 어떤 길이 경치가 좋다고 해서 연료가 많이 드는 반 마일 정도의 우회로를 타지 않고, 가능한 가장 효율이 좋은 길을 타는 게 도덕적 의무라고 주장하면서 도덕화를 할 수 있다. 어떤 도덕화는 비도덕적인 사안을 도덕적 쟁점으로 만든다. 줄리아 드라이버는 어떤 노인이 자신의 집을 호가呼價보다 낮은 가격에 사겠다는 구매자의 제안에 분개하면서, 구매자가 노인을 이용하려 했다고 비난하는 사례를 든다.[22]

생태학자들은 재래종이 아닌데 자리를 차지하고 생태계를 지배하는 종을 '침입종'이라고 부른다. 침입종은 일단 유입되면 생태계를 교란하고 다른 종을 훼손한다. 미국에서는 칡이 그 유명한 사례다. 남부의 토양 부식을 막기 위해 일본산 칡을 유입했는데, 칡이 그 지역 전역에 빠르게 퍼져나갔고 재래종 나무와 관목을 질식시켜 죽였다. 조지아나 캐롤라이나를 쭉 운전하다보면 주들 사이에 걸쳐 있는 수백만 마일의 칡을 볼 수 있다. 도덕화의 경향은 이런 칡과 같다. 새로운 문제가 일단 자리를 잡으면 중단하기가 어렵다. 영국 철학자이자 도덕 개혁가인 존 스튜어트 밀John Stuart Mill은 19세기에 이런 경향을 목도했다. "도덕 경찰이라고 불리는 경계를 확장하는 것은, 그것이 개인의 의심할 바 없는 적법한 자유를 침해할 때까지는 적어도 인간의 보편적인 성향 중 하나다. 그것은 수많은 예로 어렵지 않게 증명할 수 있다."[23]

날조하기에는 도덕성에 관한 틀린 판단이 들어간다. 그런데 도덕성에 관해 거짓된 뭔가를 말한다고 해서 그것이 꼭 그랜드스탠딩인 건 아니다. 도덕성은 복잡한 것이고, 사람들은 좋은 일을 하려고 최선을 다하지만 가끔씩 실수를 한다. 그러나 그랜드스탠더는 일을 바로잡으려고 할지라도 또 자신에 대한 인상적인 도덕적 이미지를 보이려고 한다. 그 목적은 일을 바로잡는 것과 마찰을 빚기도 한다.

그랜드스탠딩

그랜드스탠딩이 왜 그렇게 날조 형태를 자주 띠는지 이해하는 건 어렵지 않다. 그랜드스탠더는 도덕적으로 훌륭하게 보이길 열망하기 때문에, 다른 사람들이 도덕적으로 문제가 없다고 (정확하게) 본 사안들을 도덕적 문제로 **몹시** 규정하고 싶어 한다. **인정 욕구**는 사람들이 진정한 도덕적 문제를 찾아내 주의를 환기하도록 이끌기도 하지만, 결국 가장 만만한 표적이 선택될 것이다. 적당하고 발견하기 쉬운 나쁜 행위의 사례들은 이미 알려져 있다. 그러나 새로운 도덕적 비판을 찾아낼 (아니면 발명할) 동기는 항상 존재한다. 그래서 어떤 사람들은 날조를 한다.

도덕적 주장을 날조하는 그랜드스탠더는 도덕적인 비난을 하는 것이 자신의 인상을 관리하는 강력한 도구가 된다는 사실을 이용한다.[24] 연구 결과에 따르면 공개적 비난은 비난하는 대상에 대한 다른 사람들의 신뢰를 떨어뜨리면서 비난자 자신에 대한 신뢰를 높인다.[25] 특히 다른 사람들이 간과하는 문제를 비난하는 것은 그 사람이 높은 도덕적 기준을 갖고 있음을 알리는 것이다.

날조하기는 이해하기 까다로운 개념이다. 혹자는 우리가 새롭거나 인기 없는 도덕적 주장 전부를 날조라고 주장한다고 우려할 수 있다. 그러나 우리 주장은 그것과 다르다. 우리는 도덕적 쟁점이 대체로 주류의 관심에서 벗어나 있다는 걸 부인하지 않는다. 우리에겐 다른 사람들이 놓치고 있는 부정의에 주의를 환기토록 하는 사람들이 필요하다. 젠더와 섹슈얼리티에 대한 지금의 평범한 견해들은, 수십 년 전만 해도 굉장히 논쟁적이었다. 어떤 도덕적 쟁점들은 새로울 뿐만 아니라 타당하기도 하다.

그러나 인정을 얻기 위한 거짓된 도덕적 혁신과 도덕적 정신도 있다. 그리고 다른 형태의 그랜드스탠딩에서 보아왔듯이, 날조하기와 선의에서 나온 도덕적 이야기를 구별하는 것은 불가능하지는 않지만 극히 어려울 수밖에 없다. 다른 사람에게 좋은 인상을 주려고 신경 쓴다는 것은 날조하기의 분명한 동기며, 우리는 그랜드스탠더가 정확히 그리할 것을 예상할 수 있다.

강렬한 감정들

시드니 루멧Sidney Lumet의 영화 〈네트워크〉(1976)에 유명한 장면이 있다. 정신 나간 TV 뉴스쇼 앵커인 하워드 빌Howard Beale이 시청자들에게 창문으로 가서 "난 미쳤다. 더 이상 이걸 참을 수 없다"라고 외치라면서, 도덕적 부패에 관해 고래고래 소리를 지르며 끝을 맺는다. 시청자들은 한 사람씩 아파트 창문에 머리를 내밀거나 화재 비상계단에 올라섰다. 그들은 이웃들이 자신만큼 분노에 차 있다는 것을 듣는 데 신나하면서 소리를 지르고 화를 쏟아냈다.

그 이후로 화를 표출하는 기술은 계속 발전해왔다. 우리는 공동의 분노를 경험하기 위해 창문에 소리를 내지를 필요가 없다. 지금은 거의 모든 사람이 아무 때나 분노를 표출할 수 있는 장場이 있다. 2018년 3월 현재, 14억 5,000만 명이 매일 페이스북을 한다.[26] 그들은 1분마다 대략 68만 4,000개의 게시물을 올린다.[27]

매달 3억 3,000만 명이 트위터를 한다.[28] 그리고 매일 대략 5억 개의 트윗이 올라온다.[29] 모든 사람이 최신의 정치적 논쟁이나 유명 인사의 실수를 두고 소셜 미디어 플랫폼에서 쉽게 격분을 표출한다.

분노를 목격하겠다고 소셜 미디어에 접속할 필요는 없다. 케이블 뉴스를 틀거나 지역신문의 오피니언란을 읽어봐도 된다. 특히 당파적 미디어는 시도 때도 없이 극도의 분노를 표현하는 사람들로 가득하다. 정치학자 제프리 베리Jeffrey Berry와 사회학자 세라 소비에라지Sarah Sobieraj는 2009년 10주 동안의 저녁 케이블 뉴스, 국영 라디오 토크쇼, 이데올로기적 정치 블로그, 여러 정치 스펙트럼에 걸친 주요 신문들의 칼럼을 연구했다. 그들은 수백의 표본 89.6퍼센트에서 어떤 형태로든 분노가 표현됐음을 발견했다.[30]

우리가 언급한 '분노'는 도덕성과 연관된 특정의 화를 염두에 둔 것이다. 생일날 비가 오거나 명왕성이 행성이 아니라는 데도 화가 날 수 있다. 그러나 우리가 관심을 두는 것은 **도덕적** 분노다. 도덕적 분노는 술 취한 운전자가 아이를 차로 쳤거나 사람들이 가득한 아파트가 드론 공격을 받았다는 이야기를 들을 때 일어난다.

우리는 도덕적 분노를 직설적으로 표현하기도 한다. "난 머리 끝까지 화가 났어! 오바마가 이슬람 국가에 대한 언론회의에서 연한 갈색빛 정장을 입었다고. 부끄럽지도 않나? #내 대통령은 아님." 그러나 분노는 다른 여러 방식으로도 표출된다. 험담, 조롱, 모욕, (소리 지르기, 비명 지르기, 화내며 자리를 박차고 떠나기, 페이스북 차단과 같은) 감정적 표현, 선정적 언어, 격한 논쟁, 터무니 없는 허설虛說, 과장.[31] 여러분의 소셜 미디어 피드가 우리 저자들의 것과 닮았다면, 여러분 역시 그 전부를 보아왔을 것이다.

그랜드스탠딩은 대체로 분노, 그리고 또 다른 강렬한 감정의 표출 형태를 띤다. 감정 표현은 다른 사람들이 내가 속으로 생각하는 것에 대해 어떤 인상을 갖게 할지 관리하는 또 다른 수단이다. 이것이 어떻게 작동하는지 보기 위해 심리학을 조금 들여다볼 필요가 있다.

지난 수십 년에 걸쳐 심리학자 린다 스킷카Linda Skitka는 그녀가 "도덕적 신념moral convictions", 간혹 "도덕적 의무moral mandates"라고 부른 것을 탐구해왔다.[32] 자신의 강렬한 도덕적 태도 하나를 떠올려보라. 임신중단이 잘못이라거나 자본주의가 사악하다고 생각할 수 있다. 무엇이든지 간에 그것은 아마도 여러분의 도덕적 신념 중 하나일 것이다. 스킷카의 표현에 따르면, 그것들은 "특별한 도덕적 열의와 열정으로 가득 찬 것으로 보이는"[33] 태도들이다. 사람들은 자신의 도덕적 신념을 이야기할 때 격분하거나 신나한다.

누군가 어떤 일에 감정적이라는 것은, 그 사람이 그 일에 강렬한 느낌을 가졌다고 생각하는 게 자연스럽다. 스킷카의 작업은 그 생각을 확증한다. 그녀는 다양한 행위나 정책에 나타나는 강렬한 감정적 반응이 (예를 들면, 의사 조력 자살과 이라크 전쟁) 행위나 정책에 대한 강한 도덕적 신념과 상관관계가 있음을 발견했다.[34] 사람들은 도덕적 신념을 가진 일에 흥분해서 열을 내는 경향이 있다.

스킷카의 연구에 따르면 도덕적 쟁점에 분노를 보이거나 알리는 것은 자신의 도덕적 신념의 힘을 나타내는 것이다.[35] 그녀는 "감정은 자신의 태도가 도덕적 신념인지 아닌지를 사람들에게 알려주는 중요한 역할을 한다"라고 주장한다.[36] 그랜드스탠더는 이 감정적 전시를 자신의 고양된 도덕적 신념을 전달하기 위해 전략적으로 사용한다. 도덕적 분노로 사회적 기반을 얻는 곳에서 암묵적으로 가정되는 바는, 가장 격분한 사람이 토론 중인 쟁점에 대해 가장 위대한 도덕적 통찰이나 최고의 도덕적 신념을 가졌다는 것이다. 그랜드스탠더는 이런 무의식적 가정을 활용해, 자신이 세계의 도덕적 무질서에 더 영향을 받고 범죄 희생자들에게 더 온전히 공감한다는 신호를 보내려고 분노를 활용한다. 만약 이 세상의 많은 것이 여러분의 화를 돋운다면, 사람들은 틀림없이 여러분이 상당한 도덕적 신념을 갖고 있으리라고 생각할 것이다.[37]

누군가는 이런 이야기가 너무 냉소적인 게 아니냐고 할지도 모르겠다. 사람들이 세상의 부정의를 짚기 위해 도덕적 분노를 표현한다고 생각할 수 있다. 분노한 사람은 부정의의 희생자에게 마음을 쓸 뿐이고, 그들의 분노가 훌륭한 정치적 협약, 평화로운 시위를 이끌어내고 목소리나 지배력이 없는 사람들 편에 서서 나쁜 일을 한 자들을 처벌로 이끌며, 화를 내는 것은 그 사람이 세상사에 주의를 기울이고 정당하게 반응하는 증거일 뿐이라는 것이다.

분노 표출의 동기가 사실 순수하다는 것은 심리학자들의 공통된 의견이다. 그런데 최근 심리학자 재커리 로스차일드Zachary Rothschild와 루커스 키퍼Lucas Keefer는 많은 분노의 표출 이면에 그다지 좋지 않은 또 다른 동기가 있다는 것을 발견했다.[38]

사람들이 도덕적 분노를 표현하는 이유 중 하나가 자신의 죄책감을 덜어내는 것이라는 점이다.[39] 한 연구에서는, 노동 착취가 일어나는 작업장에서 생산된 물건을 사용하면서 죄책감을 느끼는 사람들이 그 물건을 사용하지 않아서 죄책감을 느끼지 않는 사람들에 비해 더 높은 수위의 분노와 그 작업장을 경영하는 회사를 처벌하는 데 더 강한 태도를 보였다. 어째서 그 소비자들이 더 많은 분노를 보였을까? 로스차일드와 키퍼는 사람들이 도덕적 범죄에 공모한다고 느낄 때 죄책감을 덜어 좋은 사람이라는 자신의 이미지를 보호하려고 애쓴다는 것을 발견했다. 사람들은 그것을 타인을 향한 분노와 처벌하려는 태도로 표출한다. 일단 분노를 표출하면 자신을 다시 도덕적으로 괜찮은 사람인 것처럼 느끼게 된다. 따라서 우리가 목격하는 어떤 도덕적 분노는 **방어적**이다. 예를 들어 2017년 미투운동으로 촉발된, 성적 공격과 괴롭힘에 대한 자각과 책임을 요구하는 흐름을 생각해보자. 이때 이 운동을 지지하는 남성들이 드러내는 격분은 자신의 죄책감을 완화하고 자신이 좋은 사람이라는 자아 개념을 강화하려는 노력일 수 있다.

도덕적 분노는 또 기분을 좋게 한다. 다른 연구에서 심리학자

　　　　　　　　　　　　　　　　　그랜드스탠딩

제프리 그린Jeffrey Green과 동료들은, 참여자들에게 (쓰나미 구호물자를 받지 못한 마을 사람들 같은) 부정의에 대한 이야기나 (저녁 식사를 위한 장보기 같은) '중립적인' 이야기를 읽게 했다. 부정의한 이야기를 읽은 후 정당한 분노 상황을 경험한 참여자들은 중립적인 이야기를 읽고 중립적인 감정 상황에 있던 사람들보다 스스로를 더 도덕적이라고 평가했다. 분노를 느끼는 것은 자신을 더 나은 사람이라고 느끼게 한다. 더 나아가, 그리고 이것은 우리의 목적에서 중요한 지점인데, 부정의를 다룬 이야기를 먼저 읽으라는 선택지가 주어진 사람들은 그 이야기를 읽고 이미 화가나 도덕적으로 고양되고, 화가 줄어드는 '행복한' 이야기를 읽는 것보다 부정의에 관한 더욱 많은 이야기를 읽는 데 더 관심이 있었다. 그들은 왜 화가 날 확률이 더 높은 쪽을 찾을까? 이때 죄책감을 줄이려고 한다는 설명은 맞는 것 같지 않다. 그보다 그들은 "도덕적 화신으로서의 자아 개념을 강화하는"[40] 노력을 하는 것으로 보인다. 분명 인간은 스스로를 높게 평가하는 것을 좋아한다. 그렇다면 어느 정도로 화를 내야 그것이 도덕성을 계속 높게 유지하는 것인지 궁금해진다.

만약 자신이 도덕적 화신이라는 이미지를 강화하기 위해 화를 좇는 사람이라면, 그는 **다른 사람들이** 자신을 도덕적 화신으로 생각하도록 분노를 표출할 것이다. 그리고 우리가 주장하는 정확한 바는, 그랜드스탠더는 자신을 좋은 사람으로 보이려고 도덕적 분노를 활용한다는 것이다.

지금까지 도덕적 분노에 초점을 맞췄지만 그랜드스탠더는 도덕적 자격을 보이기 위해 다른 강렬한 감정들도 손쉽게 활용한다. 충격 표현(도무지 ○○을 믿을 수가 없어), 실망(○○에 엄청나게 실망했어), 역겨움(난 정말 ○○이 역겹기 짝이 없어) 모두 눈에 띄는 후보군이다. 긍정적 감정도 마찬가지다. 마음 맞는 친구들과 이야기를 나누다가, 어떤 도덕적 사안에 아무런 대가 없이 저항운동을 하는 사람을 자기는 '경외'한다고 말하는 한 친구를 떠올려 보라.

분명히 말하지만 우리는 분노나 다른 강렬한 감정의 모든 표현이 그랜드스탠딩이라고 말하는 것이 아니다. 세상에는 많은 악이 있고, 우리가 목격하는 분노와 비애의 대부분은 진심 어리며 심각한 도덕적 문제들을 향해 있는 적절한 것들이다. 우리는 누군가의 분노가 겉보기에 잘못 향해 있거나 과한 감정적 반응을 보일 때마다 그 사람이 그랜드스탠딩을 하고 있다고 주장하는 것도 아니다. 사람들은 그냥 너무 흥분을 하거나 정직한 실수를 할 때도 있다. 하지만 사람들은 또한 자주 그랜드스탠딩을 한다. 사람들은 자신의 도덕적 자질을 다른 사람들에게 드러내고자 하는 이유를 포함해, 무수한 종류의 이유로 분노를 한다.

무시

그랜드스탠더는 무시를 할 때가 많다. 이것이 그랜드스탠더가 대화에 참여하는 데 불만을 느끼고, 그것을 어려워하는 이유 중 하나다. 누군가가 다른 사람에 비해 자신을 더 나은 사람이라고 생각하는 것과, 다른 사람의 도덕적 견해와 가치관을 생각할 가치조차 없는 것처럼 취급하는 건 완전히 다르다. 그런데 많은 그랜드스탠더가 바로 그런 **방법**을 사용한다. 보통 그랜드스탠더의 오만은 자기를 증명하는 주장에서 그대로 드러난다. 예를 들어 누군가 이런 이야기를 했다고 치자.

"만약 당신이 그 전쟁의 정당성을 보지 못한다면, 당신 의견은 경멸할 가치조차 없고 나는 더 이상 당신과 교류하지 않겠소. 당신이 그 이유를 이해하지 못한다면, 나는 그걸 설명하느라 내 시간을 낭비하지 않을 것이오. 잘해보시오."

그랜드스탠더는 대체로 자신의 의견이 전적으로 틀림없다는 식으로 말한다. 분명 도덕적 판단을 자신하는 누구나 같은 결론에 이를 것이다. 이런 종류의 대화는 누군가의 도덕적 감수성이 다른 사람들보다 더 예민하다는 것이고, 따라서 그 사람의 도덕적 훌륭함을 보이는 데 사용될 수 있다. 다른 사람들에게 분명하지 않은 것이 그랜드스탠더에게는 매우 분명하다. 게다가 그랜드스탠더는 도덕의 복잡성, 의구심을 표현하는 것, 혹은 도덕적 의견이 불일치할 가능성을 모두 도덕적 관심에 무감하다거나 도덕성 자체에 관심이 없다고 여긴다. 그랜드스탠더는 보통 자신의 의견이 방어가 필요하다는 점을 부인한다. 달리 말해, 방어를 하더라도 청중이 그것을 충분히 이해하거나 평가할 만큼 계몽되지 못할 것이라고 말한다. 또 빈번히 자신을 자격이 있는 사람, 그러니까 자신을 "오랫동안 부정의에 싸워온 사람으로서……" "애국하는 미국인으로서……"와 같이 소개함으로써, 자신의 권위를 다른 사람들을 무시하는 데 내세운다. 물론 다른 사람들에게 자신이 물리학자라거나 변호사라는 것을 알리는 게 유용한 정보가 될 때가 있다. 전문 지식은 유용한 정보가 된다. 그러나 대부분 자신을 '○○으로서'라고 소개하는 것은 그랜드스탠딩의 마무리 행위일 뿐이다. 디미트리 마틴Demetri Martin의 농담, 즉 "누군가 자신을 '납세자로서'라고 말할 때 딱 개자식인 거야"[41]를 통해 생각해볼 수 있다.

물론 어떤 도덕적·정치적 견해는 다른 견해들보다 더 무시할 만하다. 누군가가 인신공양이나 수용소를 두둔할 때마다, 하루에 얼마간 시간을 내어 그것들의 장점을 진지하게 고려해야 한다고 제안을 하는 게 아니다. 또한 합리적인 사람들이 어떤 도덕적 주장은 명백하게 진실이고 어떤 것은 도리를 벗어난 것인지 합의를 하지 못할 수도 있다고 생각한다. 그러나 어떤 사람들은 타인보다 도덕적으로 우월함을 주장하려고 거만한 도덕적 이야기를 활용한다는 우리 주장에 영향을 주진 않는다. 자신의 의견과 다른 **일체의** 의견은 말이 안 되는 조롱의 대상이며 즉시 묵살해도 괜찮다는, 자신의 도덕적 정당성을 확신하는 것은 위험하다. 도덕적 자기고양의 어두운 면은 동의하지 않는 거의 모든 의견을 묵살하는 데 구실을 준다는 것이다.

확실한 기준?

보태기, 치단기, 날조하기, 강렬한 감정, 무시의 사례들은 그랜드스탠딩에서 자주 보이지만, 순수와 선의에 입각한 사례들이 더 많다. 다른 사람들에게 좋은 인상을 주려고 치단기를 할 수도 있지만, 바로 직전에 나온 말에 동의하지 않아서 치단기를 할 수도 있다.

이런 순수와 선의에 입각한 사례처럼 보이는 모든 사례가 그랜드스탠딩 사례는 아니라서, 그랜드스탠딩을 잘 감지할 수 없다. 그것은 비교적 이기적이지 않은 도덕적 이야기처럼 들린다. 당연히 가면이 종종 벗겨지기도 하는 것 같다. 예를 들어, 누군가가 도널드 트럼프는 지난 100년 동안 나타난 지도자 가운데 가장 부도덕한 세계 지도자라고 주장한다고 해보자. 그 사람이 그냥 자신이 얼마나 트럼프를 싫어하는지 조금 과시해서 설명하는 것이라고 볼 수 있다. 그러나 그 경우에도 이와 같은 다른 설명들이 가능하다. 어떤 사람들은 역사에 완전히 무지하다. 또 사람들은 간혹 주의를 끌려고 의도하지 않은 채로 특정인이나 토론 쟁점에 너무 몰두하는 바람에 신중하게 생각하지 않기도 한다. 그리고 주변 사람들은, 그랜드스탠더들이 하고 있는 일이 무엇인지 이해하고 타인이 생각하는 대안적 설명을 평가하는 데 필요한 정보가 부족하다.

그래서 공적 담론에서 무엇이 잘못되고 있는지 더 잘 이해하는 데 이 장이 도움이 되길 바라지만, 또 한편으로는 그랜드스탠딩을 확인할 간단한 기준이 없다는 것도 유의해주길 당부하고 싶다.

그랜드스탠딩은 거짓말과 무척 닮았다. 우리는 거짓말이 무엇인가에 대해서는 어느 정도 같은 생각을 하고 오랫동안 그래왔다. 그러나 대부분은 어떤 사람이 언제 거짓말을 하는지 확인하는 완벽한 기준이나 크게 신뢰할 만한 방법이 없다는 것도 알고 있다. 텔레비전에서 보기는 하지만, 실제로 거짓말 탐지기가 있어도 우리는 거짓말을 잘 알아내지 못한다.[42] 그리고 통제된 연구들에 따르면, (말투, 신체 언어, 미세한 표현을 통해 거짓말을 찾을 수 있도록 전문적인 훈련을 받은) 법 집행자들조차 동전 던지기의 확률만큼도 발견하지 못한다.[43]

마찬가지로 그랜드스탠딩 여부를 한 편의 글이나 연설로 판단하기는 어렵다. 그런데 맥락적 단서가 이 판단에 도움이 된다. 예를 들면, 어떤 발화자가 누가 봐도 틀림없이 좋은 사람이라고 해도, 실은 그 사람이 빈번히 논쟁적인 도덕적 주장을 한다는 것을 여러분이 알고 있다. 여러분은 그 사람이 토론에서 가장 극단적인 입장으로 움직이는 것도, 도덕적 논쟁을 할 때 자신과는 무관한 정보를 집어넣는 경향이 있다는 것도 알고 있다. 그 사람이 나르시시스트라는 사실도 여러분에게 단서를 줄 수 있을 것이다.[44] 그러나 이 모든 증거가 불완전하고 불충분하다는 것 역시 알고 있어야 한다.

다만 이 책의 마지막 장에서 주장하듯, 타인이 그랜드스탠딩을 하고 있는지 확인하는 것보다 자신이 어떻게 그랜스탠딩을 피할 수 있는지 그 방법을 아는 것이 훨씬 더 중요하다.

4장

사회적 손실

"우리가 왜 싸워야만 하는가? …… 미국에 상처 내는 짓을 그쳐라."〈데일리쇼Daily Show〉의 진행자 존 스튜어트Jon Stewart는 시사에 대한 불꽃 튀고 비생산적인 설전으로 유명한 CNN 토론쇼〈크로스파이어Crossfire〉의 진행자들에게 이렇게 간청했다. "당신들은 논쟁을 해야 할 때 연극을 하고 있어요. …… 당신들은 부정직한 일을 하고 있어요. 정파의 하수인 노릇을 하고 있는 겁니다."[1] 요약하면 스튜어트의 비판은 〈크로스파이어〉가 아무런 득이 없는 정치 토론의 온갖 해악(자기만 옳다고 잘난 척하기, 저속한 대화, 엄청난 과장)을 끼치고 있다는 것이다. 전설이 된 그 발언은 적중했다.[2] 〈크로스파이어〉는 한 달 뒤 프로그램에 대한 신뢰도가 바닥을 친 뒤 폐지되고 말았다.

〈크로스파이어〉는 정말 많은 문제가 있던 프로그램이고, 그 프로그램이 망한 것과 현대의 도덕적·정치적 이야기의 실패를 비교하는 건 과장이다. 다만 〈크로스파이어〉를 통한 교훈만을 짚으면, 사람들은 공적 담론이 생산적이길 바라고 그렇지 않을 때 뭔가 잘못되었다고 생각한다는 것이다. 우리가 말하고 싶은 것은 그랜드스탠딩은 아무런 득이 없는 손실을 입힘으로써 공적 담론이 역기능을 하는 데 큰 역할을 한다는 점이다.

지금까지 그랜드스탠딩이 무엇이고, 사람들이 왜 그것을 하고, 그것이 어떻게 보이는지에 대한 감을 익혔다. 이제 자기과시를 위해 도덕적 이야기를 하는 행위에 비판적 시각을 가질 때가 되었다.

우리는 대부분의 사람이 그랜드스탠딩을 짜증스러워한다고

생각한다. 도덕적 논의가 허영 프로젝트로 변질되면 사람들은 눈살을 찌푸린다. 이런 면에서, 그랜드스탠딩은 페이스북에 고양이 사진을 너무 많이 올리는 것과 비슷하다. 삶은 소소하게 짜증스러운 일들로 가득하지만 그것들이 **도덕적으로** 나쁜 것은 아니다.

그런데 그랜드스탠딩은 단순히 짜증스러운 일만이 아니다. 그랜드스탠딩은 대개 도덕적으로 나쁘고 피해야 하는 것이다. 그랜드스탠딩이 나쁜 이유 중 하나는 그것이 사회적 손실을 입히기 때문이다. 양극화polarization, 냉소주의cynicism, 분노 피로outrage exhaustion가 바로 그 사회적 손실의 내용이다. 물론 그랜드스탠딩만이 이런 손실을 일으키는 건 아니다. 그러나 그랜드스탠딩이 공적 담론에 퍼질수록 그 손실이 늘어난다고 하는 데는 그만한 이유가 있다.

양극화

정치 상황을 유심히 보면, 사람들이 현재 정치의 장이 '양극화되었다'고 하는 것을 알 수 있다. "미국의 정치 분열이 점점 심해지고 있다"(《애틀랜틱》), "양극화가 정치뿐만 아니라 사회 전체를 분열시키고 있다"(《뉴욕타임스》)와 같은 헤드라인을 본 적이 있을 것이다.

양극화는 하나를 두 쪽으로 나누거나 쪼개는 것이다. 이런 그림을 생각해보면 된다. (브랜던의 형은 곤란했을 텐데) 최근 브랜던이 조카에게 다양한 색깔의 플라스틱 공 100개를 사줬다. 브랜던과 조카는 공들을 주고받으며 놀았고 바닥에 그 공들이 널브러졌다. 그런데 브랜던과 조카가 방의 양쪽 구석으로 그 공들을 몰아넣기 시작했다고 가정해보자. 결국 공들은 멀리 떨어진 상태로 빽빽하게 몰린 두 더미로 나뉜다.

최근 수십 년간 연구자들은 바로 이와 같은 방식으로 도덕적·정치적 노선에 따른 유권자의 양극화가 점점 심해지고 있음을 발견했다. 자유주의자와 보수주의자는 서로가 멀어지는 과정에 가담해왔고, 이 과정이 양극화된 정치라는 현 상황을 낳았다.

몇몇 경험적 연구 결과를 통해 무슨 일이 일어나고 있는지 볼 수 있다. 지난 70년에 걸쳐 이데올로기적으로 중도라고 주장하는 사람들의 비율은 지속적으로 감소한 반면, 자유주의나 보수주의 어느 한쪽이라고 주장하는 사람의 비율은 계속 높아졌다.[3] 정치 양극화는 방 가운데에서 공들이 치워진 것처럼 정치 스펙트럼의 중간을 없애버린다. 게다가 두 주요 정당의 정치가 양극화된다. 중위 투표자가 보기에 민주당 정책은 왼쪽으로, 공화당 정책은 오른쪽으로 간다.[4]

양극화는 또 사람들이 서로를 어떻게 느끼고 대하는가에 영향을 끼친다. 소위 말해 정서적 양극화affective polarization란 점점 늘어나는 '상대편' 사람들을 향한 무감각을 가리킨다. 공화당과 민주당의 상대편에 대한 부정적 태도가 극적으로 증가했다.[5] 최근의 한 연구에 따르면 각 당의 40퍼센트 이상이 상대편을 "노골적인 악마"[6]로 간주한다. 동일 연구는 민주당 지지자의 20퍼센트,

공화당 지지자의 16퍼센트가 상대편 구성원이 "그냥 다 죽어버리면" "한 국가로서 더 나을 것이라" 생각한다고 밝혔다. 가장 우려스러운 사항일 텐데, 민주당 지지자의 18퍼센트와 공화당 지지자의 14퍼센트가 2020년 선거에서 이길 수만 있다면 폭력도 괜찮다고 답했다.

많은 정치학자 사이에 정치 양극화의 속성과 원인에 대한 상당한 논쟁이 있다.[7] 정치 양극화는 미디어 때문인가? 아니면 [선거구를 조작하는] 게리맨더링gerrymandering 때문인가? 정당 엘리트들, 아니면 대중이 그것을 이끄는가? 어떤 연구자들은 정치 양극화가 신화에 불과하다고 주장하기도 한다.[8] 우리가 이 논쟁의 내용을 알아보자는 것은 아니고, 정치학자 대부분이 지금 양극화가 일어나고 있다는 사실에 동의하고 있다는 정도면 충분할 것 같다. 정치적 좌파와 우파는 정말로 서로에게서 멀어져 있다. 유권자가 어느 편에 있는가라는 측면, 각자의 정당 정치 측면, 그리고 당원들이 상대편을 어떻게 느끼는지라는 측면에서 말이다. 사실 우리는 지난 수십 년간 그랬던 것보다 훨씬 더 양극화되어 있다.

양극화에는 수많은 원인이 있고 복잡해서 우리가 완벽하게 설명할 수는 없지만, 그랜드스탠딩이 그 문제에 일조한다. 자기과시를 위해 도덕적 이야기를 활용하는 것은 사람들이 더 멀어지게 하는 것들을 말하고 믿도록 하기 때문이다.

사회과학자들은 한 집단이 도덕적·정치적 쟁점을 숙고할 때 그 집단 성원이 더 극단적인 입장으로 나아가는 경향이 있음을 발견했다.[9] 이것을 '집단 양극화group polarization'라고 부른다. 이것의 기본적인 아이디어는 사람들이 임신중단권이나 이민이라는 주제로 토론하려고 한 방에 (아니면 술집, 페이스북, 케이블 채널의 뉴스 '토론'쇼에) 모일 때, 시작할 때보다 후반으로 갈수록 점점 더 극단적인 견해로 나아가는 경향이 있다는 것이다.

집단 양극화는 두 가지 기본적인 방식으로 일어난다. 하나는 집단 성원이 의견 스펙트럼에서 한 방향으로 이동하는 것이다. 예를 들어, 대중적으로 널리 알려진 학교 총기 사건 이후에 한 공동체 집단이 새로운 총기규제 정책 제안을 위해 모였다고 생각해보자. 모임 내의 사람 대부분이 처음에는 새로운 조치를 일단 지지한다. 그러나 논의가 진행되면서 그 새로운 법을 열광적으로 지지하는 쪽으로 나아가는 경향이 있다.[10] 이것을 **집단 내 양극화** intra-group polarization라고 부르자.

또 다른 양극화는, 양 집단 내의 개별 구성원이 점차 각 집단의 초기 견해보다 더 극단적인 버전으로 기울면서 두 집단의 간극이 더 멀어지는 것이다. 이러한 현상은 양 집단 구성원이 극단으로 나아갈 때나 한 집단의 구성원이 극단으로 나아갈 때 일어난다. 페이스북 게시물에 댓글을 달 때 충돌하는 두 집단을 생각해보자. 이때 한쪽은 우파 경향이고 다른 한쪽은 좌파 경향이라고 해보자. 몇 차례 논쟁을 거치며, 한 집단은 유일하게 정당한 정책은 연방정부가 시간당 25달러로 최저임금을 강제하는 것이라는 의견으로 모이고, 다른 집단은 임금을 규제하는 모든 법은 부당하다는 의견을 지지하는 것으로 결론이 난다. 이런 경우 양극화는 상대편의 의견에 대응하면서 일어나는데, 상대편 의견은 그대로 유지될 수도 있고 극단적인 방향으로 이동할 수도 있다. 이것을 **집단 간 양극화**inter-group polarization라 부르자.

집단 양극화에 대한 최근의 한 연구에서 연구자들은 집단 숙의deliberation가 개인들을 양극화하도록 하지만 그것이 그렇게 규칙적으로 일어나지는 않는다고 했다. 그 대신 숙의는 자주 동질화를 낳는다. 즉, 사람들의 견해가 더 가까워지는 것으로 끝난다는 말이다.[11] 만약 집단 숙의가 그 자체로 양극화를 일으키는 게 아니라면 무엇 때문일까?

법학자인 캐스 선스타인Cass Sunstein은 여기에 설득력 있는 원인을 제시하는데, 이는 "자신의 명성과 자아 개념을 유지하고자 하는 사람들의 욕망"[12] 때문이라는 것이다. 제2장에서 보았듯이, 사람들은 도덕적인 면에서 자신을 높게 생각하는 경향이 있고 다른 사람들도 자신을 그렇게 생각해주길 바란다. 그렇다면 선스타인의 생각은 집단 성원은 보통 서로를 이겨 공적인 도덕 담론에 점점 극단적 기여를 하고 싶어 한다는 것이다. 사람들은 도덕적으로 훌륭한 사람이라는 명성과 자아 개념을 유지하기 위해 그렇게 한다. 그랜드스탠딩은 명성과 자아 개념을 유지하기 위한 하나의 메커니즘이다. 그래서 집단 숙의를 할 때 그랜드스탠딩이 양극화를 만든다. 양극화는 사람들이 타인을 이기고픈 경쟁 때문에 더 극단적인 견해를 취하는 치닫기와 날조하기의 경우에 더 많이 나온다. 이것이 어떻게 일어나는지 잘 보여주는 몇 사례를 살펴보자.

먼저, 그랜드스탠딩이 어떻게 집단 내 양극화를 일으키는지 생각해보자. 이 경우 집단의 어떤 구성원들은 집단 내부의 다른 사람들보다 더 강렬한 견해를 표현함으로써 자아 개념을 확증하기 위해 자신의 의견을 바꾼다. 여러분이 마음이 잘 맞는 진보주의자와 수다를 떨고 있다고 가정해보자. 그리고 수다를 떨고 있는 사람 모두는 스스로를 가난한 사람들을 굉장히 신경 쓰는 사람이라고 생각한다. 누군가 도덕적으로 시간당 최저임금이 15달러여야 한다고 주장하면, 다른 누군가가 그것을 20달러로 제도화하는 것이 가난한 사람들을 더 신경을 쓰는 것 아니냐고 하는 식이다.

그랜드스탠딩은 집단 간 양극화도 일으킨다. 양 집단의 구성원 모두가 상대편으로부터 더 멀어지도록 의견을 바꾸기 때문이다. 사람들은 누가 가장 외집단의 견해를 경멸하는지 자기 집단 내에서 일종의 경쟁을 하고, 이때 승자는 가장 강경한 반대 의견을 지닌 사람일 것이다. 당연히 이런 종류의 경쟁은 두 집단에서 동시에 일어날 수 있다.

그랜드스탠딩이 집단 양극화를 초래하는 원인 중 하나라는 우리 주장이 맞는다고 치자. 그런데 누군가 이렇게 물을 수도 있다. 그래서 어쩌라는 건가? 양극화가 왜 나쁜 결과란 말인가? 양극화에 대해서는 제7장에서 그랜드스탠딩이 타협의 가능성을 없앤다는 것을 논하며 좀더 언급할 텐데, 일단 여기서는 그랜드스탠딩이 추동한 양극화가 사람들에게 잘못된 믿음을 갖게 하고, 그것을 과신하도록 만들기 때문에 위험하다는 것을 논하려고 한다.

잘못된 믿음

그랜드스탠딩이 추동하는 양극화로 인해 사람들은 세상에 관한 잘못된 믿음을 갖는다. 여러분은 이런 현상이 단순히 양극화가 사람들을 더 극단적이고 급진적인 견해를 지니게 만들기 때문에 일어난다고 (혹은 적어도 지니게 만든다는 말을 한다고) 생각할지도 모른다. 그런데 이것은 오해다. 무엇보다도 극단적이거나 급진적인 견해가 반드시 틀린 것은 아니다. 과거에 '급진적'으로 보였던 많은 의견이 지금은 사실이다. 게다가 무엇이 '극단적' 생각인지는 시간이 흐르면서 변한다. 많은 면에서 '극단적' 혹은 '급진적'이라는 의견들은 그전에 무엇이 중도적 또는 정상적이라고 여겨지는가에 달려 있다. 수백 년 전 대부분의 서구인은 국가가 허용한 동성결혼을 급진적이라고 여겼지만 오늘날에는 아니다. 이런 맥락에서 우리는 그랜드스탠딩이 사람들로 하여금 급진적 견해를 갖거나 표현한다고 해서 그것이 사람들에게 잘못된 믿음을 갖게 한다고 주장하는 것이 아니다.

그보다는 그랜드스탠딩이 추동하는 양극화에는 경쟁적 그랜드스탠딩을 만드는 동기가 내재해 있기 때문에, 사람들이 잘못된 믿음을 갖게 한다는 것이다. 그랜드스탠딩이 추동하는 많은 양극화에 전형적인 치달음과 날조가 있음을 떠올려보라. 그것들은 진실을 발견하는 믿을 만한 방법이 아니라는 데 주목해야 한다. 그랜드스탠더가 자신의 견해나 공언된 입장을 바꾸는 것은 대부분 내집단에서 높은 자리를 차지하려는 열망 때문이다. 그렇다면 그랜드스탠더의 타당한 동기는 무엇일까. 그랜드스탠더는 진실, 즉 증거로 가장 잘 뒷받침된 주장에 도달했을 때 자신의 신념과 공언한 입장을 바꾸는 걸 멈추는 게 아니다. 그들은 오히려 훨씬 더 극단적인 입장일지라도 자신이 좋은 인상을 주고 싶은 사람들에게 더 이상 감흥을 주지 않을 때 그것을 멈춘다. 이러한 동기들은 서로 다른 방향을 이끌어내곤 한다. 그랜드스탠딩이 냉전 때의 무기 경쟁과 얼마나 닮았는지 앞 장에서 논했던 것을 떠올려보라. 소비에트와 미국은 객관적으로 정확한 탄두를 비축하려고 하지 않았다(그것이 어떤 의미이든). 마찬가지로 그랜드스탠딩이 추동하는 양극화는 도덕성과 정치에 관한 진실을 발견할 가능성이 높지 않다.

틀림이 없지만, 그래도 몇 사례를 통해 그랜드스탠딩이 왜 진실을 얻는 믿을 만한 방법이 아닌가를 살피는 것이 좋겠다. 자신이 선호하는 사회적·정치적 네트워크에서 트럼프 대통령을 가장 반대하는 사람이 자신이라는 것을 보이고 싶어서, 많은 이가 치닫기나 날조를 하고 결국 거짓을 말했다. 트럼프의 대통령 재임이 끔찍하게 무능하고 도덕적으로 후진적이라고 비난하는 것만으로는 충분하지 않다. 그는 역대 대통령 중에서 최악이 되어야 했다.[13]

물론 이런 현상이 트럼프에게만 있던 것은 아니다. 버락 오바마 역시 최악의 대통령이었다.[14] 조지 W. 부시George W. Bush도 마찬가지였다.[15] 빌 클린턴은 "미국 최악의 대통령은 아니었을지 모르지만 대통령이 된 사람 중에서는 최악이었다".[16]

2017년 공화당이 제안한 세금 삭감 및 고용법the Tax Cuts and Jobs

Act에 대한 토론에서, 하원의원 낸시 펠로시Nancy Pelosi는 의사당에서 "그 법은 미국 의회 역사상 최악의 법"[17]이라고 했다. 한 기자가 그 발언을 재고하라고 압력을 가하자 펠로시는 더 세게 나갔다. "아뇨, 이건 세계의 종말이에요. 의료보험에 대한 논의는 삶과 죽음의 문제입니다. 이건 아마겟돈이에요."[18] 그 세금 법안에 일부 좋은 점이 있고 나쁜 점이 많다고 말하는 것으로는 성에 차질 않고, 결국 모든 걸 감안하더라도 그건 나쁘다는 것이다. "그 법은 일부 사람들의 세금 부담을 낮춥니다. 그러나 국가 부채가 엄청나게 늘어날 것이고 기업에 너무 관대해요"라고 말하는 건, 순수성을 보이기에 충분히 노골적이지 않다. 그 법안은 "역하다", "극악무도하다", "혐오 그 자체!"라고 하지 않으면 다른 사람들이 자신의 반대가 얼마나 도덕적으로 신중한지 알 수 있겠는가? 펠로시의 목적이 당원들에게 자신의 도덕적 순수성을 전하는 것이었다면 그녀는 성공한 셈이다. 그러나 그 목적이 나쁜 법안에 적절한 조치를 취하는 것이라면 그녀는 너무 나갔다. GOP 세금 법안Grand Old Party Tax Plan(공화당 세금 법안)이 미국을 비판하면 범죄가 되는 외국인 규제 및 선동 금지법Alien and Sedition Acts(1798)보다 더 나쁜가? 아니면 아메리카 원주민을 남부에서 강제 추방하도록 만든 인디언 이주법Indian Removal Act(1830)보다? 자유로운 땅으로 도망친 노예들을 반환케 한 도망 노예법Fugitive Slave Act(1850), 시민의 자유를 희생시키면서 국가 행정력을 강화한 애국법Patriot Act(2001)보다 더 나쁜가? 이 질문들에 대한 답은 '아니오'일 것이다. 우리는 그 법안이 통과된 지 2년이 지난 후이 작업을 하고 있지만 세상은 종말을 맞지 않았다. 펠로시는 과장만 했을 뿐이라고 방어할 수도 있겠지만, 그게 바로 핵심이다.

많은 사람이 적어도 자신의 사회적 네트워크 안에서는 자신이 최고로 도덕적 자격이 있다고 보이고 싶은 욕구 때문에 공적 담론에서 상당한 과장을 한다. 그런 종류의 양극화는 진실을 좇지 않는다. 치닫기, 날조하기를 통해 다다르는 극단적 견해가 정확할 리 없다. 만약 정확하다면 그건 온갖 역경을 거스른 운의 문제일 것이다. 19세기 말 프랑스의 박식가인 사회학자 귀스타브 르 봉Gustave Le Bon은 군중심리학에 관한 유명한 저서인 《군중심리》에서 다른 사람들에게 좋은 인상을 남기려는 시도가 어째서 진실로 이어질 확률이 없는지를 살폈다. "군중은 과도한 감정에서만 감명을 받는다. …… 과장하기, [기존 것을 그냥] 긍정하기, 반복에 기대기, 어떤 것도 추론을 통해 입증하지 않기가 공적인 모임에 나오는 연사들에게 잘 알려진 주장하기의 방법들이다."[19]

사람들이 도덕성과 정치 문제에 잘못된 믿음을 가질 때 우리 모두는 막대한 대가를 치른다. 수많은 이가 통치자를 결정하는 민주주의 제도에서는 특히 그렇다.[20] 미국인의 절반이 적어도 한 가지 음모론을 지지한다.[21] 2017년에는 공화당원 절반이 아직도 버락 오바마가 케냐에서 태어났다고 믿고 있었다.[22] 많은 미국인은 '다른 편'뿐만 아니라 자신에 대해서도 잘못된 믿음을 갖고 있다.[23] 보통의 민주당원은 공화당원의 44퍼센트가 1년에 25만 달러 이상을 번다고 생각한다. 공화당원 스스로는 33퍼센트가 그 정도라고 짐작한다. 그러나 실제로는 공화당원의 2퍼센트만이 그 정도의 수입을 번다. 보통의 공화당원은 민주당원의 38퍼센트가 게이, 레즈비언, 양성애자라고 생각한다. 민주당원 스스로는 29퍼센트라고 생각한다. 그러나 실제 수치는 6퍼센트다.[24] 널리 퍼져 있는 이런 종류의 잘못된 믿음은 어느 정도 그랜드스탠딩에서 비롯된다. 우파에는 뚱뚱한 부자 고양이가 가득하고, 좌파에는 전통의 성적 도덕규범을 따르지 않는 사람이 가득하다는 그랜드스탠딩 말이다. 그랜드스탠딩은 결국 사람들이 다른 편뿐만 아니라 자기 자신을 바라보는 데도 영향을 끼친다.

법학자 일리야 소민Ilya Somin은 최근 큰 규모의 프로젝트에서 "널리 퍼져 있는 정치적 무지는 민주주의에 심각한 문제"[25]라는 결론을 얻었다. 우리가 그렇게 현실과 동떨어져 있다면 우리에게 직면한 문제들을 해결하는 최고의 방법을 어떻게 짐작하고 숙고할 수 있겠는가? 틀린 정치적 믿음을 고치는 것도 쉬운 일이 아니다. 여러 연구에 따르면 건강을 둘러싼 잘못된 믿음보다 정치에 관한 잘못된 믿음을 교정하는 것이 더 어렵다고들 한다.[26] 당연히 사람들이 잘못된 믿음을 갖는 데는 수많은 이유가 있다. 그랜드스탠딩이 추동하는 양극화는 그 이유 중 하나며, 우리 모두는 그 대가를 치를 것이다.

과신

더 심각한 문제는 그랜드스탠딩이 추동하는 양극화 때문에 자신의 견해에 과도한 자신감을 갖게 된다는 점이다. 자신의 견해는 교정의 여지가 없다고 생각한다.

　여러분이 모든 사람이 총기를 법적으로 얻는 데 좀더 엄격해야 한다는 법률을 지지하는, 총기규제를 다루는 대화에 참여했다고 치자. 그리고 자신이 아이들 안전에 얼마나 신경 쓰는가를 보이려고 노력하는 사람들 사이에 약간의 그랜드스탠딩이 있다고 해보자. 우리는 집단의 견해가 점점 더 극단으로 치닫고 더 많은 사람이 예컨대 〔1791년 제정된 무기 휴대 권리에 대한〕 수정헌법 제2조Second Amendment 폐지를 지지하는 쪽으로 가리라 생각한다.

　당연히 총기 문제에 관한 다른 의견을 가진 편에서도 유사한 대화가 일어난다. 총기 소유 지지자들도 더 극단적 입장으로 치닫는데, 만약 총기 난사에서 학생들을 보호하길 원하면 교사들이 무장을 해야 한다는 결론을 내린다.

　이런 종류의 대화는 공적 담론의 적극적인 참여자들에게 두 의견 중 하나를 고르도록 압박하는 경향이 있다. 진보 진영은 수정헌법 제2조 폐지를, 보수 진영은 교사들의 무장을 주장한다.

　총기규제 문제에서 여러분이 진보 진영의 입장에 기운다고 생각해보자. '상대편'이 여러분의 의견과 극단적으로 다른 입장을 취한다는 사실이 여러분 편이 합리적이라는 증거처럼 보일 것이다. 지금 옹호되는 유일하게 실행 가능한 대안이 그렇게 극단적이라면, 그것은 여러분의 의견이 틀림없이 맞는다는 걸 확증시켜준다. 내가 고른 이 안이 검토 중인 안들에서 유일하게 선택 가능한 옵션이다. 자신이 한 극단에 가까워지면 자신의 의견이 옳다는 자신감이 더 커진다. 그러나 목도하고 있는 그 양극화가 그랜드스탠딩에서 나온 한, 그렇게 자신해선 안 된다. 자신의 견해나 반대편의 의견이 모두 그랜드스탠딩이 추동하는 양극화의 결과라면, 자신이 옳다고 **더** 확신할 이유가 되지 못함을 보일 뿐이다. 오히려 자신감을 덜 가져야 한다. 왜냐하면 우리가 앞에서 말한, 그랜드스탠딩이 추동하는 양극화는 사람들이 잘못된 믿음을 갖도록 압박하기 때문이다.

연구들에 따르면 우리 대부분은 정치적·도덕적 견해에 대해 스스로에게 가져야 하는 실제 수준의 자신감보다 더 많은 자신감을 갖고 있다.[27] 그러나 수많은 사람이 자신의 견해에 가당찮은 자신감을 가질 때 우리 모두는 사회적 대가를 치른다. 자신감 과잉의 사람들이 틀릴 때 그 의견이 틀렸다고 확신시키기 어렵고, 그 사람들은 자신의 견해에서 약점을 찾기가 어려울 것이다. 과신 때문에 자신의 믿음이 틀렸다는 것을 확인할 정보를 덜 찾을 것이다. 또 반대 의견을 조기에 무시할 가능성도 높다.

냉소주의

여러분이 나랏일에 처음 관심을 두기 시작한 때를 돌이켜보라. 우리와 비슷할 것 같은데 여러분도 참 잘 속았을 것이다. 계산적으로 다듬어진 대중적 말들을 액면 그대로 받아들이고, 예를 들어 빌 클린턴이 악수를 하면서 자신은 그 여성과 성적 관계가 없다고 말할 때 클린턴을 믿었을 것이다. 최근 뉴스만을 보았다면 아마도 이 책의 제1장에서 본 하비 와인스틴의 성명서를 보고 '아, 이 남자는 정말 여성들을 신경 쓰는군'이라고 생각했을 것이다. 그러나 왜 그가 애당초 그런 성명서를 만들었는지 생각해보라. 앞뒤가 맞지 않는다. 또 그가 수년간 페미니즘 어젠다에 목소리를 높인 선두주자이고 그 명분에 기부를 해온 사람이라는 걸 생각해보라. 만약 이것들이 여러분에게 각인된 사건이라면, 그가 했던 과거의 도덕적 이야기가 단지 위장에 불과하거나, 아니면 할리우드 엘리트들이 자신을 존경할 만한 인물로 칭송해야 한다고 느끼는 사람이라서 한 이야기였을 거라고 생각하게 된다. 어떤 설명이 되었든 냉소주의가 스멀스멀 나오는 걸 참기 어려울 것이다.

그랜드스탠딩은 도덕적 이야기에 냉소를 품게 한다. 그랜드스탠딩은 도덕 담론에 기여하고자 하는 사람들의 진정성에 대한 회의와 환멸을 낳는다. 사람들은 타인이 자신을 정의의 편이라고 생각해주길 바라고 그 때문에 그랜드스탠딩이 발생한다. 사람들이 그랜드스탠더가 무얼 하고 있는지 자각하게 되면, 도덕 담론이 정의를 고무하려는 것이 아니라고 생각하기 시작한다. 도덕 담론은 세상을 더 좋게 한다는 **명분** 아래 전개될 수 있다. 그런데 많은 사람에게 그것은 자신의 도덕적 자격을 강화하려는 것이다. 커뮤니케이션 연구자 마사히로 야마모토Masahiro Yamamoto와 매슈 쿠신Matthew Kushin에 따르면 "소셜 미디어에서 정치 정보를 소비하는 것이 냉소와 무감각을 증가시킨다."[28] 몇몇 뉴미디어 형태도 냉소를 불러일으킨다. 연구자 조지프 카펠라Joseph Cappella와 캐

슬린 홀 제이미슨Kathleen Hall Jamieson은 《냉소주의의 소용돌이The Spiral of Cynicism》라는 책에서 '전략적 뉴스'와 정치 및 정치인에 대한 냉소주의 간의 비례적 관계를 밝혔다.[29] 뉴스의 상당 부분은 정치를 게임으로, 정치인을 가장 호소력 있는 행위를 하려고 노력하는 경연자contestants로 제시한다. 사람들은 그런 종류의 뉴스를 소비하면 정치에 관한 전반적인 개념을 냉소적으로 보게 된다. 그런 뉴스가 수많은 그랜드스탠딩을 포함하고 있기 때문이다.[30] 그 모든 보태기, 치닫기, 날조하기, 강렬한 감정 표출, 무시는 사람들에게 어떤 흔들리지 않는 느낌을 준다. 많은 사람이 도덕적으로 우월하게 보이고, 집단 내 사회적 지위를 높이며, 도덕적으로 열등하다고 여기는 이들을 지배하고 침묵시키기 위해 도덕적 이야기를 사용하고 있다.

분명히 말하자면, 우리의 요점은 (하비 와인스틴의 예에서 볼 수 있는) 도덕적 위선이 냉소주의를 이끈다는 것이 아니다. 이것은 두말할 것 없이 사실이지만 우리 요점은 좀더 복잡하다. 즉, 사람들이 타인에게 좋은 인상을 주기 위해 도덕적 말을 활용하는 것, 다시 말해 그랜드스탠딩을 너무 빈번하게 하면 사람들은 곧 눈치를 채고, 결국 그런 말에 냉소하게 될 뿐만 아니라 그것이 허위라며 무시한다. 그런 말들이 단순한 개인 홍보에 불과하다면, 우리가 그러한 고결한 도덕적 선언을 왜 심각하게 다루겠는가.

분명, 냉소주의가 합당하다고 하기 위해 의심이 가는 모든 그랜드스탠딩 사례가 전부 그랜드스탠딩이라고 확신할 필요는 없다. 그렇다. 명백해 보이는 개별적인 그랜드스탠딩의 사례들은 당연히 사람들로 하여금 도덕적 이야기에 대해 회의를 품게 만든다. 그런데 우리가 그랜드스탠딩이 도처에 널려 있고 그것을 감지하기 어렵다는 걸 알고 있다는 사실도 우리로 하여금 도덕적 이야기 전반을 냉소하게 만든다.

이 반응은 적어도 부분적으로는 심리학자 저스틴 크루거Justin Kruger와 토머스 길로비치Thomas Gilovich가 "순진한 냉소주의naïve cynicism"라고 부른 인지적 편견에서 기인한다.[31] 순진한 냉소주의는 우리로 하여금 다른 사람들이 실제보다 자기중심적으로 행동한다고 생각하게 만드는 것이다.

순진한 냉소주의는 자신이 동의하지 않는 사람들을 평가할 때 강력한 효과를 발휘한다. 심리학자 엘레노어 윌리엄스Elanor Williams는 "우리는 다른 사람이 특히 당면한 사안을 판단할 때 그 사람이 거기에 직접적인 이해관계가 있으면 (자신의 이기적인 목적을 채울 것이라고) 순진하게 냉소적일 가능성이 많고, 만약 그 사람이 냉철한 관찰자라면 자신의 신념에 편향되지 않고, 우리가 하는 방식으로 ('정말로 있는' 그대로의 방식으로) 사안을 볼 것이라고 기대한다."[32] 이것은 왜 여러분이 가끔씩 특정인에게서는 그랜드스탠딩을 쉽게 식별할 수 있는 반면, 명백한 그랜드스탠더와 비슷한 신념을 가진 사람에게서는 그걸 보지 못한다고 하는지 설명해준다. 우리는 자신에게 동의하는 이들보다 정치적 반대자들에게서 이기적인 동기를 감지할 수 있다고 생각할 가능성이 더 높다.[33]

도덕적 이야기에 대한 냉소주의는 왜 나쁠까? 사실 모든 냉소주의가 나쁜 결과를 초래하지는 않는다. 신앙 치유와 다단계 마케팅 계획에 대한 냉소는 골칫거리를 없애준다. 그랜드스탠딩이 냉소를 일으키기 때문에, 또 냉소주의가 항상 나쁜 결과를 초래하기 때문에 나쁘다는 게 **아니다**. 그보다는 그랜드스탠딩에서 기인한 냉소주의는 특유의 나쁜 효과를 낳는다는 것이 요점이다. 말하자면 도덕적 이야기의 사회적 가치를 떨어뜨린다. 결과적으로 도덕적 이야기가 추잡하고 지저분한 것, 즉 자신이 역사의 옳은 편에 있다는 것을 증명하려고 애쓰는 사람들의 전쟁터쯤으로 보이게 한다. 도덕적 이야기를 비하함으로써, 도덕적 이야기를 평판을 높이는 것보다 더 중요한 목표를 이루는 데 쓸모가 적은 도구로 만들어버린다. 자신을 좋게 보이고 싶다는 단순한 이유에서 비롯된 도덕적 이야기를 둘러싼 만연한 냉소주의는, 우리 모두가 치러야 할 사회적 대가다.

우리에게는 사람들이 도덕적 우려를 제기하거나 도덕적 고발을 할 때, 그러한 우려들을 충분히 신중하게 받아들일 수 있도록 잘 작동할 수 있는 공적 담론이 필요하다. 만연한 냉소주의는 [격렬한] 화보다 [은근한] 짜증을 부추길 가능성이 더 높다. 그리고 그랜드스탠딩은 냉소주의를 일으키기 때문에 도덕적 이야기의 효과를 바로 그런 식으로 망가뜨린다.

그랜드스탠딩 때문에 사람들이 도덕적 이야기를 더 냉소하게 된다는 점이 우리가 주장하는 그랜드스탠딩의 해악이다. 그런데 누군가는 **이 책 때문에** 사람들이 도덕적 이야기를 더 냉소하게 된다고 반박할지도 모른다. 어쨌든 우리는 그랜드스탠딩에 관심을 두고 그것이 얼마나 흔한지 말하고 있고, 그래서 사람들이 이 책을 읽은 후 도덕적 이야기를 더 냉소하게 되지 않을까? 이 책도 나쁘고 그랜드스탠딩에 관해 쓰는 것도 도덕적으로 나쁜 게 아닐까? 글쓴이인 우리도 진단하고자 하는 그 문제의 일부일까? 이것을 위선에 대한 이의hypocrisy objection라고 부르자. 말하자면 이런 것이다. 토시와 웜키는 도덕적 이야기에 냉소주의를 일으키는 것이 나쁘다고 말하는데, 왜 저자인 우리가 하는 것은 괜찮은가?

이러한 이의에 설득력이 없는 몇 가지 이유가 있다. 거짓말을 하면 할수록 소통에 더 냉소적인 태도를 가지게 되므로 사람들이 거짓말을 나쁘다고 생각한다고 해보자. 다른 사람에게 거짓말하는 것을 걱정하는 것이 잘못인가? 분명 아니다. 사실 영국 철학자 존 스튜어트 밀은《공리주의》에서 자신이 거짓말에 반대하는 이유 중 하나가 거짓말은 "인간 주장의 진실성"을 약화시키는 경향이 있기 때문이라고 밝힌 바 있다.[34] 밀이 위선자였는가? 또 철학자 해리 프랭크퍼트Harry Frankfurt의 유명한 에세이《개소리에 대하여》를 생각해보자. 프랭크퍼트는 개소리, 다시 말해 자신이 뱉은 말이 사실인지 거짓인지 신경 쓰지 않는 것은 진실이라고 믿는 것을 말하는 행위를 방해한다고 주장한다.[35] 프랭크퍼트는 무엇이 개소리고 왜 그것이 냉소주의를 일으키는지 설명했는데, 그가 위선자인가? 우리가 위선자라면 그 역시 위선자일 것이다.

밀과 프랭크퍼트의 주장은 우리의 주장만큼 나쁘지는 않다고 반박할 수도 있을 것이다. 거짓말과 개소리가 무엇인지는 대부분의 사람이 알고 있지만, 그랜드스탠딩은 상대적으로 덜 알려진 개념이기 때문에 이 책이 잠재적으로 더 많은 피해를 끼칠 수 있다는 것이다. 우리는 그렇지 않다고 생각한다. 지난 5년 동안 그랜드스탠딩이라는 문제로 만난 많은 사람을 성가시게 한 후 우리가 내린 판단은, 대부분의 사람이 그것을 **알고** 있다는 것이다. 사람들은 그것이 널리 퍼져 있다는 것도 알고, 인터넷에서 본 친구들의 행동 중 최소한 하나 이상을 언급하기까지 했다. 많은 사람이 정작 잘 모르는 것은 다른 수많은 사람도 그랜드스탠딩을 생각해본 적이 있다는 사실이다.

우리는 그랜드스탠딩 개념을 조명하고 그것에 대한 엄격한 도덕적 주장을 하고, 그것을 성가시다고 하는 사람이 한 명만은 아니라고 말하고 있다. 우리는 그 개념이 어떤 사람들에게는 전적으로 새로워서 결과적으로 그들이 더 냉소적인 태도를 가지게 된다고 생각한다. 그러나 만연한 그랜드스탠딩 때문에 냉소주의자가 된 많은 사람에 비한다면, 그 소수의 사람은 그다지 중요하지 않다. 만약 이 책이 어떤 영향력이 있다면 가장 큰 몫은 많은 사람이 이미 그랜드스탠딩이라고 생각하는 것을 분명히 하고 그것을 대중적으로 만드는 데 있길 바란다. 그리고 그것의 결과가 단순한 냉소주의의 확산보다는 긍정적일 가능성이 더 클 것이다.

이것이 전부 사실이라 해도, 우리가 여전히 위선자일 수 있다. 그런데 그렇다 치더라도 우리는 그랜드스탠딩에 반대하는 단호한 도덕적 주장을 의도적으로 했을 것이다. 그랜드스탠딩은 냉소주의를 일으킬 수도 있고 그러지 않을 수도 있다. 우리는 그랜드스탠딩이 냉소주의를 일으킨다고 주장해왔다. 그 주장에 반대하고 싶다면 그랜드스탠딩이 냉소주의를 일으키지 않는다는 것을 보이면 된다. 저자나 책의 도덕성은 당연히 논할 만한 주제이긴 하지만 결국엔 상관이 없는 문제다. 요점은 그것이 우리 주장과는 무관한, 그냥 다른 쟁점이라는 말이다.

출처는 불분명하나, 언젠가 우리는 한 철학자가 대중 강연을 하는 와중에 총기로 무장한 사람이 끼어들어 그 철학자에게 몇 발의 총을 빗맞혔다는 이야기를 들은 적이 있다. 그 철학자는 총을 피하려고 웅크려 있다가 일어나 이렇게 말했다고 한다. "당신이 나를 죽였다고 해도 내 주장의 어떤 것도 반박하지 못할 것이다." 우리가 혹여 위선자라 할지라도 그 사실은 우리 주장이 설명력이 있는지 그 여부와는 아무 상관이 없다.

그랜드스탠딩이 추동한 분노의 대가

인터넷에 접속하는 누구나 수백, 아니 수천의 사람에게 분노를 즉각 표출할 수 있는 플랫폼을 갖고 있다. 우리는 화를 이렇게 표현함으로써 자신에 대해 뭔가를 (자신은 도덕적으로 민감하고 부정의에 신경 쓴다는 점을) 전달하고, 그것을 표현하기 위해 흥분에 따르는 (다른 사람이 자신을 부정적으로 평가할 수도 있는) 대가를 기꺼이 감수한다. 제3장에서 본 것처럼, 그랜드스탠더는 도덕적으로 훌륭하다는 이미지를 보이기 위해 전략적으로 감정을 어떻게 활용해야 하는지 그 방법을 안다. 그랜드스탠딩을 위해 분노를 활용하면, 각각 개별적이지만 연관되어 있는 부정적인 세 가지 결과가 초래되며, 이 결과는 우리 모두에게 영향을 미친다.

양치기 소년 문제

분노나 여러 강렬한 감정 표현은 일면 좋은 것이다. 사람들은 화를 내면서 세상의 나쁜 일들을 효과적으로 파악하고, 그 문제들을 다룰 동기를 얻는다. 그러나 분노를 효과적으로 활용하려면 그것을 반드시 자제해야 한다. 안 그러면 화를 통해 사람들이 뭔가 심각하게 잘못되었음을 인식할 수 있는 상황에서 분노 표출이 그냥 소음으로 들릴 수 있다.

그랜드스탠더는 화를 자제하지 않고 그것을 악용한다. 그랜드스탠더에게는 중국 음식이 나오는 대학 식당에서부터 커피 잔을 든 채로 거수경례를 하는 오바마에 이르기까지, 그냥 모든 것이 분노의 원인이다. 모든 것이 자신의 도덕적 순수성을 전시할 기회다.

그랜드스탠딩이 추동한 분노는 전반적으로 분노 표출의 가치를 절하한다. 잘 활용된 분노는 지켜보는 이들이 뭔가 일이 심각하게 잘못되어가고 있음을 알아차리게 하는 붉은 깃발의 역할을 한다. 그러나 분노를 무차별적으로 사용하면, 세상에서 일어나는 유달리 나쁜 일들을 확인하는 그 힘이 약화된다. 자신이 얼마나 도덕적으로 민감한 사람인지를 과시하고 싶어서 사소한 불만거리나 특유의 도덕적 선호, 특별히 추구하는 대의명분에 대한 분

노로 공적 담론이 넘쳐날 때, 〔도덕적 이야기가 본래 갖는〕 붉은 깃발의 의미가 퇴색된다.[36]

"이 말에는 이제 과거와 같은 신랄함이 없다. 그것은 젊은 사람들에게 그리 큰 힘이 없다." 이 문장은 《옥스퍼드 영어 사전》 편찬자이자 전前 편집자인 제시 샤이드라워Jesse Sheidlower가 분노라는 단어가 아닌 '염병할fuck'이라는 단어에 대해 쓴 것이다.[37] 그 단어의 힘은 약해졌다. 왜? 너무 많이 쓰이기 때문이다. 저널리스트 조엘 아켄바흐Joel Achenbach는 이와 같이 설명했다.

> 우리가 흔히 사용하는 언어의 일부인 욕설을 너무 쓰면 안 된다. 당연히 욕설은 성인들의 전유물이다. 아이들은 아직은 욕설을 써서는 안 된다는 걸 알아야 한다. 다섯 살짜리 여동생이 그 말을 이미 쓰고 있다면, 열세 살짜리가 그 말을 쓴다고 해서 어떻게 상스럽다고 할 수 있겠는가. 이 단어는 어른이 되면 쓸 수 있는 것으로 여겨진다. 우리는 이것을 지켜야 한다. 그래서 우리 아이들과 아이들의 아이들이 우리가 떠난 후에야 그 말을 쓸 수 있도록 말이다.[38]

여러분은 '염병할'이라는 단어의 힘을 보존하는 것이 큰 가치가 있다고 생각하지 않을 것이다. 우리의 요점은 좀더 일반적인 것인데, 어떤 시그널의 무차별적 사용이 그것의 가치를 떨어뜨린다는 것이다.

이것이 이솝Aesop의 유명한 우화 중 하나를 딴 **양치기 소년 문**

제crying wolf problem다. 한 소년이 마을 사람들에게 늑대가 자신의 양들을 공격한다고 생각하게 만든다. 마을 사람들이 도움을 주러 오지만 늑대는 없다. 소년은 계속해서 장난을 치고, 늑대가 정말로 양 떼를 공격하지만 마을 사람들은 거기에 신경 쓰지 않게 된다. 늑대는 소년의 양들을 잡아먹어버렸다.[39] 분노의 외침이 일상이 되면 위험이 정말로 코앞에 닥쳤을 때 어떻게 사람들이 알아채겠는가? 경찰의 만행에 보일 만한 격분과 같은 수위로 대학 식당 음식의 문화적 전유에 반응하는 사람을 보면, 그 사람의 분노 감각이 중요한 문제를 정확하게 좇고 있는지 믿을 수 없다. 그 사람은 늑대가 왔다고 계속 소리쳐온 셈이다. 반대로 분노를 선택적으로 표현하면서 심각한 부정의를 알리는 방식으로 활용할 수 있다. 자기과시를 하는 데 분노 표출을 자제하면, 더 중요한 명분을 위한 분노의 힘을 아낄 수 있다.

당연히 합리적인 사람들은 분노의 가치에 동의하지 않을 것이다. 분노에 가치가 있다고 동의한다고 했을 때조차 **어느 정도의** 분노가 타당한지에 대한 의견은 일치할 수 없다. 달리 말해, 우리는 무반응을 포함한 적절한 분노의 반응 범위가 있다는 것을 안다. 그러나 분노가 전하는 그 시그널이 희석되는 것이 나쁘다는 점에는 여러분도 동의하리라 생각한다. 우리 요점은 그랜드스탠딩이 그 시그널을 희석시킨다는 것이다.

그러면 이제 선택의 상황이 펼쳐진다. 얼마나 화가 나 있는지 그랜드스탠딩을 함으로써, 자신은 얻을 수 있는 모든 관심을 얻을 수 있다. 그렇게 하면서 자신의 분노가 부정의를 알아내지 못하는 위험을 맞는다. 그걸 바라는 게 아니라면, 분노가 실제로 어떤 도덕적 선善을 이룰 수 있도록 그것을 억제해야 한다.

분노 피로

분노의 지속적인 전시로 공적 담론이 넘쳐날 때 분노하는 사람이나 그것을 보는 사람 모두는 **분노 피로** 현상을 겪는다. 이것은 사람들이 너무 자주 분노하거나 그것에 계속 노출될 때 발생한다. 결과적으로 사람들은 정말로 분개할 만한 것이 무엇인지에 대한 감을 잃고, 마땅히 분노해야 할 때조차도 그것을 끌어낼 수 없게 된다.

사람은 다양한 강도의 여러 감정을 느낀다. 단순히 화가 나는 것이 아니다. 긍정적이든 부정적이든 한 사건이 감정적 반응을 일으킨 후, 그 감정의 세기는 그대로 유지되지 않는다. 유사한 반응을 일으킬 수 있는 좀더 많은 일이 일어나지 않으면 시간이 흐르면서 그 감정은 희미해진다.[40] 사람들은 반복적으로 자극에 노출되면, 나중의 유사한 자극에서 받게 되는 감정적 영향이 줄어든다. 심리학자들은 이것을 습관화habituation라고 부른다.[41] 첫 이별을 겪을 때는 "인생의 유일한 매력을 잃었다"[42]라고 한 괴테Goethe의 젊은 베르테르와 함께 흐느껴 운다. 그러나 열두 번쯤 이별을 하면 평소와 다름없는 사무적인 느낌을 갖는다.

인간은 감정적 자극에 익숙해지기 때문에, 끝없는 분노의 사이클에 자신을 두는 사람들은 결국 자신이 극도로 화를 내왔던 일들에 영향을 덜 받게 된다. 따라서 분노를 강화하려는 지속적인 노력은 장기적으로 역효과를 낼 가능성이 높고, 최근의 분노가 그리 분개할 만한 것이 아니었다고 생각하게 된다. 계속 분노하는 사람들은 분노에 대응할 능력을 끝내 소진한다. 만약 분노가 엄청난 부정의의 시대에 중요한 동기라고 생각한다면, 사람들이 분노할 능력을 유지하는 것이 분명 핵심일 텐데, 그랜드스탠딩이 추동하는 분노는 불필요한 습관화를 낳고 그렇게 되면서 사람들은 정말로 무엇에 분노해야 할지 감을 잃는다.

분노 피로를 낳는 과정을 생각할 수 있는 또 다른 예가 있다. 앞 장을 돌이켜 생각해보자. 우리는 사람들이 자신을 더 덕스럽게 보이려고 도덕적 화를 내려 한다고 언급했다.[43] 하지만 그것은 위험하다. 즉, 분노하면 할수록 결국 만족할 수 없게 된다. 달리 말해 분노는 재화를 더 많이 구입할수록 추가된 재화로부터 얻는 만족이 더 줄어드는 한계효용감소의 법칙을 따른다.[44] 절대빈곤 속에 놓였다면 어쩌다 생긴 1달러가 엄청난 의미가 있다. 그러나 워런 버핏Warren Buffett에게 여분의 1달러는 아무런 의미가 없다. 마찬가지로 두 번째 피자 조각은 첫 번째 조각보다 덜 달갑고 세 번째 조각은 더더욱 덜하다. 만족의 시점에 이르면 무관심해지고 피자를 더 먹는 것에 혐오감마저 들 것이다. 이와 비슷하게 자신을 좋은 사람이라고 느끼게 하려고 분노를 하는 사람들에게는 분노가 더 이상 만족을 주지 않는다. 이렇게 분노를 활용해 도덕적 자기고양의 열망으로 가득 차면, 그 이상의 분노를 느끼는데 흥미가 없어지는 사태를 맞는다.[45] 우리가 강조해온 것처럼 이

따금 분노를 느끼고 표현하는 것은 사회적으로 유용하다. 그러나 스스로를 좋은 사람으로 느끼게 하는 분노가 이미 가득한 사람들은, 정작 필요할 때 그것을 끌어내는 게 힘들 것이다.

분노 피로는 또 분노에서 기인한 **행동**을 가로막는다. 에른스트 페르Ernst Fehr와 공동 저자들은 일련의 연구에서 사람들이 부당한 행동을 목격할 때, 자신이 그 부당한 행동의 희생자가 아니더라도 분배 규범을 어기는 위반자들을 처벌받게 하려고 돈까지 낸다고 했다.[46] 참여자들이 돈을 더 낼수록 그들의 표적이 처벌을 더 받았다. 경제학자 데이비드 디킨슨David Dickinson과 데이비드 마스클레트David Masclet는 그 실험에 흥미로운 변수 하나를 넣었다. 참여자들은 에른스트 페르의 연구와 마찬가지로 부당한 행동을 목격하는데, 이 연구에서는 위반자를 처벌하기 위해 돈을 지불하는 선택을 하기 전 분노를 표출할 기회를 먼저 주었다.[47] 흥미롭게도 분노를 표출한 이들은 하지 않은 이들보다 위반자들을 덜 처벌한 결과가 나왔다. 그들은 분명 분노 표출을 통해 이미 감정적으로 만족했고, 그래서 모든 화를 표현하기 위해 처벌을 할 필요까지는 없었다. 디킨슨과 마스클레트가 지적한 것처럼, 이 발견에는 분명 긍정적 측면이 있다. 처벌이 다른 사람의 행동에 불만족을 표현하는 유일한 출구일 때, 사람들은 자신의 에너지 전부를 처벌에 쓰면서 해야 할 것보다 더 많은 처벌을 할 수 있다.[48] 그러나 잠재적인 부정적 측면도 있다. 상대적으로 비용이 안 드는 분노를 너무 표출하면 처벌을 해도 충분하다고 느끼지 않을 수 있다. 심지어 부당함에 대응해 아무것도 하지 않는 걸 편안하게 느낄 정도로 너무 심하게 화를 쏟아낼 수도 있다. 정치인의 온갖 스캔들에 열정적으로 트윗을 하지만, 그 정치인의 정책에 피해를 본 사람들을 자원해 돕거나 반대 선거운동을 하거나 실제 노력을 기울여야 하는 어떤 것에도 신경 쓰지 않는 사람을 생각해보라.

분노와 여타 도덕적 감정은 중요하다. 이 감정들은 사람들이 자신의 도덕적 선함을 느끼게 해주기 때문에 중요한 것이 아니라, 행동하게 만드는 동기이기 때문이다. 그러나 사람들은 자신을 괜찮은 사람이라고 느끼는 데 그것을 활용할 수 있기 때문에, 분노를 선하게 활용하지 않을 위험이 있다. 그렇게 해야 한다고 느낄 때, 그리고 적절하지 않을 때에도 분노를 표출한다. 분노는 희소 자원이다. 우리는 분노를 드물게 활용해야 한다. 그렇지 않으면 정말 그것을 필요로 할 때 제대로 분노할 수 없다.

그랜드스탠딩의 가장 위험한 특징 중 하나는, 이미 분노한 사람들이 한 것에 보태기를 하거나 신념을 과장해 실제로 **파괴적인** 일을 했을 때조차, 마치 자신이 선한 일을 한 것처럼 느끼게 하는 힘이 있다는 것이다. 그런데 주의해야 할, 대단히 은밀하게 퍼지는 또 다른 결과가 있다. 공적 담론에 화가 너무 만연하면 침착한 사람들은 공적 광장을 떠나고, 많은 사람이 애당초 그곳에 진입하지 않는다.

중도자들은 이탈하고

많은 사람은 끊임없이 이어지는 화를 견딜 재간이 거의 없다. 전체 상황은 불쾌하고, 그 누구도 온라인 댓글 부대의 표적이 되고 싶어 하지 않는다. 철학자 쿠르트 바이어Kurt Baier는 이렇게 썼다. "도덕적 이야기는 보통 혐오스럽다. 도덕적 비난을 쏟아내기, 도덕적 분개를 표현하기, 도덕적 판단을 퍼트리기, 비난받을 자를 정하기, 도덕적 비난을 조율하기, 자신을 정당화하기, 무엇보다도 도덕화하기. 누가 이런 이야기를 즐길 수 있겠는가?"[49] 바이어가 이렇게 쓴 때가 1960년대. 그가 오늘날 대중 포럼에서의 도덕적 이야기를 어떻게 묘사할지는 상상에 맡길 수밖에 없지만, 더 호의적이진 않을 것이라고 생각한다. 그는 많은 도덕적 이야기 혐오에 대한 일반 대중의 견해가 자신의 것으로 바뀌는 것처럼 보이는 게 고무적이라고 할 것이다. 2016년 퓨 연구센터 Pew Research Center의 조사는 다음을 발견했다.

- 소셜 미디어 이용자의 37퍼센트가 자신이 보는 정치 콘텐츠에 '지쳤고', 20퍼센트만이 그걸 보기 좋아한다.
- 59퍼센트가 소셜 미디어에서 자신과 의견이 다른 사람들과의 정치 토론에 스트레스를 받고 좌절을 느낀다.
- 소셜 미디어 이용자의 거의 절반(49퍼센트)은 삶의 다른 영역에서 보는 정치 대화보다 온라인에서 보는 정치 대화에 더 화가 난다. 이용자의 53퍼센트는 자신들이 점잖지 않고, 49퍼센트는 그다지 예의 바르지 않다고 한다.

- 39퍼센트는 정치와 관련된 것 때문에 다른 사람을 안 보이게 하고, 차단하며, 친구 관계를 끊는다.
- 64퍼센트는 자신과 반대되는 정치적 견해를 가진 사람들과 온라인으로 만났을 때 생각보다 공통점이 적다는 느낌을 받는다고 답했다.[50]

앞에서 언급한 것처럼 많은 사람이 당파적 극단으로 양극화되어 있다. 그러나 가운데에 머물러 있는 많은 중도파는 그들의 친구들이 공적 담론에 참여하는 데 진절머리가 난다. 정말로 정치 대화에서 이탈하는 사람들은 압도적으로 중도파가 많다.[51] 최근의 한 연구는 소셜 미디어 활동의 많은 부분을 정치 토론에 바치는 유일한 사람들이 정치적 극단주의자들이라고 했다.[52] 물론 중도파는 단순한 분노 이상의 것에도 지칠지 모른다. 예컨대 자존심·절망·죄책감에도 짜증스러울 수 있고, 그것들은 나름대로 유해한 사회 환경을 만드는 데 영향을 준다. 감정적으로 소모적인 담론들은 (서로에게 고함을 질러대는 양극화된 세계에서 환영받지 못한다고 느끼는) 많은 중도파를 신경 쓰지 않는다.

정치학자 엘리자베스 노엘레 노이만Elisabeth Noelle-Neumann의 여론에 대한 침묵의 나선 이론spiral of silence theory은 왜 많은 사람이 도덕적·정치적 대화를 피하는지에 관한 또 다른 설명을 제공한다. 대부분의 사람은 사회적 고립을 두려워한다. 우리는 의견이 다르거나 우리를 싫어하는 사람들이, 원하기만 하면 사회적으로 우리 저자들을 고립시키도록 꾸밀 수 있다는 것을 안다. 우리 모두는 소셜 미디어에서 특정한 불운한 영혼들이 저지른 단순한 실수를 가지고, 사회적 왕따를 시키듯 자신의 팔로워들을 부추기는 사람들의 행위를 보아왔다. 사회적으로 동의되지 않는 의견을 표현한 사람들의 추방을 부추기는 행태가 노엘레 노이만이 "고립 압박 isolation pressure"[53]이라 부르는 것이다. 노엘레 노이만은 사람들이 이런 흐름의 표적이 되기를 두려워하기 때문에, 추방의 위험을 감수하기보다 침묵을 선택한다고 주장한다. 결과적으로 공적 도덕 담론에서 끝까지 자기주장을 하는 사람들은, 사회적 관계를 유지하길 원하는 사람들이 자기 의견을 받아들일 것이라는 상당한 자신감을 가진 이들이다. 아마 이런 사람들은 내부 핵심 집단에서 받아들일 것이다. 그러나 그들에게도 더 작은 내부 핵심 집단이 있다. 도덕성과 정치를 이야기하면 친구를 잃는다. 한 연구는 친구가 많은 사람은 소셜 미디어에서 논쟁적인 정치, 도덕적 사안을 덜 토론한다고 주장한다.[54] 모든 이가 페이스북에서의 이런저런 시달림을 예상한다.

중도파가 대중적인 도덕적·정치적 담론에서 이탈하는 것은 모든 사람에게 좋지 않다. 가장 뚜렷한 부정적 결과는 토론을 피하는 사람들이 상대편 의견의 증거와 주장을 듣지 못하게 되고, 그래서 자신의 믿음도 검증받지 못한다는 것이다. 자신이 틀렸다고 설명하는 다른 사람들과 토론을 하지 않으면 빈약하게 만들어진 신념을 유지하기 쉽다. 그런데 어쩌면 더 나쁜 것은 사람들이 신념을 혼자만 갖고 있으면 나머지 세계는 그 접할 수 없는 생각들을 끝내 얻지 못한다는 점일지 모른다. 침묵하는 중도파가 진실한 믿음을 가졌다면 다른 사람들은 결코 그 진실을 발견할 수 없다. 설혹 침묵하는 중도파가 틀렸더라도 그들의 믿음을 옹호하는 까닭은 다른 사람들이 진실에 더 가까워질 수 있는 생산적인 토론을 만들기 때문이다. 건강한 공적 담론은 모든 종류를 다룬다. 그래서 활발하게 토론되는 아이디어의 영역이 줄어들면 우리 모두가 더 나빠질 수밖에 없다.[55]

중도파가 이탈하고 없기 때문에 활동가들이 정치 담론을 장악하고 있다. 정치학자 다이애나 머츠Diana Mutz는 정치에 가장 많이 관여하는 사람이 정치 스펙트럼의 가장 끝에 있는 활동가라고 했다. 머츠에 따르면 활동가는 가장 낮은 수준의 '교차 노출cross-cutting exposure'에 놓이는데, 이는 그들이 자신의 의견과 다른 정치적 견해를 가진 사람들을 만날 확률이 가장 낮은 집단이라는 말이다.[56] 따라서 많은 활동가는 다른 편에 있는 사람들이 실제 어떻게 생각하는지 거의 모른다. 알려고도 하지 않는다. 한 연구에 따르면 동성결혼 논쟁에서 양쪽의 대다수는 반대편의 정치적 견해에 **노출되지** 않으려고 10달러를 얻는 기회를 기꺼이 버린다.[57]

물론 도덕적 이야기를 조심스럽게 피한다고 해서 다른 사람들이 만들어 놓은 난장판에서 완전히 벗어날 수는 없다. 어떤 사람들은 철저히 도덕적 용어로 세상을 보기 때문에 모든 사람, 조직, 제품이 도덕적·정치적 범주로 정리되길 기대한다.

트럼프가 대통령이 된 데 공식 입장을 밝히라고 팝 스타 테일러 스위프트Taylor Swift에게 압박을 가하는 사람들의 기괴한 집착을 보라. 많은 연예인이 트럼프에 대한 경멸을 분명히 한 반면 스위프트는 (이 글을 쓰고 있는 이 시점까지는) 아무 말이 없었다. 이 때문에 많은 이가 스위프트가 트럼프 지지자라고 생각했다. 어떤 사람은 그녀의 음악에서 트럼프 지지를 발견한다. "스위프트는 트럼프 시대의 산물일 뿐만 아니라 대통령의 가치를 지지하는 음악 외교관이다."[58] 의혹이 너무 강해지자 그녀의 변호사가 스위프트는 백인 우월주의자가 아니라고 공식 성명을 내기에 이르렀다. 그러나 그녀가 침묵을 깨더라도 모든 이를 충족시키지 못할 것이다. 브로드웨이 배우 토드릭 홀Todrick Hall은 "언젠가 테일러는 최고로 정치적인 인사가 될 것이다. 사람들이 생각하기에 그리해야만 하는 그 일을 하려고 그녀는 목소리를 낼 것이다. 그러나 그때조차 테일러는 충분히 목소리를 내지 않는다거나 옳은 편에 있지 않다고 조롱받을 것이다"[59]라는 통찰력 있는 발언을 했다. 정치적 충성을 보여야 하는 도덕적·정치적 환경에서는 팝스타조차도 정치를 피해 이별 노래를 부를 자유가 없다.

지금까지 우리는 도덕적 그랜드스탠딩에는 막대한 사회적 손실, 즉 양극화, 냉소주의, 그리고 양치기 소년 문제, 분노 피로, 이탈하는 중도파를 포함한 과도한 분노와 연관된 여러 나쁜 결과가 있다고 주장했다. 그러나 그랜드스탠딩이 몇몇 나쁜 결과를 초래하기 때문에 종합적으로 그랜드스탠딩이 세상을 더 나쁜 장소로 만든다는 뜻은 아니다. 아이가 잘못해 혼을 내면 몇 가지 부정적 결과가 따르더라도(아이가 슬퍼하며 우는 걸 볼 수도 있다), **전체적으로는** 긍정적 결과가 부정적 결과보다 많을 수 있다. 당연히 최종 분석에서 우리 생각이 맞는지 물어야 할 것이다. 그랜드스탠딩에는 좋은 점이 없을까?

그랜드스탠딩의 사회적 이익

우리는 그랜드스탠딩의 사회적 손실에 초점을 맞췄지만 이익이 있다는 것도 알고 있다. 하지만 결론적으로는 손실이 이득보다 많다고 생각한다. 이 장에서는 그 결론을 주장하지는 않고, 그랜드스탠딩이 막대한 사회적 손실을 입히기 때문에 그것을 반대한다는 논지를 폈다. 결과에 기반하여 그랜드스탠딩의 도덕성을 방어하고자 하는 사람들은 (1) 그랜드스탠딩에는 우리가 말하는 사회적 손실이 없다, (2) 사회적 손실이 있더라도 더 많은 사회적 이익이 있다, 이 둘 중 하나를 주장할 것이다. 그러면 그랜드스탠딩으로 얻는 사회적 이익이 무엇일까?

그랜드스탠딩이 지닌 잠재적 이익 중 하나는 그랜드스탠딩이 자신이 협조자라는 것을 다른 사람들에게 알릴 기회를 준다는 것이다.[60] 그랜드스탠딩은 사회적 협동을 통해 이득을 얻을 수 있는 신뢰의 네트워크를 형성토록 하는데, 이것은 그랜드스탠딩의 중요한 기능이다. 어떤 사람이 자신이 적당한 그랜드스탠딩을 하는 좋은 사람이라고 친구들에게 보이면, 친구들은 그 사람이 약속을 잘 지키고 타인을 존중한다고 알게 된다. 마찬가지로 그랜드스탠딩은 다른 사람들에게 자신이 옳은 일을 하는 사람 중 하나라고 인식케 하도록 압박을 가하고, 따라서 그들은 그랜드스탠더가 한 일을 그대로 해야 한다.

이 생각엔 뭔가가 있다. 사람들이 신뢰할 수 있고 착실하다고 서로에게 알릴 수 있다면 그건 모두에게 좋은 일이다. 그러나 과연 이것이 그랜드스탠딩과 그렇게 관련이 있는 걸까? 시그널을 보내려는 의도가 있든 없든, 그것은 매일매일의 행위에서 이뤄진다. 사람들은 교차로에서 신호등 신호를 기다리고 가게에서 물건을 훔치지 않는다. 좀더 일반적으로는 반사회적이고 자기중심적 행동을 자제해 다른 사람들이 보는 앞에서 규칙을 지킴으로써, 자신이 신뢰받을 만하다는 시그널을 보낸다. 달리 말해, 우리는 사람들에게 그랜드스탠딩이 아니라 실제로 협조를 함으로써 협조자임을 보인다. 사람들이 그랜드스탠딩을 멈추면 여전히 다른 여러 시그널의 형태로 사회적 신뢰를 기르는 풍부한 기회를 가질 것이다. 실제로 그랜드스탠딩을 하지 않고 도덕적 이야기에 가담함으로써 그렇게 할 수 있다.

어찌 됐든 우리는 그랜드스탠딩에 신뢰의 시그널 같은 가치가 있다고 생각하지 않는다. 시그널을 보내는 다른 형태들은 속이기가 더 어려워 더욱 신뢰할 만하고, 옳은 구절을 단순히 외우는 것보다는 비용이 더 든다. 굳이 찾자면, 그랜드스탠딩은 그랜드스탠더가 믿을 만하다는 시그널보다는 기만manipulation을 위한 도구로써 더 쓸모가 있다. 다시 한번 성폭력 가해자로 변한 남성 페미니스트들이 그랜드스탠딩을 한 여러 사례와 하비 와인스틴의 사과 성명서를 떠올려보자. 나쁜 행위를 덮는 도구로 사용되는 그랜드스탠딩은 사람들로 하여금 도덕적 이야기가 실제로 보내는 시그널을 더욱 냉소하게 만든다. 우리의 회의에도 불구하고 이 쟁점은 더 탐구될 가치가 있다.

그랜드스탠딩의 사회적 이익을 확인하는 또 다른 전략은 그랜드스탠딩 때문에 사람들이 하는 긍정적인 일을 알아본다는 것이다. 예를 들어, '분노 기부rage-giving' 현상을 생각해보자. 이것은 분노 때문에 정치적 대의나 자선에 기부하는 현상을 말한다. 박애주의 전문가인 엘리자베스 데일Elizabeth Dale은 이렇게 설명한다.

> 기부는 소셜 미디어 또는 친구들이나 가족들에게 보이는 분노 이상의 행위다. 기부는 유형의 일이고, 보통 사람들이 크나큰 개인적 손실이 없이도 할 수 있다. 자선 기부(50달러나 100달러 정도의 기부지만 내가 뭔가를 할 수 있다는 생각)에는 죄책감을 덜고 자신의 도덕과 가치관을 전시하는 심리적 효과가 있다. 소셜 미디어상에 자신이 기부를 했다는 내용을 공유하거나 페이스북에 올림으로써 다른 사람들에게 자신의 가치관을 입증한다.[61]

어떤 일에 분노하는 사람이 많을 때 화를 생산적인 행동으로 이끌 수 있다. 많은 가족 이산을 초래한 불법이민 관련 트럼프 정부의 '무관용' 정책에 대한 대중의 분노를 생각해보자. 한 실리콘밸리의 부부는 그 집단적 분노를 활용해 미국과 멕시코 국경에 있는 아이들과 가족들의 결합을 돕는 데 2,000만 달러의 기금을 모았다.[62]

그 이민 정책에 모금자들이 동의를 하든 하지 않든, 요점은 소셜 미디어에 표출된 (분명 그랜드스탠딩이 추동한 분노의 일부인) 많은 화가 사람들로 하여금 그들이 믿는 자선단체에 기부하도록 했다는 것이다. 그것은 엄청난 결과다. 물론 공개적으로 정치적 명분을 지지하거나 분노를 표현하는 데 그랜드스탠딩을 할 필요는 없다. 그래서 이것은 그랜드스탠딩을 꼭 비호한다기보다 자선 기부를 추동하는 분노 표출을 비호하는 것으로서, 우리는 그것을 반대하지 않는다. 분노의 활용을 반대하는 것도 아니다. 사실 분노는 일정한 역할을 하고 중요한 가치가 있다. 그러나 그 점이 정확하게 우리가 그것을 자제해야 하는 까닭이기도 하다. 그래야만 분노가 도덕적 감수성을 입증하려고 선택된 사소한 도덕적 쟁점이 아닌 진정으로 중요한 명분에 활용될 수 있다.

다시 한번 말하자면, 우리의 회의에도 불구하고 이것은 탐구할 가치가 있다고 생각한다. 가장 힘든 도전은 **인정 욕구로** 추동되지 않는 도덕적 이야기를 통해 그랜드스탠딩이 고유한 사회적 이익을 얻을 수 없다는 증거를 제시하는 것이다.

그러나 비평가들이 도덕적 그랜드스탠딩으로부터 얻는 사회적 이익이 손실보다 크다는 것을 보인다 할지라도, 우리는 다음 장들에서 사회적 손실과 별개로 그랜드스탠딩에 반대하는 다른 이유들을 살필 것이다. 다음 장에서는 그랜드스탠딩은 다른 사람들을 무시하게 만듦으로써 도덕적으로 문제가 있다는 점을 밝힐 것이다.

모든 사람은 정중하게 대우받아 마땅하다. 혹자는 다른 사람에게 예의 바른 것이 도덕성의 핵심이라고도 한다. 공격이 왜 도덕적으로 나쁠까? 마땅히 받아야 할 존중으로 타인을 대하지 않기 때문이다. 인종차별이 왜 도덕적으로 나쁠까? 인종차별이 다른 사람을 동등하게 존중하지 않기 때문이다.

도덕적 이야기는 사람들이 존중받는 것을 확인하는 가장 유용한 도구 가운데 하나다. 도덕적 이야기는 사람들이 제대로 대우받지 못하고 있다는 사실을 서로 소통하는 방법이다. 예를 들어 누군가 "이민 정책이 아이들에게 불공정하다"라고 다른 사람들에게 말한다고 생각해보자. 이 말의 목적은 다른 사람들에게 어떤 이들이 충분히 존중받고 있지 못함을 알리는 것이다.

요점은 도덕적 이야기는 도구라는 것이다. 우리는 그것을 통해 사람들이 존중받으며 대우받을 수 있도록 협력한다. 그러나 다른 많은 도구와 마찬가지로 그것은 다른 용도로도 활용되는데, 그런 용도의 일부가 썩 좋지 않다.

망치를 생각해보자. 망치는 집을 짓는 데 쓰이지만 사람을 치는 데도 쓰인다. 망치를 휘두르는 것이 좋은 일인가의 여부는 그것을 무엇에다 왜 휘두르는가에 달려 있다. 망치와 마찬가지로 도덕적 이야기 역시 잘 활용할 수 있다. 하지만 도덕적 이야기가 마법은 아니다. 도덕적 이야기는 타인을 **무시하는 데도** 사용된다.

이 장에서 우리는 그랜드스탠더가 다른 사람을 잘못 대하는 데 도덕적 이야기를 활용한다는 것을 논하려고 한다. 다른 장에서 밝힌 것처럼 그랜드스탠딩이 나쁜 결과를 낳기 때문에 잘못이라는 이야기를 하려는 게 아니고, 그랜드스탠더가 다른 사람들을 존중하지 않는다는 것을 말하려고 한다.

어떤 경우 그랜드스탠딩은 사람들에게 무례하다. 그랜드스탠딩은 다른 사람들을 이용해서 그랜드스탠더가 얼마나 훌륭한지 보여주거나, 자신의 훌륭함을 다른 사람들이 오도하게 만들어 무례를 범하는 것이다. 그리고 좀더 일반적으로는 그랜드스탠딩이 도덕적 이야기를 진실하게 쓰는 다른 사람들에게 무임승차를 함으로써 이용한다고 논하려 한다.

전시

텔레비전을 보면, 곧 수감될 사람이 교도소에 들어간 첫날 그 안에서 가장 크고 거칠게 보이는 수감자를 골라 싸움을 걸라는 충고를 듣는 장면이 나오곤 한다. 새 수감자가 교도소의 죄수들에게, 심지어 가장 거센 수감자로부터의 어떤 괴롭힘도 참지 않을 것이고 결코 그를 건드릴 수 없을 거라는 메시지를 보내는 것이다. 교도소에서 이 전략이 효과가 있을지 의심스럽긴 하지만, 다른 사람들에게 자신에 관해 뭔가를 보이려고 타인을 해치는 공격적 충동은 매우 흔하다. 슬프게도 사람들은 보통 자신을 좋게 보이려고 다른 사람들을 이용할 만반의 태세를 갖추고 있다.

어떤 그랜드스탠더는 이런 접근을 공적 담론에 적용한다. 자신이 얼마나 좋은 사람인가를 드러내고자 다른 사람들의 (실제로 했거나 혹은 상상된) 도덕적 실수를 맹렬히 비난할 기회를 찾는 것이다. 우리는 이런 종류의 태도를 **전시**showcasing라고 부른다. 여기에는 그랜드스탠더가 자신의 도덕성을 자랑하려고 다른 사람들을 공개적 전시에 끌어들여 이용하는 것이 포함된다. 전시자는 공개적으로 무안을 주는 데 보태기를 함으로써, 비행에 대한 비난을 치닫게 하거나 날조하고 분노나 힐난하는 표현에 가담함으로써 전시를 할 수 있다. 전시자는 자신의 도덕적 우월성을 자랑하려고 다른 사람들의 도덕적 실패(라고 추정되는 것)를 이용하고, 그것으로 자신의 **인정 욕구**를 충족시키는 그랜드스탠더다.

이런 전시에서 무엇이 잘못일까? 먼저 쉬운 예를 들어보자. 전시자가 자신의 도덕적 우월함을 강조하려고 **무고한** 사람을 무차별로 공격할 때가 있다. 그 전시자는 분명 잘못을 했다. 뭔가를 하지도 않은 사람을 공개적으로 비난하는 것은 무례한 일이다. 누구도 그런 식으로 대우받아선 안 된다. 국가가 정의에 신경 쓴다는 것을 보이려고 무고한 시민을 교도소에 넣는 것이 잘못인 것처럼, 그랜드스탠더가 자신의 마음이 얼마나 옳은 편에 있는가를 보이려고 무고한 사람들을 모욕하고 배척하며 당황케 하는 것은 잘못이다.

그런데 표적이 유죄일 때도 전시에 문제가 있을까? 만약 표적이 어떤 잘못을 했다면 자신의 도덕적 자격을 내보이려고 비난과 모욕을 활용하는 것이 나쁠 게 없다고 생각할 수 있다. 이것을 더티 해리의 전시 방어Dirty Harry defense of showcasing라 부르자. 영화 〈더티 해리 2: 이것이 법이다〉(1973)에서 클린트 이스트우드Clint

Eastwood의 역할인 형사 '더티' 해리 캘러핸"Dirty" Harry Callahan은 위험한 킬러를 잡는 임무를 맡는다. 해리는 총을 잘 쏘는 두 명의 신참 경찰을 지원해달라고 요청한다. 해리의 상사는 이런 중요한 임무에 신참을 보낸다는 생각이 마땅치 않아 "그들이 당황해서 총을 쏘면 어떡해?"라고 묻는다. 그러자 해리는 "총 맞을 만한 사람에게 총을 쏘는 게 나쁠 건 없지"라고 답한다.

전시를 옹호하는 사람도 비슷하게 사고할 수 있다. 즉, 표적이 모욕을 받아 마땅하다면 공개적으로 그들에게 모욕을 줘도 문제될 것이 없다는 식이다. 무고한 사람들을 이용할 때 전시는 무례한 것이지만, 범죄자가 표적일 때는 무례라고 볼 수 없다는 말이다.

이 전시를 옹호하는 데는 약간의 진실이 있다. 만약 범죄자가 자신을 향한 그랜스탠더의 비난이 사실은 저 그랜스탠더가 스스로를 좋은 사람으로 보이려고 범죄자인 나를 이용하는 것이라며 비난한다고 해보자. 이때 범죄자는 다른 사람들이 옳은 방향을 잡는 걸 헷갈리게 하는 것이다. 어쨌거나 그랜드스탠더의 자기중심적 동기가 범죄자가 잘못을 했다는 사실을 바꾸지는 않는다. 그러나 표적이 설령 잘못했다 치더라도 도덕적 측면에서 전시를 반대할 타당한 이유가 있다.

더티 해리 방어는 전시자가 자기 홍보의 도구로 범죄자를 정확하게 알아볼 때만 성공한다는 점에 주의하자. 그런데 전시자가 꼭 잘못한 사람만을 표적으로 삼는 데 성공할 확률이 얼마나 될까? 정확하게 범죄를 확인하는 것이 **유일한** 목적일 때조차 우리는 무고한 사람을 비난하곤 한다. 그런데 우리가 다른, 그러니까 조금 더 이기적인 동기를 섞을 때 그 범죄자만을 비난하는 게 얼마나 정확할 수 있을까?

전시가 범죄자에게 일어날 때만 효과적이어서 전시자가 범죄자만을 정확하게 고른다고 생각할 수 있다. 여러분이 여가 시간에 그림을 그리거나 아이들을 공원에 데려가는 것 같은 도덕적으로 무해한 일을 하는 사람들을 맹공격하면, 누가 여러분을 도덕적 전형으로 생각하겠는가? 아마도 전시자는 잘못을 저지른 사람만을 고를 것이다. 그래야만 다른 사람들이 감흥을 하기 때문이다.

그러나 이 예상은 너무 낙관적이다. 많은 그랜드스탠더가 그들의 내집단에게 좋은 인상을 주려고 한다는 것을 다시 떠올려보자. 그랜드스탠더는 마음이 맞는 친구들이 자신을 정의에 극도로 민감하다고 생각해주길 원한다. 그런데 받아들이기 힘들지 모르겠지만, 자신의 집단이 도덕적 문제에 항상 타당하게 대응하는 것은 아니다. 자신의 집단은 일체 옳은 가치를 지녔다고 가정할지라도, 그 집단이 특정 사건에서 한 사람의 행동에 대해 정확한 도덕적 평가를 할 것이라고 장담할 수 없다. 삶은 복잡하고, 공통의 도덕적 의견을 가진 매우 결속력 높은 집단조차도 집단 가치에 서로 동의하지 않는 여러 새로운 상황이 생길 수밖에 없다. 내집단 구성원(그러니까 그 집단의 모든 구성원)이 세상이 어떻게 굴러가든 항상 도덕적으로 옳은 답을 낸다는 생각은 정말 미친 생각이다. 역사를 통틀어, 모든 사람이 잘못된 도덕적 신념을 가졌는데 자신과 자신이 속한 집단이 도덕적 진실을 찾는 데 실패하지 않을 가능성이 얼마나 될까?

집단 역동 심리에 대해 알려진 바를 생각해보자. 사람들은 공개적 판단을 할 때, 다른 사람들이 자신에게 거는 기대를 따라야 한다는 압력을 느끼곤 한다. 집단은 틀린 도덕적 평가를 하게 마련이기 때문에, 자신이 속한 집단에 좋은 인상을 주려고 애쓰는 개인은 보통 전시를 위해 무고한 사람들을 이용한다.

요점은 사람들이 전시를 통해 내집단에 좋은 인상을 주려고 애쓸 때, 자신이 하는 일이 전시라고 믿든 아니든, 무고한 사람들을 비난하고 그들에게 무안을 준다는 사실이다. 이런 오류를 범하기 쉬운 걸 안다면, 전시를 하기 위해 잘못을 저지른 사람을 정확히 고른다는 자신감이 누그러질 것이다. 많은 경우 우리는 조금도 자신감을 가져선 안 된다.

자신을 좋게 보이려고 무고한 사람을 실수로 골라 비난하고 모욕하는 것이 예의가 있는가? 비슷한 사례를 또 생각해보자. 여러분이 고속도로를 순찰하는 경찰관이라 치자. 여러분은 몇 주간 속도측정기를 사용하지 않았고, 그 측정기가 정확하게 속도를 읽는 확률이 약 60퍼센트라는 것을 알고 있다. 1개월간 딱지를 얼마나 끊었는지 기록을 제출할 시간은 다가오고 연례 고과평가도 다가오고 있다. 상사에게 잘 보여야 하는 시점이다. 여러분은 더 많은 딱지를 끊을 수 있는데도 굳이 속도를 측정하면서 시간을 낭비하고 싶지 않다. 이런 상황에서 운전자에게 신뢰할 수 없는 도구로 딱지를 끊는 것이 무례하다고 생각하는가? 만약 그렇다면 마찬가지 이유로 많은 전시가 무례하다고 생각해야 한다.

그런데 표적이 잘못을 저질렀다고 확신할 때 전시하는 것은 어떨까? 유명 인사나 정치인에게 틀림없는 수많은 비리 행위가 있다. 왜 이런 경우조차 전시가 무례일까? 이 경우에도 전시가 빗나갈 수 있다.

이 점을 살피기 위해서는, 비록 전시자의 표적이 잘못을 저질렀더라도, 그것이 다른 사람들에게 좋은 인상을 주려는 전시자의 욕구가 그 표적을 적절하게 비난하고 모욕할 것이라는 의미가 되지 않는다는 데 주목해야 한다. 잘못을 저지른 사람이 그가 받아야 할 적절한 처우보다 더 가혹하게 다뤄질 가능성이 있다. 제2장에서 다뤘던 사회적 비교에 의한 동기들 때문에 일반적인 그랜드스탠딩과 마찬가지로, 많은 전시는 치닫기와 날조하기를 포함한다. 전시자는 그 동기들 때문에 잘못을 저지른 사람을 몹시 심하게 다룬다.

온라인에서의 모욕 주기 사례보다 이에 대한 더 분명한 사례는 없을 것이다.[1] 한 트위터 사용자는 "내 삶을 파괴할 이 상자에 키보드로 뭔가를 치고 있는 게 참 괴상하다"[2]라고 썼다. 소셜 미디어의 군중이 살해 위협을 보내고, 잘못을 저지른 사람의 가족과 친구들을 괴롭히고, 고용주에게 그 사람을 해고하라고 압력을 가하는 것은 **필수**다. 도덕적 이야기가 마법이라고 생각하는 사람들에게 이 모든 것은 그냥 일상에 불과하다. 틀림없이 사람들은 인터넷 모욕 주기 쇄도에 참여한다. 그러나 정의는 자연스럽게 다른 사람의 희생을 치르곤 한다.

저널리스트 존 론슨Jon Ronson은 린지 스톤Lindsey Stone의 사례를 자세하게 설명했다. 스톤은 알링턴 국립묘지에 놓인, 조용히 하고 예를 갖추라는 표시 옆에서 외설적 제스처를 취한 불쾌한 사진을 페이스북에 올린 후 온라인 모욕의 희생자가 되었다. 직업 상실, 살해 협박 같은 〔온라인상에서의〕 흔한 시련을 겪은 이후 그녀는 우울증에 시달리고 직업을 구할 수 없었다. 사람들이 인터넷 검색만 하면 사진이라는 완벽한 증거를 통해 그녀의 구체적인 실수를 즉각 확인할 수 있었기 때문이다. 존 론슨이 한 평판 관리 회사의 프로보노* 서비스를 그녀에게 제공한 이후에야 그녀는 간신히 일상생활을 재개할 수 있었다. 그 회사는 검색 엔진 결과를 조작해 검색 순위에서 그 사건의 뉴스 링크를 아래로 내렸다.

이 과정은 린지 스톤을 구글에서 검색했을 때 나오는 첫 페이지를 차단하기 위해 놀이공원 여행에 관한 무해한 가짜 기사들로 가득 찬, 관리된 내용을 지속적으로 유지해야 한다는 것을 뜻한다. 그 평판 관리 회사의 추정에 따르면 스톤에 대한 온라인상의 평판을 지우는 데 수십만 달러가 드는 서비스가 필요했다.[3] 우리는 전시하는 사람들의 명성이 아주 조금이라도 올라가는 것이 (있다손 치면) 그들의 표적에게는 그 대가가 얼마나 큰지 강조하기 위해 이 부분을 조금 더 설명하려고 한다. 이 문제를 다루기

---

* probono. 변호사와 같은 전문가가 전문 지식을 활용해 보수를 받지 않고 봉사활동을 하거나 재능을 기부하는 것. 미국 공익변호사들의 활동을 가리키기도 한다.

위한 큰 규모의 산업이 있다는 것은 사람들의 도덕적 비난 방식이 뭔가 잘못되었다는 것을 말해준다. 스톤 사례의 자세한 내용들은 견디기 어렵고, 그녀를 괴롭힌 사람들이 비열한 짓을 했다는 걸 충분히 보여준다.

스톤의 행동이 잘못이라 할지라도 그녀가 겪은 반응은 부당하다. 살해 협박을 받을 것까지는 없었다. 그런데 여러분이 그 표적이 잘못한 것을 틀림없이 알고, 여러분의 비난과 모욕의 정도가 그 표적에게 적절한 경우에는 어떠할까? 그때조차도 전시는 어긋날 수 있다. 집단행동을 조정하는 것은 어려운 일이다. 표적이 **여러분의** 비난과 모욕을 받아 마땅할지라도, 그것이 다른 1만 명의 사람으로부터 유사한 비난과 모욕을 받아 마땅하다는 뜻은 아니다. 너무 많은 전시가 보태기 형태를 띤다. 여기서 개별 집단의 구성원이 잘못을 저지른 사람에게 비난과 모욕을 보태고, 각각의 개인은 그들의 괴롭힘의 총체적인 효과가 그 사람이 받아 마땅한 크기보다 훨씬 더 커질 때까지 자신의 의견을 보탠다.[4] 어찌 됐든 한 개인의 위상 찾기가 잘못을 저지른 사람에게조차 무례라 할 수 있는 집단행동에 가담하는 것이다.

흥미로운 반전이 하나 있는데, 온라인에서의 거대한 집단 비난과 모욕 주기는 때로 역효과를 낸다. 심리학자 타쿠야 사와오카Takuya Sawaoka와 브누아 모닌Benoît Monin은 인종차별적·반애국주의적·성차별적 온라인 게시물에 저항하는 분노 표출이, 규모가 큰 집단의 보태기의 일부일 때 그리 칭찬할 만한 것이 아니라는 네 개의 연구를 수행했다.[5] 더 나아가 사와오카와 모닌은 바이러스처럼 퍼지는 분노가 관찰자로 하여금 잘못한 사람에게 동정적 반응을 불러일으키는 것까지 설명한다. 이것은 전시자에게 일종의 수수께끼다. 그들의 모욕 주기가 개별적로는 타당하게 보일지 모르지만, 보태기를 하는 전시자들은 되레 표적에 대한 동정을 이끌어서 그들 자신을 나빠 보이게 할 수 있다.

그러나 전시가 잘못된 것은 분명 그런 아귀가 맞지 않는 과도한 비난이나 사회적 제재를 받아서가 아니다. 나쁜 짓을 한 사람이 비난받아 마땅할 때조차 잘못 비난할 가능성이 있다. 어떻게 이것이 가능한지, 앤이 사소한 도덕적 잘못을 저지르는 벤을 보았다고 상상해보자. 앤이 다른 사람들 앞에서 그의 행동을 설명하라고 요구하는 것이 잘못은 아니다. 그렇게 하는 게 옳은 일일 수도 있어서 그녀는 그렇게 했다. 그러나 앤이 기분이 너무 안 좋아서 누군가에게 퍼붓고 싶어 한다고 가정해보자. 앤이 벤에게 설명을 요구한 것이 크게 선을 넘지 않았다 해도, 그를 혼내려 한 그녀의 동기는 도덕적으로 비난받을 일이다. 앤은 누구에게 왜 맹공을 퍼붓는지 신경 쓰지 않는다. 만약 벤이 없었다면 다른 사람에게 자신의 나쁜 기분을 쏟아냈을 것이다. 앤은 벤을 바꿔 달 수 있는 샌드백쯤으로 다루었다. 그것은 도덕성이 지향하는 바가 아니다. 벤이 비난받을 이유는 그가 나쁜 일을 했기 때문이지, 그를 비난함으로써 앤의 기분이 좋아지기 때문이 아니다.

우리는 이 사례를 응용해 마찬가지 이유로 왜 전시가 나쁜가를 설명하려고 한다. 앤이 기분이 나쁜 게 아니라 자신의 도덕성이 저평가되었다고 느낀다고 하자. 벤이 실수할 때 그녀는 기회를 포착해, 다른 모든 사람이 듣도록 그를 욕함으로써 자신의 도덕성을 알렸다. 여기서도 앤은 단순히 자신의 도덕적 자격을 과시하려고 벤을 비난하는 잘못을 저지른 것이다.

이 사례의 두 버전에서, 누군가는 앤이 실제로 잘못한 사람을 벌주었기 때문에 그녀에게는 잘못이 없다고 반박할 수 있다. 왜? 실제로 앤은 잘못한 사람을 벌주었기 때문이다. 벤은 두 사례에서 모두 잘못을 했고 그녀는 벤을 처벌할 권리가 있었다. 따라서 그렇게 하는 것에 아무 잘못이 없다.[6] 물론 앤은 자신이 원하는 것을 얻기 위해 누구에게라도 화낼 준비가 되어 있었지만, 행운이 그녀에게 미소를 지으며 울화를 배출하면서도 죄책감을 느낄 필요가 없는 기회를 주었다.

앤의 행동이 무고한 행인보다 잘못한 벤이 표적일 때 덜 나쁜 건 사실이다. 그러나 그녀의 행동을 평가할 때 다른 사람을 향한 그녀의 태도를 간과하는 것은 틀린 판단이다.[7] 앤은 그냥 잘못한 사람을 이용할 수 있는 행운을 가졌을 뿐이다. 다시 말해 도덕성은 다른 사람을 활용할 편의적인 구실이 아니다. 도덕성은 우리에게 다른 사람들을 단순한 도구가 아니라 인간으로서의 가치에 따라 대할 것을 요구한다. 전시는 그 점에서 실패한 것이다.

기만

이 책 전반에 걸쳐 우리는 그랜드스탠딩과 거짓말을 비교하는 것이 유용하다고 보았다. 예를 들어, 거짓말과 그랜드스탠딩은 모두 소통을 통해 도덕적으로 나쁜 짓을 하는 방법이다. 또 거짓말과 마찬가지로 언어를 점검하는 것만으로는 누군가가 그랜드스탠딩을 하고 있는지 아닌지를 파악하기가 어렵다. 우리는 거짓말과 같은 조금 더 익숙한 개념과 닮은 점을 살핌으로써, 그랜드스탠딩을 더 잘 이해할 수 있기를 바란다. 우리는 이제 그랜드스탠딩의 몇 가지 사례가 거짓말과 훨씬 더 많은 공통점이 있다는 논의를 시작하겠다.

우리는 그랜드스탠더가 보통 진심이라고 생각한다. 말하자면, 그들은 자신이 말한 걸 믿고 자신의 실제 도덕적 신념을 타인에게 말하는 것이다. 우리는 그랜드스탠딩이 위선과 상관없는 많은 다른 이유로 인해 잘못됐다고 주장해왔다(그리고 아직 더 많은 논의들이 남아 있다). 그러나 그랜드스탠딩은 거짓말이 그런 것처럼 다른 사람들을 속이기 때문에 좋지 않다.

먼저 거짓말부터 이야기해보자. 거짓말이란 거짓말쟁이가 허구라고 생각하는 뭔가를 다른 사람들이 믿게 하려는 시도다.[8] 거짓말이 나쁜 합당한 이유는, 다른 사람들을 속임으로써 상대방을 도덕적으로 동등한 존재에 걸맞은 존중으로 대하지 않는다는 것이다. 여러분의 한 친구가 미용사가 되고 싶다고 가정해보자. 내 머리를 그 친구가 만지도록 하지는 않지만 친구를 돕고는 싶고, 그래서 다른 동료에게는 친구가 뛰어나고 경험 많은 미용사라고 이야기한다. 여러분은 진실을 알고, 친구에게 당신의 머리를 맡기지 않는 데 그 진실을 활용한다. 한편 여러분은 동료에게 거짓말을 했기 때문에 그 동료는 틀린 정보를 갖게 되었다. 결과적으로 동료는 그 정보를 갖지 않았다면 하지 않았을 일을 하게 되었다. 여러분은 동료에게 거짓을 말하면서 자신의 이득을 동료의 실제 이익보다 중요하게 여겼다. 여러분은 그 동료의 신뢰를 이용하고 친구를 도우려는 목표를 이루고자 그 동료를 조종했다. 간단히 말해 여러분은 동료에게 거짓말을 해서 그를 이용했다.

그랜드스탠딩으로도 다른 사람을 속이고 조종하고 이용하는 게 가능하다. 그랜드스탠더는 (의도를 했든 아니든) 자신이 믿을 만하다는 인상을 조성하고 그렇게 쌓은 신뢰를 이용해서, 자신이 나무랄 데 없거나 그냥 예의 바른 사람이라는 평판을 만들려 한다. 그러나 이 문제의 진실은 그랜드스탠더가 만드는 훌륭한 이미지와는 거리가 멀다.

고의가 아니더라도 어떤 그랜드스탠딩은 기만적이다. 제2장에서 본 것처럼, 실제 자신의 모습은 스스로 생각하는 것만큼 그렇게 도덕적으로 훌륭하지 않을 가능성이 높다. 사람들은 자신이 도덕적으로 평균에 비해 압도적으로 더 낫다고 생각한다. 그들이 다 옳을 수는 없다. 많은 사람이 자신과 다른 사람들의 도덕성을 비교하는 데서 큰 착각을 한다. 그러므로 만약 다른 사람들이 여러분을 도덕적으로 뛰어나다고 생각하도록 만든다면, 그건 그들을 기만하는 것이다. 다른 사람들이 여러분 자신에 관해 실은 거짓을 믿게 하려는 데 그 목적이 있다. 다른 사람들을 일부러 속이려 하지 않아도 항상 그리하고 있는 것이다.

나 자신만은 그런 실수를 하지 않는다고 우길 수 있다. 실수하지 않을 수도 있다. 그러나 우리가 자신의 도덕적 자질을 잘 못 판단하는 데 그럴 만한 이유가 있다는 것을 심리학 연구에서 찾아볼 수 있다. 특히 '실제보다 자신을 더 높게 평가하는 효과 better than myself effect'는 우리 자신을 의심케 하는 놀라운 이유가 된 다. 한 연구에서 참여자들에게 몇 퍼센트의 시간 동안 자신이 협 동·정직·공손·신뢰와 같은 특성을 보이는지 추정해달라고 질문 했다.[9] 그들은 총 26개의 특성을 평가했다. 몇 주 후 동일한 참여 자들이 재평가되었다. 참여자들은 각 특성에 대해 동료들의 평 균적인 자기 평가self-ratings를 받을 것이라고 들었다. 그런 다음 그 평균과 비교해 자신을 평가하도록 요청받았다. 참가자들은 26 개 특성 중 23개의 특성에서 자신이 평균보다 훨씬 더 낮다고 평 가했다. 가장 큰 차이는 네 가지 도덕적 특성, 즉 협동·정직·공 손·신뢰를 평가한 데서 나왔다. 흥미로운 점은 참가자들이 '평 균'과 비교하라는 요구를 받았을 때, 그들이 받았던 그 '평균'은 사실 사전에 참여자들이 했던 자기 평가였다는 점이다. 그들이 평균보다 낮다고 한 것은 실은 자신이 자신보다 낮다고 주장한 셈이다. 이것은 절대적인 기준에서든 다른 사람과의 상대적인 기 준에서든, 자기 자신은 스스로가 얼마나 좋은지 판단하는 데 믿 을 만한 판단자가 아니라는 의미다. 어떤 사람들이 평균보다 더 낮다는 것은 사실일 수도 있지만 여러분은 여러분이 평균보다 낮다고 자신해서는 안 된다. 여러분이 자신의 이미지를 도덕적 성인聖人으로 투사한다면 그건 남을 속이고 있는 것이다.

당연히 이런 사례들에서 우리는 여러분이 다른 사람을 속이려고 하지 않는다고 생각한다. 여러분은 자신이 도덕적으로 훌륭하고, 다른 사람들도 여러분을 그렇게 생각한다고 진심으로 믿는다. 그러나 이것이 여러분의 그랜드스탠딩이 절대 기만적이지 않다는 뜻은 아니다. 그 기만이 고의는 아니라는 말이다. 기만적인 그랜드스탠딩은 고의가 아닐지라도 여전히 무책임하다. 그랜드스탠딩을 할 때는 사람들을 속일 위험이 크다. 결국 자신이 스스로 생각하는 것만큼 도덕적으로 훌륭할 확률이 얼마나 되겠는가. 그다지 높지 않을 것이다. 그랜드스탠딩은 다른 사람들을 속이기 때문에 위험한 행동이다. 개인의 이득을 위해 사람을 속이는 것은 잘못이며, 그렇기 때문에 우리가 그랜드스탠딩을 하지 않는 것은 다른 이들을 좀더 존중하며 대하는 것이 된다.

한편 어떤 그랜드스탠딩은 의도적으로 기만적이다. 이 경우에 그랜드스탠더는 자신의 그랜드스탠딩만큼 스스로가 도덕적으로 그렇게 훌륭하지 않다고 생각하지만, 어찌 됐든 타인은 자신을 그렇게 믿어주길 바란다. 이런 종류의 그랜드스탠딩은 다른 사람들을 속이기 위한 목적이 있다는 면에서 거짓말과 무척 닮았다. 다시 말해, 다른 사람들을 속이는 것은 잘못이다. 그랜드스탠딩은 다른 사람들을 속이려는 목적이 있다는 면에서 역시 도덕적으로 나쁘다.

누군가는 그랜드스탠딩이 보통 기만적일지라도 크게 나쁜 잘못은 아니라고 생각할지 모르겠다. 우리 모두는 다른 사람들 앞에서 실제 자신의 모습보다 더 재미있고 매력적이며 똑똑하게 보이려고 조금씩 과장을 한다. 다른 사람들에게 실제 자신의 모습보다 더 똑똑하고 강하며 더 낭만적으로 성취를 이룬 사람으로 자신을 보이기 위해 엄청 애쓰는 사람들의 모습은 측은하다. 그러나 극단적인 경우를 제외하고, 이러한 노력에 성공한 사람들이 결과적으로 큰 해를 입히지는 않을 것이다.

하지만 그랜드스탠딩은 그런 경우들보다 더 나쁘다. 그랜드스탠더가 다른 사람들에게 주려는 부정확한 인식은 단순한 기만 이상으로, 사람들을 이용하는 것이다. 자신을 실제보다 더 나은 사람으로 내세우면서, 많은 그랜드스탠더는 온당치 않은 방식으로 신뢰를 얻는다. 그랜드스탠더는 수많은 방법으로 신뢰를 이용할 수 있다.

예를 들어, 어떤 사람은 자신의 비리를 감추려고 그랜드스탠딩을 한다. 심리학자 애나 메리트Anna Merritt와 동료들은 한 연구에서, 사람들은 자신의 행위가 앞으로 부도덕하게 보일 것을 두려워할 때 도덕적 자격에 신경을 쓴다는 일련의 결론을 얻었다.[10] 그 연구에서 연구 참여자들은 인사 결정에서 백인과 흑인 후보 중 한 명을 선택하라고 요청받았다. 그런데 어떤 연구 참여자들은 흑인 후보가 백인 후보보다 더 우수한 자격을 갖춘 기록을 보았고, 다른 참여자들은 그 반대를 보았다. 그들은 인사 결정 전에 이런저런 행위들이 인종차별적인지 아닌지를 묻는 질문을 받았다. 참여자들은 그 질문에 대한 답이 인사 결정과 함께 다른 참여자들에게 공개된다고 들었다. 연구자들은 백인 후보가 더 적격이라는 파일을 본 참여자들이 질문지에 나온 행위들이 인종차별적이라고 더 비판한 것을 발견했다. 인종차별주의에 대한 높은 민감성을 미리 보여줌으로써, 참여자들은 분명히 자신의 대답이 흑인 후보보다 백인 후보를 선호한다는 비난을 피할 수 있게 해주길 바랐던 것이다.

물론 이런 종류의 선제적 시그널링이 항상 도덕적으로 나쁜 것은 아니다. 때로 우리는 우리의 행동이—첫인상이 좋지 않을 때—도덕적으로 하자가 없음을 보이려고 다른 사람들에게 엄청난 노력을 해야 한다. 우리의 핵심은 특히 나쁜 사람들은 그랜드스탠딩을 활용해, 선제적 시그널링에서처럼 다른 사람들의 신뢰를 더 수월하게 얻는다는 점이다. 사람들은 그랜드스탠딩을 함으로써 의심을 피하고 도덕적 명성을 쌓고, 비리가 발각될 때 비판까지 피할 수 있다.

사람들은 또 그랜드스탠딩으로 확보한 신뢰를 활용해 희생자를 덫에 걸려들게 할 수도 있다. 나아가 그랜드스탠더에 관한 비난의 타당성에 의심의 씨앗을 먼저 뿌림으로써, 희생자가 그랜드스탠더를 비판하지 못하도록 신뢰를 이용할 수 있다. 그랜드스탠딩이 다른 사람들을 더 손쉽게 모욕한다는 사실은, 도덕적으로 순수한 다른 형태의 세련된 자기현시self-presentation와 구별되는 점이다. 이것이 무슨 의미인지 몇 사례를 통해 살펴보자.

하비 와인스틴이 배포한 그 성명서를 떠올려보자. 그는 진보적인 정치적 대의명분을 지지하고 여성에 대한 깊은 존경을 강조함으로써 수십 년의 기만적인 인상 관리를 통해 쌓아온 명성에 기대고, 자신의 행동에 책임을 진다면 할 수 없을 좋은 일을 앞으로 하겠다는 가능성을 내보임으로써 관용을 구하려고 했다.

성명서 자체에 있는 동기의 명백함 외에도, 최근 비판을 받기 10년도 훨씬 전에 대중이 모르게 〔유사한 문제에〕 직면했을 때 비슷한 말을 한 것은, 그가 자유를 누리기 위해 청중을 조종하려고 한 사실을 확증한다.[11]

그는 자신의 경력 내내 자신이 정치적으로 진보적임을 과시적으로 전시했고, 그것으로 자신을 향한 비난을 불신하게 만들고 더 나아가 피해자 전부가 나설 가능성을 줄였다. 그의 그랜드스탠딩은 (적어도 지금은) 멈췄지만, 그것은 수십 년간 끔찍한 학대를 하는 데 직업적 지배력으로 이용되었다. 간략히 말해 와인스틴은 그랜드스탠딩을 함으로써 그가 받아야 할 신뢰 그 이상을 받았다.

어떤 사람은 자신이 그랜드스탠딩을 하는 걸 깨닫지 못한 채 사람들을 조종하고, 그 과정에서 자신도 속인다. 콜로라도주의 콜로라도 스프링스에 위치한 대형교회인 신생명교회New Life Church의 전前 목사 테드 해거드Ted Haggard 사례를 생각해보자. 해거드는 한때 수백만의 신도를 보유한, 보수적인 수만 개 교회의 협회인 전미복음주의협회National Association of Evangelicals의 회장이었다. 해거드는 2000년대 중반 국민적 인사로 떠올랐다. 텔레비전 다큐멘터리 〈모든 악의 뿌리?The Root of All Evil?〉에 출연한 덕이었다. 그는 다큐멘터리에서 과학과 진화에 대한 리처드 도킨스Richard Dawkins의 질문에 불같이 화를 내면서, 그의 오만을 비판하고 그를 쫓아냈다. 도킨스를 향한 해거드의 태도는 틀림없이 독단적 분노의 표시였고, 그것은 그가 관용할 수 없는 악함을 지닌

외집단 구성원을 향했다.[12]

해거드는 또 동성결혼을 인정하지 않는 콜로라도주 헌법 수정안을 공개적으로 지지해 미디어의 관심을 끌었다. 그는 "우리는 동성애를 어떻게 생각해야 하는가를 두고 토론을 할 필요가 없습니다. 그것은 성경에 쓰여 있잖아요"[13]라고 말하면서, 그 쟁점이 신중하게 토론할 가치가 있다는 생각조차 무시했다. 따라서 해거드는 그 다큐멘터리를 시청하고 있는 모든 사람에게 당시 한창 논쟁거리였던 문제의 해답이 그에게는 간단하고 명백하다는 것을 보여주었다. 그 사건들 직후 해거드는 필로폰을 구입한 성매매 종사 남성과 수년간 관계를 가진 혐의로 공개적으로 비난받았다. 처음에 그는 혐의를 부인했지만 나중에 모두 사실이라고 인정했다.

해거드가 공개적으로 도덕적 순수성을 드러냈기 때문에 신자들은 그를 더욱 신뢰했을 것이다. 그는 자신의 진실성을 스스로 속이는 데도 성공했다. 제3장에서 살핀 것처럼, 사람들은 자신이 도덕적으로 훌륭하다는 인상을 고양하고 유지하기 위해 화와 같은 도덕적 감정을 조작할 수 있다.[14] 해거드는 성적 도덕성에 대한 자신의 기준에 맞춰 살지 못했지만, 그의 공개적 분노와 그랜드스탠딩이 실제 자신을 상당히 좋은 사람이라고 확신시키는 데 기여했을 것이다. 해거드는 그랜드스탠딩을 통해 그의 신도와 자신 또한 기만했다.

해거드와 같은 사례들에서 볼 수 있는 의미 있는 교훈이 하나 있다. 우리는 대부분의 사람이 자신의 도덕적 자질을 실제보다 더 좋게 생각한다는 사실을 알고 있다. 그 때문에 자신을 더 좋게 생각하기 위해 그랜드스탠딩을 하려는 욕구에 매우 주의를 기울여야 한다. 그렇게 하면 스스로의 기만에 점점 더 빠져들어 내가 누구이며 무엇에 신경 쓰는가에 대한 정확한 판단을 흐릴 수 있는 위험을 피할 수 있다.

기만에 대한 우리의 우려가 너무 과장되었다는 반대 의견이 있을 수 있다. '사람들은 어리석지 않다', '모두 다른 사람들이 자신을 좋게 생각해주길 원하는 것을 알고 있다', '그래서 사람들이 세상에 자신을 보여줄 때 약간은 꾸며댄다고 생각한다', '사람들은 이 점을 너무 잘 알고 있어서 도덕적 그랜드스탠딩 형태에서 자기과장을 볼 때면, 당연히 그에 맞춰 적당히 무시하고 그렇게 그들의 속임을 피한다'는 것이다.

이런 반대 의견의 문제는 그랜드스탠딩은 보통 쉽게 발각될 만큼 그렇게 직접적이지 않다는 데 있다. 그랜드스탠딩이 직접적이면 그리 효과적이지 않다. 그랜드스탠딩으로 타인에게 좋은 인상을 주는 능력은 기만적인 자기현시를 꿰뚫어 보는 능력과 마찬가지로, 사람들이 다양한 수위로 갖고 있는 기술이다. 도덕적·정치적 문제에 관해 자신이 듣고 싶은 말을 다른 사람에게서 들으면 혹하기 마련이라, 효과적인 그랜드스탠더는 사람들을 속이기 쉽다. 이런 종류의 속임수나 다른 종류의 기만을 우리가 바로 확인해 쉽게 무시할 수 있다는 생각은 너무 순진하다.

우리는 사건이 일어난 이후에야 간신히 이 세계에 존재하는 와인스틴들과 해거드들을 꿰뚫어 볼 수 있다. 우리는 그 사람들이 그랜드스탠딩을 한다는 것을 알고, 그들에 대한 신뢰의 수준을 그에 따라 조정한다. 그러나 우리에게 항상 그런 능력이 있는 것은 아니다. 타고난 그랜드스탠더라는 단순한 이유 때문에 얼마나 많은 이가 널리 신뢰받고 심지어 사랑까지 받는지 생각해보면, 걱정스럽기 그지없다. 만약 다른 사람들을 존중하면, 자신을 원래 신뢰할 정도보다 더 신뢰하게 만들려고 그랜드스탠딩을 하지는 않을 것이다.

지금까지 그랜드스탠딩은 무례하기 때문에 좋지 않다는 결론에 관해 두 가지 주장을 했다. 첫째, 그랜드스탠더는 전시를 할 때(자신이 얼마나 훌륭한지 전시하려고 다른 사람들을 비난하고 모욕함) 사람들을 대체 가능한 유용한 샌드백쯤으로 대한다. 둘째, 그랜드스탠더가 자신이 도덕적으로 얼마나 괜찮은지에 대해 사람들을 속이는 것은 그 자체가 무례할 뿐만 아니라, 그 기만을 통해 부당한 신뢰를 얻음으로써 다른 사람들을 모욕하고 더 쉽게 자신의 잘못에서 벗어날 수 있다.

지금 우리의 이런 주장들은 특히 전시나 기만행위를 포함한 그랜드스탠딩을 겨냥한 것이다. 하지만 전시하거나 다른 사람들을 속이지 않고도 그랜드스탠딩을 할 수 있으므로, 이러한 주장들이 모든 그랜드스탠딩의 사례가 무례하다고 말하는 것은 아니다. 다만 그중 많은 경우가 그렇다는 말이다.

무임승차

안정된 사회에서 살아가는 삶의 가장 대단한 이점 중 하나는 거대한 프로젝트에서 다른 사람들과 **협동해서 만든 성과를 누릴 수 있다는 것이다.** 아무리 작더라도 우리 모두는 **자신의 몫을 하고** 규칙을 따른다. 그 결과는 막대한 공동의 이득이다. 예를 들어 많은 문화권에는 서비스를 받기 위해 줄을 서는 관행이 있다. 보통의 규칙은 서비스를 받고자 할 때, 먼저 온 사람이 먼저 서비스를 받는 것이다. 그 결과 무질서하고 충돌이 있는 과정이 간단하고 평화로워진다.

그런데 협동해야 할 프로젝트의 규모가 커지면 어려움이 생긴다. 그중 하나는 다른 사람들의 선의의 공헌을 이용하는 누군가가 있다는 것이다. 그런 사람들은 자신의 더 큰 이득을 얻으려고 상호작용을 관장하는 협동 규칙을 벗어난다. 이 '무임승차'는 규칙을 따르는 사람들을 무시하는 것이다. 우리는 공적 도덕 담론의 실천이 이러한 거대한 규모의 협동적 실천 중 하나라고 보며, 그랜드스탠더가 공적 담론에서 다른 사람들의 선한 행동에 무임승차한다고 주장한다. 이것이 그랜드스탠더가 다른 사람들에게 무례를 범하는 또 다른 방식이다.

풀이 많이 자란 넓은 목초지가 있다고 가정해보자. 여러분과 아홉 명의 이웃이 그 목초지에서 소를 방목한다. 목초지는 100마리의 소를 수용할 수 있다. 이것은 100마리 이하의 소가 그 땅에서 방목되면 소들이 뜯어먹을 풀이 풍부해진다는 말이다. 그러나

그랜드스탠딩

100마리 이상의 소를 방목하면 목초지는 과잉 방목으로 망한다.

맨 처음 이웃들은 목초지에 꼭 두 마리씩만 풀을 먹였다. 그런데 이웃 중 한 명이 조금 더 많은 소에게 풀을 먹이면 돈을 더 많이 벌 수 있음을 알게 된다. 어찌 됐든 소 20마리는 목초지가 충분히 감당할 수 있는 숫자다. 몇 마리 더 풀을 먹여도 여전히 먹일 수 있는 풀이 풍부하다. 다른 이웃들도 이 전략을 눈치채고 더 많은 소를 방목한다. 여러분 자신도 더 많은 소를 방목하지 않으면 손해를 본다는 것을 깨닫는다.

사람들이 방목하는 소의 수를 계속해서 늘리고 목초지가 수용할 수 있는 한계에 그 수가 가까워지면 무슨 일이 일어나겠는가? 내가 방목하는 소를 그만 늘릴 수 있지만 왜 그걸 내가 해야 하지? 이웃들이 그 한계를 존중할 것이라는 확신이 없고, 소가 과잉 방목되는지 24시간 목초지를 감시하는 것은 너무 벅찬 일이다. 왜 목초지가 있는 상황에서 얻을 수 있는 걸 취하지 않는 유일한 호구가 되어야 하는가?

목초지를 보존해 계속 유용하게 활용하는 것이 모든 사람의 집합적 이익이다. 하지만 자원은 희소하되 규제되지 않는 공동의 공간에서 편협한 자기 이익으로 사람들이 행동하면 목초지를 파괴하는 요소들이 생긴다. 이 시나리오가 공유지의 비극tragedy of the commons이다.[15] 우리 모두 그러한 비극을 예상할 수 있지만, 자기 자신을 위한 일만 선택한다면 그 비극은 막을 수 없다. 개인으로서 할 수 있는 최선은 공동의 자원이 고갈되기 전에 자신이 얻을 수 있는 걸 얻고자 노력하는 것이다.

도덕적 이야기라는 실천은 어떤 면에서 목초지와 같은 공동의 자원이다. 도덕적 이야기는 귀중한 자원이다. 제1장에서 설명했듯이, 그것은 도덕성을 실제적인 문제에 연결시키는 중요한 수단이다. 우리는 이 자원을 이용해 중요한 많은 문제를 해결하거나 적어도 해결하려고 노력한다. 그러나 과잉 방목된 목초지와 마찬가지로 도덕적 이야기도 오용을 통해 파괴될 수 있다. 도덕적 이야기라는 공동의 자원을 오용한다는 것은 뭔가를 지나치게 도덕적으로 설명하고, 명백히 거짓이거나 터무니없는 도덕적 주장을 하거나, 도덕적 언사를 노골적으로 이기적인 방식으로 이용한다는 의미다. 이 모두는 사람들이 도덕적 그랜드스탠딩을 할 때 일어나는 일들이다. 그리고 앞 장에서 주장했듯이 그런 양상은 도덕적 이야기의 사회적 가치를 떨어뜨린다.

이런 문제에 직면하면 무엇을 할 수 있을까? 목축업자들이 그랬던 것처럼, 우리는 여전히 도덕적인 이야기를 진지하게 받아들이는 순진한 풋내기들이 있는 동안 어깨를 한 번 으쓱하고 자신을 위해 할 수 있는 것을 스스로 취할 수 있다. 그런데 목축업자들에게는 또 다른 선택지가 있고 우리도 마찬가지다. 즉, 공동의 자원을 지키는 일련의 규칙이나 규범에 상호 복종하는 것이다.

공유지의 비극 사례에서 목축업자들은 재산에 대한 규칙 시스템 때문에 공유지를 망하지 않도록 할 것이다. 다른 사람의 방목 관행에 대한 값비싼 감시를 하기보다는 자신의 방목 구역을 책임지기 위해 최선을 다하고, 그리하여 자신의 구역을 유지하는 이득과 다른 사람들이 그것을 망칠 수 없게 하는 능력 모두를 얻는다.

물론 도덕적 이야기를 사유화하는 것은 말이 안 된다. 그 본성상 소통은 공유 자원에 기댄다. 그러나 감사하게도 공유지의 비극을 막을 다른 방법들이 있다.[16] 한 가지 방법은 도덕적 이야기의 실천을 오용으로부터 보호하는 규범을 선택하는 것이다. 충분히 많은 사람이 그 규범을 선택하면 (그리고 규범을 어긴 데 벌을 주면) 도덕적 이야기의 오염을 막을 수 있다.

이것이 무엇을 의미하는지 알기 위해 철학자 폴 그라이스 Herbert Paul Grice의 사상을 생각해보자. 그는 대화가 일반 원칙을 따라야만 협동이 제대로 이뤄진다고 했다.[17] 그는 이것을 '대화 격률conversational maxims'이라고 불렀다. 그 예로는 '충분한 증거가 없다면 말하지 말라', '연관성을 가져라', '표현의 모호함을 피하라', '질서를 지켜라' 등이 있다. 이것들은 우리 모두가 보편적인 대화에서 따라야 할 일반 원칙이다. 많은 사람이 이런 규범을 따르지 않으면 협동적 시도로서의 대화는 무의미하다. 누가 차를 좋아하느냐고 물었을 때 "나는 항해를 좋아한다"라고 답하면, 이것은 '연관성을 가져라'라는 규범을 위반한 것이다. 대화는 우리 모두가 일반 원칙을 따르기 때문에 작동한다.

우리는 또 득이 되는 도덕적 이야기를 지배하는 규범들이 있다고 보는데, 이것이 대부분의 사람이 그랜드스탠딩을 매우 짜증스러워하는 이유 중 하나다. 우리 모두는 무엇이 옳은 것인지를 드러내 입장을 취함으로써, 자기 자신을 훌륭하게 보이려고 한다는 것을 알고 있다. 그리고 자신을 훌륭하게 보이려는 것이 어떤 입장을 취하는 데 핵심이 아니라는 것 역시 알고 있다. 자기 홍보를 위해 정치적 대의명분에 관한 도덕적 이야기를 뚜렷하게 활용하는, 대중성에 굶주린 정치인의 진부함을 생각해보라. 도덕적 이야기를 그런 식으로 사용하는 사람은 사회적 행동 규범을 위반한 것이다. 우리는 도덕적 대화를 위한 격률을 제안한다. '자기를 과시하기 위해 도덕적 이야기를 하지 말라.' 만약 상당수의 사람이 이 대大규칙을 따르면 도덕적 이야기라는 자원은 보호될 것이다.

이것이 도덕적 대화의 좋은 규범이라는 우리 주장이 옳다고 가정해보자. 그러면 그랜드스탠딩을 자제하면서 도덕적 대화의 이익을 지키는 다른 사람들에게 불공정하기 때문에 그랜드스탠딩을 하는 것은 잘못이 된다.[18] 그랜드스탠더가 아닌 사람들도 자신을 훌륭하게 보이려고 도덕적 이야기를 이용하고, 심지어 대부분의 시간에 그것을 무난히 해낼 수도 있다. 그러나 보통은 스스로를 자제하고 세상의 정의를 실현코자 도덕적 이야기를 활용하는 규범들을 따른다. 충분히 많은 사람이 자제력을 발휘하기 때문에, 우리 모두가 도덕적 이야기가 효과적인 사회에서 사는 혜택을 누릴 수 있다. 반면에 그랜드스탠더는 양쪽을 다 한다. 그랜드스탠더는 다른 사람들의 자제력으로 발생하는 혜택을 누리면서도, 자신의 사회적 지위를 향상시키기 위해 여전히 도덕적 이야기를 활용한다. 즉, 자신의 희생은 거부하면서 다른 사람들의 희생에 무임승차를 한다. 다른 사람들을 이용하고 마치 다른 사람들보다 더 큰 자유를 누릴 자격이 있는 것처럼 행동한다.

어떤 독자는 이 주장과 그랜드스탠딩의 나쁜 결과에 관한 이전 장의 주장들 사이의 유사성을 알아차릴 것이다. 실제로 무임 승차가 우려되는 이유는 협동으로 인한 혜택이 줄고 이어서 전체 협동 체제까지 망치기 때문이다. 그런데 비록 그로 인해 아무도 유형의 피해를 입지 않았더라도 무임승차가 잘못임을 아는 것도 중요하다. 무임승차는 그것이 야기하는 다른 문제와 상관없이, 불공평하기 때문에 나쁘다. 사람들이 일련의 규칙에 따라 협동할 때 규칙을 따르는 것은 서로에 대한 의무다. 규칙 위반은 그 사람이 동료 협조자를 동등한 이로 존중하지 않는 것이다. 바로 이것이 무임승차가 나쁜 이유다.

누군가는 도덕적 이야기를 협동을 실천하는 맥락으로 이해하는 것에 동의할 수 있을 테고, 누군가는 우리가 그 규범에 대해 중요한 면에서 잘못 알고 있다고 주장할 수도 있겠다. 일부 진화 이론가들에 따르면, 도덕성의 가장 중요한 점은 스스로를 약속 commitments에 매인 것으로 여기는 사람들 간의 협동을 가능하게 만든다는 데 있다. 도덕적 이야기는 서로를 신뢰할 수 있다는 시그널을 보냄으로써, 특히 잘못을 저지르는 사람들을 비난하거나 처벌함으로써 사람들 사이의 협동을 가능케 한다.[19] 그러므로 자신의 도덕적 자질을 다른 사람들에게 알리는 것은 우리 저자들이 인정하는 정도보다 더 중요할 수도 있고, 동기로서 무시해서도 안 된다.

그러나 시그널을 일부러 보내는 사람의 행동과 의식하지 않고 행동하는 사람의 행동은 다르다는 걸 아는 것은 중요하다. 우리의 관찰 가능한 행동은 의도를 했든 하지 않았든 시그널을 보낸다. 하지만 다른 사람들에게 전시하기 위한 행동은 불가피한 게 아니다. 우리가 우려하는 것은 사람들은 자랑하고자 하는 목적이 있을 때 더 나쁘게 행동한다는 점이다. 이것이 맞는다면 이런 행동에 반대하는 규범은 도덕적 이야기의 효과를 높이기 위한 중요한 보호 수단이 될 수 있다.

결론

도덕적 이야기는 도구다. 그것은 가치 있고 중요하며 훌륭한 프로젝트에 사용되어왔지만 여전히 그냥 도구일 뿐이다. 그것은 세상을 더 정당한 곳으로 만드는 도구였으며 앞으로도 그럴 것이라는 말이, 도덕적 이야기의 모든 예가 도덕적으로 가치 있거나 도덕적으로 무방한 것과 반드시 연관이 있다는 뜻은 아니다. 망치는 못을 박고 빼는 데 쓰이지만 사람을 공격하는 데 쓰이기도 한다. 세 살 이상의 나이를 먹은 사람은 누군가 망치를 휘두를 때마다 환호를 하지 않는다. 마찬가지로 사사건건의 도덕적 이야기에 모두 환호를 해서도 안 된다.

6장   덕이 있는 사람은 그랜드스탠딩을 할까?

지금까지는 그랜드스탠딩이 다른 사람들에게 미치는 영향에 초점을 맞추어 도덕적 사례를 살펴보았다. 당연한 일이다. 대부분은 도덕에 대해 떠올릴 때 자신의 행동이 다른 사람들에게 끼치는 영향을 생각하기 때문이다. 이 책의 제4장에서는 그랜드스탠딩은 도덕적 이야기가 오용될 때 우리 모두가 감내해야 할 막대한 사회적 손실을 입히기 때문에 나쁘다고 했으며, 제5장에서는 그 나쁜 결과를 차치하고도 그랜드스탠딩이 다른 사람들을 존중하지 않기 때문에 나쁘다고 설명했다.

그런데 도덕성에는 자신의 행동과 그것이 다른 사람들에게 미치는 영향에 대한 평가 외에도 더 많은 것이 있다. 우리는 사람들이 얼마나 도덕적으로 선한지 판단을 하곤 한다. "짐은 믿을 만해", "케리는 이기적이야" 같은 말을 뱉으면서 다른 사람들의 도덕적 인성을 평가한다.

인성 문제는 사람들 간의 중요한 도덕적 차이를 밝힌다. 제이미가 노숙인 쉼터에서 시간을 기부한다고 생각해보자. 그녀는 노숙인들과 카드놀이를 하고, 그들이 의료 지원을 받도록 돕고 안정적인 직장을 구하도록 힘쓴다. 제이미는 그 일을 좋아하고 어려운 생활을 하는 그들을 돕고 싶어서 자원봉사를 한다. 그녀에게는 연민의 성격, 덕이라는 특성이 있다.

윌도 그 쉼터에서 자원봉사를 하고 제이미가 하는 모든 일을 한다. 그는 자원봉사를 싫어하고 그냥 영화에서 연기 배역을 위한 조사를 하는 중이다. 그는 매우 능숙하게 마음 쓰고 있는 척을 하지만, 속으로는 노숙인을 싫어하고 그들을 신경 쓰지 않아도 되는 상황으로 돌아가길 바란다. 겉으로는 윌과 제이미의 행동이 같아 보이지만 그들에게는 상당한 도덕적 차이가 있다. 제이미가 인정이 더 많은 사람이다. 꼭 행동으로 드러나지 않는 중요한 도덕적 특성들이 있다.

도덕적 인성을 생각하는 것은 사람 간의 차이를 드러낼 뿐만 아니라 우리가 어떻게 살아야 하는가라는 질문에 실마리를 주기도 한다. 예를 들어 우리는 '나무랄 데 없는 인성의 소유자가 탈세를 하는가', '관대한 사람은 어려움에 있는 친구들을 어떻게 대할까'를 물을 수 있다. 이 장에서 우리는 덕이 있는 사람이 그랜드스탠딩을 하는지 물으려고 한다.

그랜드스탠딩의 기본 요건에 인정 욕구가 있다는 것을 다시 떠올려보자. 그랜드스탠더는 다른 사람들이 자신을 도덕적으로 훌륭하다고 생각해주길 바라는 상당한 욕구 때문에 그랜드스탠딩을 한다. 우리가 앞 장들에서 설명한 주장 가운데 어느 것도 그런 열망이 잘못이라고 하지 않았다. 그보다는 지금까지 사람들이 **인정 욕구**라는 동기 때문에 **행하는** 경향이 있는 그 일들이 문제라고 지적해왔다. 그런데 이제 그보다 더 나가려고 한다. 그랜드스탠더가 지닌 정도의 **인정 욕구**는 성격상의 결함이다.

수 세기에 걸쳐 덕에 관한 많은 개념이 제안됐고, 이 장에서 그 전부를 다루지는 않는다.[1] 그 대신 널리 알려진 몇 가지 접근을 소개하고, 모든 접근에서 그랜드스탠딩은 보통 덕이 있는 사람은 하지 않는 행위라는 것을 밝힐 것이다. 덕을 갖춘 사람은 옳은 이유로 옳은 일을 한다는 전통적인 덕의 개념부터 생각해보자.

그랜드스탠딩

옳은 명분을 위해 옳은 일을 하기

겉으로 보이는 사람의 행동을 엄격하게 살펴보면, 그 사람이 옳은 일을 하는지 아닌지 알 수 있다. 그러나 좋은 사람인지 알기 위해서는 더 깊게 보아야 한다. 무엇보다도 그 사람이 왜 그 일을 하는가를 살펴보아야 한다.[2] 그 사람의 동기는 무엇일까?

앞의 제이미와 윌의 예를 생각해보자. 윌은 노숙인 쉼터에서 옳은 일을 하지만 분명 도덕적으로 행동한 건 아니었다. 노숙인을 싫어하고 연기를 준비하기 위해 그들 주변에서의 경험이 필요해 자원봉사를 했다. 덕이 있다는 것은 옳은 일을 하는 것 이상을 요구한다. 덕에 관한 전통적 견해에 따르면, 덕이 있다는 것은 반드시 옳은 명분을 위해 옳은 일을 행하는 것이다.[3]

그런데 옳은 명분이란 무엇일까? 덕이 있는 사람은 어떤 동기로 행동할까? 이 질문에 답하기 위해 문제를 단순화하고 행동을 추동하는 광범위한 세 종류의 동기에 초점을 맞춰보자.[4]

1. 이기적 동기: 궁극적으로 자기 자신을 고려하고 자신의 이익 하에서 행동한다.
2. 이타적 동기: 궁극적으로 다른 사람들에게 돌아갈 이점에 관심을 둔다.
3. 의무적 동기: 궁극적으로 자신의 의무를 행하는 것, 다시 말해 도덕적으로 옳은 일을 고려한다.

이 동기들을 설명하기 위해 앞의 노숙인 쉼터로 돌아가보자. 제이미는 노숙인이 존중을 느끼고 경청되며 돌봄 받는 것을 원하기 때문에 쉼터에서 자원봉사를 한다. 그녀는 그들의 식사와 건강이 나아지길 바란다. 제이미는 노숙인들이 자신의 운명을 발전시켜 사회에 기여함으로써 자부심을 느끼길 바라기 때문에 그들의 구직에 힘쓴다. 간략히 말해 제이미는 다른 사람들을 도우려는 열망 때문에 행동한다. 그녀의 동기는 이타심이다. 물론 제이미가 자원봉사를 통해 개인의 이익을 덤으로 얻을 수 있다. 예를 들면 이력서에 그 경험을 기입할 수 있다. 그러나 그녀의 동기가 이타적이라면, 그 이익은 행동의 목적이라기보다는 부산물이다.

아니면 제이미의 동기가 의무적이었을 수 있다. 그녀는 어떤 일이 옳기 때문에 그것을 해야 하는, 즉 도덕적 원칙에 따라 행동해야 한다는 판단에서 행동할 수 있다. 우리는 제이미가 가난한 사람들을 도와야 한다는 도덕적 정언 명령을 (도덕적 판단·양심·종교적 가르침에 의해) 확신하고 있음을 생각할 수 있다. 그녀는 그냥 자신이 그리해야 한다고 알고 있어서 자원봉사를 했을지 모른다.

그런데 윌의 동기는 이기적이었다. 그는 노숙인을 결국에는 신경 쓰지 않는다. 윌은 영화배우가 되는 데 쉼터에서의 자원봉사가 도움이 될 것이라 생각해 그리했다. 사실 노숙인을 싫어하고 자신의 이후 경력을 위해 그들을 이용한 것이다. 현장 경험이 도움이 되어 윌은 부자가 되고 마침내 마이애미로 이사를 하고 쾌속정을 살 수도 있을 것이다. 메리라는 사람의 경우도 생각해보자. 그녀는 지방방송과 인터뷰를 하고 도덕적 영웅처럼 보이고 싶어 쉼터에서 자원봉사를 한다. 이런 동기들은 이타적이지도, 의무적이지도 않다.

당연히 현실의 삶은 이렇게 단순하지 않다. 제2장에서 설명한 것처럼 사람은 보통 복합적인 동기로 행동을 한다. 그러나 우리는 덕이 있는 사람은 이타적이거나 의무적인 이유로 노숙인 쉼터에서 자원봉사한다고 생각하기 쉬운 반면, 윌이나 메리가 보인 동기로 행동하는 것은 상상하기 힘들다는 데 여러분이 동의하길 바란다. 여러분은 윌이나 메리의 자원봉사에 깊은 감명을 받을지도 모른다. 그러나 그들이 쾌속정을 사거나 방송에 나오고 싶어서 자원봉사 한 것을 알면 그들의 도덕적 인성에 대한 평가를 분명 낮출 것이다. 예의 바른 사람은 주변에 있으면 도움이 되지만, 인격이 탁월한 사람은 도움이 되기도 하고 존경할 만하기도 하다.

전통적인 사상에서 덕이 있는 사람에게 어떤 동기가 전형적인가를 이해했으므로, 이제 '덕이 있는 사람이 그랜드스탠딩을 할까'라는 질문을 던질 수 있다. 그랜드스탠더는 **인정 욕구** 때문에 공적 담론에 참여하고 도덕적으로 훌륭하게 보이길 원한다. 그러나 **인정 욕구**는 이타적이거나 의무적 동기로 보이지 않는다. 그것은 이기적으로 보인다. 그랜드스탠더는 관심을 원하고 도덕적으로 훌륭하게 보이길 원한다.

이것이 덕이 있는 사람은 그랜드스탠딩을 하지 않는다고 말하는 것을 증명하는가? 우리는 그랜드스탠더가 공적 담론에 대단히 이기적인 동기로 참여한다는 사실이, 덕이 있는 사람은 그랜드스탠딩을 피한다는 좋은 증거라고 생각한다. 그런데 우리는 또 시민적 덕civic virtue이라는 개념을 설명함으로써 더 강력한 증거를 제시할 수 있다. 모든 공적 도덕 담론이 정치나 시민사회에 관심을 두는 것은 아니지만, 좋은 시민이라는 개념은 공적 담론에 잘 기여하는 것이 어떤 의미인가를 이해하는 데 유용한 비교점이다.

그랜드스탠딩과 시민적 덕

시민적 덕이란 "행동과 사고에서 사익보다 공익을 추구하는 성질"이다.[5] 훌륭한 시민은 공공선을 이루기 위한 시민의 의무를 해야 할 상황에서 자신의 이익을 뒷전에 두는 사람이다. 어떤 사람은 자신의 이익을 추구하는 도구로 정치제도를 활용함으로써, 이 사명에 따라 살지 못한다. 예를 들어, 군수업자들에게 많은 투자를 해온 사람은 자신의 투자가 잘되길 바라는 이유만으로 전쟁을 지지하는 후보를 지원하는 선거운동을 할 수 있다. 더 나쁠 수도 있는데, 정치인은 자신의 비판자들을 공격하기 위해 정치제도를 이용하기도 한다. 자신을 비판하는 이들이 자기를 싫어한다는 이유만으로 그들이 싫어하는 정책을 내놓기도 한다. 혹은 그들의 이익을 단순한 악의에서 방해하려 하기도 한다. 공익에 대한 관심 때문이 아니라 오직 자신의 권력을 강화하기 위해서 중

그랜드스탠딩

요한 공직을 얻으려고도 한다. 이 예들은 모두 공익보다 사익을 우선하는 사람들에 대한 것이다. 그 동기들은 이기적이며 결국 사익에 대한 관심일 뿐이다. 이 모든 방법과 다른 많은 방법으로 자신의 사익만을 전적으로 추구하고, 따라서 시민적 덕이라는 이상에 부응하지 않는다.

시민적 덕과 공적 도덕 담론에 대한 긍정적 기여를 비교하면 유용할 것이다. 덕이 있는 사람은 많은 경우 이타적인 동기를 가진다고 말한 것을 돌이켜보라. 그런 사람은 정치상에서 다른 사람들의 복지를 증진시키고자 국가제도를 활용하길 원한다. 공적 도덕 담론에서는 다른 사람들이 도덕적 질문을 더 분명하고 주의 깊게 생각하도록 돕거나, 서로를 더 존중하도록 고무하는 주장을 하거나 그런 입장을 표명하고 싶어 할 것이다.

혹은 덕이 있는 사람에게는 의무가 행동의 동기이기도 하다. 그런 사람은 정치상에서, 예를 들면 해야만 하는 옳은 일이라는 이유만으로 국가가 정의로운 전쟁을 수행하길 바랄지 모른다. 공적 도덕 담론에서 이런 종류의 동기를 가진 사람은 다른 사람들이 진실한 도덕적 믿음을 가지길 바라는 이유만으로 자신의 주장을 제시한다. 그런 사람은 자신이 고군분투하는 것처럼 다른 사람들도 옳은 대의명분을 갖고 행동하길 바란다.

사람들은 누군가 정치에 뛰어든 동기가 이기적이라는 것을 알면 그 사람의 인성을 낮게 평가하는 것처럼, 누군가 이기적인 이유로 공적 도덕 담론에 접근한 것을 알면 그 사람의 인성을 낮게 평가한다. 예를 들어, 어떤 사람이 더 높은 사회적 위상을 좇고 자신을 괜찮게 보이려고 공적 도덕 담론을 활용한다면, 그 사람은 기존의 덕과 유관한 동기들에서 상당히 벗어나 있는 것이다.

도덕적으로 감동적이거나 영감을 주는 연설, 그러니까 그것을 말하는 사람을 높게 평가하게 만드는 그런 연설을 떠올려보라. 간디Gandhi의 〈인도를 떠나라Quit India〉나 마틴 루터 킹Martin luther King의 〈나는 꿈이 있습니다I Have a Dream〉, 아니면 소저너 트루스Sojourner Truth의 〈나는 여성이 아닙니까Ain't I a Woman〉를 떠올릴 것이다. 가장 영감을 주는 연설이 무엇이든, 어느 날 BBC가 고문서 연구자들이 오랫동안 발견되지 않던 그 연설가의 일기를 발견했다는 보도를 했다고 상상해보자. 일기에는 그 인물이 연설을 준비하면서 만든 수십 개의 문서가 있다. 그런데 거기에는 그 연설이 여론의 흐름을 정확한 도덕적 관점으로 돌리게 하거나, 주변부 집단이 필요한 도움이나 그 집단이 받아 마땅한 존중을 이끌어내길 바라는 희망에 대한 언급은 거의 없다. 그 인물을 사로잡은 것은, 정의에 대한 자신의 사랑으로 잠재적인 연애 상대를 감동시키는 것, 활동가들의 플래카드에 영원히 인용될 수 있는 단어들의 꼭 맞는 조합만을 말하는 것, 자신이 도덕적 화신으로서 확실히 역사에 남는 것에 대한 관심이었다.

우리는 역사상 위대한 영웅들이 어떤 사람이었는지에 관해 이상화된 견해를 갖고 있다. 사람들은 복잡하다. 어떤 면에서는, 여러분의 마음속 영웅이 도덕적인 이야기를 이기적으로 사용한다고 해도 별로 문제가 되지 않을 것이다. 그 영웅이 그의 삶 대부분의 영역에서 이기적인 동기로 행동하지 않았다면 여전히 좋은 사람, 어쩌면 훌륭한 사람일 수 있다. 하지만 진짜 동기를 담은 증거는 그 인물의 인성에서 실망스러운 점을 드러낸다. 비록 그 인물의 말이 세상에 엄청난 긍정적인 영향을 끼쳤다고 할지라도 그런 목표를 가장 염두에 두면서 공적 도덕 담론에 기여했다면, 우리는 그런 사람을 온전히 도덕적이라고 말하지 않을 것이다. 만약 누군가 가장 신경 쓰는 것이 자신의 마음이 옳은 편에 있음을 보여주는 것이라면, 그 마음이 올바른 곳에 있지 않은 셈이다.[6]

허영심 있고 명성을 좇는 영웅에 대한 이 비판이 너무 가혹한 것일지도 모른다. 우리는 이제 허영심 있는 사람들이 더 긍정적으로 평가되는 덕에 대한 대안적 견해를 살필 것이다.

덕과 결과들

어떤 독자들은 저 일기 시나리오의 인물에게 조금 공감할 수도 있을 것이다. 그 가상의 영웅에게 결점이 있었다는 것을 보기는커녕, 그 영웅도 인간이라는 것을 보여준 사례일 뿐이라고 말이다. 영웅들을 존경하는 사람들 사이에는 그 영웅들의 유산과 낭만적인 전망, 그리고 그 영웅들이 받아온 평판에 대한 동감이 존재하며, 이런 것들이 인류 발전을 추동해왔다. '이런 것들은 인간의 자연스러운 욕망이고, 영웅들도 다른 사람들과 마찬가지로 그 욕망의 영향을 받는 것이 놀랍지 않다'는 것이다. 이런 독자들은 이 사례에 중요한 교훈이 있다고도 할 수 있다. 말하자면 우리는 드물게 존재하는 이상적인 성격상의 특징 없이도 위대한 것을 성취할 동기를 가질 수 있다는 것이다. 즉, 이기적인 관심조차도 우리가 세상에서 선을 행하도록 추동할 수 있다고 말이다.

어떤 철학자들은 이러한 통찰을 이용해 지금까지 우리가 생각해왔던 것과는 매우 다른 덕의 개념을 발전시켰다. 그들은 도덕적인 사람을 그 자체로 탁월한 인격적 특성을 지닌 사람으로 생각하기보다는, 전반적으로 좋은 결과를 낳는 인격적 특성을 덕으로 생각해야 한다고 말한다. 이 견해를 덕 결과주의virtue consequentialism라고 한다. 이것은 전통적인 덕 개념에 관한 대안적 이해다.[7] 이 견해는 사람들에게 나쁜 결과보다 좋은 결과를 낳는 행동을 이끄는 특성을 덕이라고 하기 때문에 덕 결과주의라는 이름이 붙었다.[8]

덕 결과주의에 의하면, 예를 들어 정직은 사람들로 하여금 세상에서 나쁜 일보다는 좋은 일을 더 행하게 만들기 때문에 일종의 덕이 된다.[9] 달리 말해 어떤 것이 덕인가의 여부를 결정하기 위해 믿음·열망·습관·동기의 패턴을 고려하고 난 다음에 그 패턴이 '도덕적인가'를 물어선 안 된다. 그 대신 믿음·열망·습관·동기의 패턴이 낳는 결과를 살펴야 한다. 어떤 특징이 동기가 되어 무언가를 행할 때 그 사람은 전체적으로 좋은 결과를 얻도록 행하는가? 그렇다면 그 특징이 바로 덕이다. 요점은 한 가지 특징만으로는 그것이 덕인이 아닌지 알 수 없다는 것이다. 우리는 그 특징이 사람들로 하여금 무엇을 하게 만드는가를 보아야 한다. 정직이 사람들을 체계적으로 비참함·아픔·죽음·고통을 낳는 방식으로 행동하도록 이끈다고 가정해보자. 그것을 여전히 (누군가를 좋은 사람으로 만드는 어떤 것인) 덕이라고 생각할 수 있을까? 덕 결과주의에 비추면 그 답은 '아니오'이다. 덕이 있다는 것은 좋은 결과를 낳는 방식으로 사람들을 행동케 하는 특징을 가진 것이다.

덕으로서의 허영심?

인격적 특성에 대한 이러한 사고방식을 그랜드스탠딩에 적용해보자. 그랜드스탠더는 다른 사람들로부터 인정받길 원한다. 제2장에서 살펴본 것처럼, 그들은 전형적으로 과장과 자기중심성에서 동기를 부여받는다. 그랜드스탠더가 가진 그 특성을 가리키기 위해 '허영심vanity'이라는 단어를 사용하자. 이 장 앞부분에서 우리가 주장한 것처럼, 허영심은 공적 도덕 담론에 바람직하게 기여하는 사람에게 바라는 항목이 분명 아니다. 그런데 우리는 지금 도덕적인 인격적 특성을 달리 생각하고 있다. 그 특성이 나쁜 결과보다는 좋은 결과를 낳는가 아닌가를 묻고 있다. 이런 견해에서 보면 허영심이 덕이 될 수 있을까? 그리고 허영심이 덕이라면 그랜드스탠딩도 결국에는 도덕적인 게 아닐까?

18세기 스코틀랜드 계몽주의 철학자 데이비드 흄David Hume은 허영심, 즉 "명성을 향한 욕구"는 사람들이 세상에서 좋은 일을 하도록 만드는 데 도움이 된다고 했다.[10] 그는 "허영심이 사회적 열정이자 사람 간의 결속력으로서 존중되어야 한다"라고 했다.[11] 흄은 왜 이런 생각을 했을까? 그는 사실 우리 모두는 자기 자신, 가족, 친구에 대해서는 깊게 생각하는 반면, 자신과 관계가 먼 사람을 돕고자 하는 동기를 가진 사람은 거의 없음을 인정한다. 인간은 상당히 제한된 이타심을 가졌다. 다른 사람들이 잘 살고 있다는 생각은 (부담 없이) 좋아하지만, 관계가 먼 사람들이 잘 살도록 자신이 큰 희생을 해야 한다는 생각은 그리 좋아하지 않는다. 그래서 다른 사람들을 돕기 위해 작은 노력을 기울이는 것 이상의 다른 무언가가 필요하다. 즉, 그곳에서 우리가 얻을 무언가가 있어야 한다. 이타적이고 의무적인 동기만으로는 부족하다.

허영심은 다른 사람들을 더 효과적으로 돕도록 우리를 움직이게 하는 한 가지 방법이다. 허영심이 있는 사람은 다른 사람들이 자신을 어떻게 생각하는지 신경 쓰고, 긍정적인 사회적 이미지를 꾸미기 위해 의도적인 조치를 취한다.[12] 우리는 어느 정도 자신의 도덕적 자질에 근거해 서로를 평가하기 때문에, 그 조치에는 다른 사람들에게 자신이 얼마나 좋은 사람인가를 보여주도록 고안된 도덕적 이야기가 포함되어 있다. 허영심은 우리에게 중요한 긍정적인 결과를 가져올 수 있는 존중의 네트워크를 만들게 함으로써, '결속' 역할을 할 수 있다. 허영심이 그렇게 좋은 결과를 가져온다면 결국 그것을 덕이라고 생각할 수 있는 타당한 근거가 된다. 그리고 만약 허영심이 덕이라면, 그것의 전형적인 결과 중 하나인 그랜드스탠딩이 덕이 있는 사람이 할 수 있는 정확히 그런 종류의 일이라고도 할 수 있다.

그랜드스탠딩이 결국에 도덕적 행위라고 할 수 있는가?

허영심은 사람들을 그랜드스탠딩하게 만드는, 일면 좋은 것이라 할 수 있다. 그랜드스탠딩은 공유된 도덕적 가치에 대한 주장을 반복하는 면이 있어서, 좋은 사회 규범을 확증하고 확산시키기 때문이다. 다른 사람들이 인간의 삶은 귀한 것이라고 반복해 말하는 것을 듣고, 우리 스스로도 맞장구를 치는 것은 인간 삶의 가치가 널리 합의되어 있음을 상기시킨다. 또한 인간의 삶에 보여야 할 적절한 존중이 없는 행동을 다른 사람들이 이상하게 본다는 것을 상기시켜, 예의를 지켜야 할 추가적인 동기도 부여한다. 그래서 그랜드스탠딩은 사회 규범을 강화하고 사람들을 도덕적으로 행동하게 만들 수 있다. 그렇다면 그랜드스탠딩이 덕이 부족하다는 것을 드러낸다는 앞의 주장과 달리, 이제 그랜드스탠딩은 정확하게 덕이 있는 사람의 행위라는 것일까? 그랜드스탠딩은 결국 허영심이 있는 사람이 하는 행위니, 허영이 있는 게 좋다면 그랜드스탠딩도 좋은 것이 아닐까?[13]

허영심이 전반적으로 좋은 결과를 내기 때문에 덕이라고 한 것을 잠시 떠올려보자. 그렇다 하더라도 우리가 마주한 모든 상황에서 허영기 있게 행동하는 것은 도덕적이지 않다. 어떤 상황에서는 자신의 성향이 본래 그렇지 않더라도 겸손과 예의를 보여야 한다. 예를 들어, 장례식에서 추도를 하는 동안 시어머니에게 모욕적인 말대꾸를 한 며느리의 유쾌한 이야기가 들리는 것은 부적절하다. 핵심은 허영이 일반적으로 덕이라 할지라도 모든 상황이 그 행동을 요구하는 건 아니라는 점이다.

이와 비교해, 덕 결과주의자들이 말하는 정확한 바로 그 이유, 즉 정직은 전반적으로 사람들로 하여금 좋은 결과를 내는 일들을 하도록 추동하기 때문에 그것이 덕이라고 해보자. 정직이 덕이라고 할지라도 도덕적인 사람이 항상 정직한 행동을 하지는 않는다. 때론 덕이 부정직한 일을 요구한다. 게슈타포가 지하실에 유대인을 숨기고 있는지 여러분에게 물었다고 하자. 틀림없이 도덕적인 사람은 정직하게 답하지 않을 것이다.

합리적인 덕 결과주의자는 허영기 있게 행동하는 것이 항상 도덕적이라고 말하지 않는다. 그보다 덕이 있는 사람은 **특정 상황에서** 그렇게 행동할 것이라고 주장한다.[14] 여기서 관심은 공적 담론의 맥락에서 허영기 있는 행동인 그랜드스탠딩에 있기 때문에, 우리는 허영기 있는 행동이 공적 담론에서 전반적으로 긍정적인 결과를 낳는지의 여부를 묻는 데로만 관심을 제한한다.

제4장에서 우리는 이미 집중적으로 이 질문에 대한 답을 구하고, 그랜드스탠딩의 몇 가지 나쁜 결과를 밝혔다. 그러니 한 바퀴를 돌아온 셈이다. 허영심이 좋은 결과를 낳는 많은 맥락이 있지만, 공적 담론상의 **인정 욕구**에서 비롯된 행동은 상당한 해를 끼친다. 그것은 대개 사람들이 서로를 존중하게 만드는 대신, 사람들이 동료들 사이에서 더 나은 자리를 얻기 위해 다투게 만들

고, 지위에서 얻는 이득이 무엇이든 그것을 차지하기 위해 싸우도록 만든다. 그리고 이는 사람들이 자신의 도덕적 자질을 보일 새로운 기회를 찾도록 하는데, 그 과정에서 다른 사람들의 정당한 이익을 희생시킨다.

그러나 여전히 그랜드스탠딩의 타당성을 입증하길 원하는 덕 결과주의자는 마지막 주장을 시도할 수 있다. 몇몇 사람이 정의에 대한 진실을 안다고 여러분이 생각하고 있다는 가정을 해보자. 만약 그들이 공적 담론에서 자신의 지식을 공유하면 모두에게 가치 있는 일일 것이다. 하지만 그 안에서 그들이 얻을 것이 아무것도 없다면 그들은 거기에 신경 쓰지 않을 것이다. 반면에 그 사람들이 허영심이 있다면 자신의 지식을 기부하고 긍정적인 도덕적 변화를 지지하며, 그들 수고에 대한 어떤 대가, 즉 도덕적으로 훌륭하다는 인정을 얻을 수 있다. 이 그림에서 허영심은 사람들이 도덕성에 관한 자신의 믿음을 공유하고 중요한 사회운동에 기여하도록 동기를 부여하기 때문에, 이는 공적 담론의 귀중한 특징이다.

그러나 허영심에 대한 이 같은 장밋빛 평가는 결과를 계산한 데서 나온 것이다. **인정 욕구**의 한 형태인 허영심은 (그것이 〔실제로〕 그렇게 한다고 하더라도) 옳은 말이나 행동을 더 수월하게 하도록 만들지 않는다. 허영심은 사람들이 긍정적인 관심을 얻기 위해 어떤 견해를 옹호하거나 행동을 취하도록 만드는데, 그것은 그 견해가 사실이라거나 훌륭하기 때문이 아니다. 사람들은 자리를 차지하고픈 욕구 때문에 더 큰 도덕적 영향력을 가질 만한 행동보다 그랜드스탠딩을 한다.[15] 심지어 헌신하고자 하는 도덕적 프로젝트의 종류를 바꿀 수도 있다. 제4장에서 다룬 분노 기부 현상으로 돌아가보자. 물론 그들 내집단의 분노로 인해 사람들이 토론에 열을 내면서 그들의 행동을 이끌지 모른다. 그러나 그들의 에너지는 그들 집단이 그랜드스탠딩을 할 때 가치 있는 문제라고 파악한 곳을 향할 것이다. 관심은 도덕적 명분에 몰릴 것인데, 왜냐하면 그것이 중요해서가 아니라 그것이 그랜드스탠딩을 할 기회를 주기 때문이다. 허영심 때문에 어떤 사람들이 공적 담론에서 옳은 일을 하는 것도 맞지만, 우리는 그것이 나쁜 결과를 더 많이 초래한다고 주장하고 있다. 물론 여러분은 여러분의 허영심이 공적 담론에 좋은 결과를 낳는다고 생각할 수 있다. 그런데 여러분을 그렇게 특별하게 만드는 것은 무엇인가?

덕 결과주의가 미덕을 알아보는 데 올바른 접근이라고 해도, 허영심이 예의·겸손·시민적 덕과 같은 다른 특성들보다 공적 담론에서 더 나은 결과를 낳는다고 생각할 만한 합당한 이유가 없다. 그래서 덕 결과주의에 따르면, 덕이 있는 사람은 그랜드스탠딩을 하지 않을 것 같다.

그랜드스탠딩과 니체

어떤 독자들은 지금까지 말한 우리 주장에 대체로 동의하더라도 여전히 만족하지 않을 수 있다. 분명 우리는 그랜드스탠딩이 옳은 명분으로 옳은 일을 한다는, 덕의 전통적인 윤리적 기준을 충족시키지 않는다는 몇 가지 이유를 들었다. 그리고 그랜드스탠딩과 연계된 그 특성들은 덕 결과주의자들에게서 동의를 얻지 못할 것 같다. 이것들이 왜 그랜드스탠딩이 덕의 부족함을 보여주는지에 대한 만족스럽고 충분한 설명들임에도 불구하고, 어떤 사람들은 우리가 그냥 겉만 핥는다고 할지도 모른다. 분명 그랜드스탠더의 인성에 관해 말해야 할 엄밀한 것들이 있다. 어쨌든 그랜드스탠더는 다른 사람들을 배려하는 척하면서 자신의 이익을 도모한다. 그리고 싫어하는 사람을 모욕하기 위해 사회적으로 수용되는 방식으로 똑같은 말(다른 사람들을 배려하는 척하면서 하는 말)을 활용하기도 한다. 이것은 불완전하게 도덕적인 그저 그런 행동이 아니라, 강렬한 언어로 진단받고 비난받을 만한 틀림없는 악의 형태다.

그랜드스탠딩에 더 혹독한 비판을 바라는 독자들을 위해 우리가 마침 갖고 있는 것이 있다. 19세기 독일 철학자 프리드리히 니체Friedrich Nietzsche는 철학 역사상 기존의 도덕성에 관한 가장 흥미로운 비판 중 하나를 전개하면서, 근대 도덕 실천은 인간이 최대한의 잠재력을 꽃피우는 것을 가로막는다고 주장한다.[16] 니체가 그런 사고를 갖게 된 이유가, 매우 흥미로운 방식으로 그랜드스탠딩 현상에도 적용된다. 우리는 여기서 그랜드스탠딩에 있는 또 다른 부정적인 악을 설명하기 위해 니체 사상의 일부를 설명하려고 한다. 우리 분석은 니체의 작업에서 영감을 받았지만 니체가 그랜드스탠딩에 무엇을 말했는지 밝히려는 것은 아니다. 우리는 도덕성이 좋은 것인가 아닌가의 문제에 대한 니체의 기존 주장에 동의하지 않는다. 그러나 도덕 실천의 위험에 대한 그의 진단이 중요한 면에서 정확하다고 보고, 그랜드스탠딩을 평가하기 위해 그의 통찰에 기댈 것이다.

니체의 힘에의 의지will to power 개념부터 시작해보자. 니체는 인간을 포함한 모든 동물은 본능적으로 힘의 느낌을 극대화하는 것에 동기를 부여받는다고 주장한다. 말하자면 우리가 목적을 실현하기 위해 마주하는 장애물을 극복할 때 나오는 그 느낌이다.[17] 장애물은 적수, 물질적 상황, 실제의 어려움에서 나온다. 절망스럽기 때문에 장애물을 싫어하지만 그것을 극복하는 데서 나오는 성취감을 갖는 데 힘에의 의지가 필요하다.

니체는 (현대 도덕철학자들이 완전주의라 부르는) 인간의 훌륭한 삶에 대한 의견도 피력했다.[18] 완전주의자에 따르면 훌륭한 삶이란 객관적인 일련의 좋은 것들, 즉 지식, 다른 사람들과의 깊은 관계, 위대한 미학적 가치가 있는 작품을 창조하는 것, 기타 등등을 추구하는 데서의 탁월함이다. 니체가 가치 있는 탁월함에 어떤 목록을 만들었는지에 대한 합의는 없다. 그 점에 대한 니체의 발언이 유달리 암호문 같기 때문이다. 그렇지만 그는 분명하게 창조성creativity을 강조하고 인간 스스로 '창조하는 것'의 중요성을 자주 강조한다. 이 지점에서 주된 관심은 니체의 견해가 아니기 때문에 그 쟁점을 여기서 해결할 필요는 없다. 요점은 이것이다. 만약 어떤 사람이 잘 산다면, 그것은 어떤 목적을 추구하면서 장애물을 극복하려고 애쓴다는 의미라는 것이다. 그런데 어떤 목적이라도 모두 추구할 만한 건 아니다. 어떤 일들에는 시간과 에너지를 쓰는 게 무가치하다. 그 사람이 비록 자신이 추구하는 것들에 만족할지라도, 삶에서 가지고 있는 객관적인 좋은 것들이 적을수록 그 삶은 더 나아지기 어렵다.

니체는 인간 모두가 삶에서 똑같이 탁월함을 잘 추구한다고 생각하지 않았다. 어떤 사람은 목적을 이루는 데 지배의 느낌을 극대화함으로써 큰 만족을 느끼고, 어떤 사람은 좌절을 겪는다. 때론 큰 좌절을 겪기도 한다. 이 지점에서 문제가 생긴다. 실제 가치 있는 일을 성취함으로써 힘에의 의지를 발현하지 못하는 사람은 순순히 패배를 인정하기보다 그 조건들을 바꿔버린다. 그들은 잘 산다는 것의 의미를 재정의하고 다른 사람의 성공을 경시하려 든다. 그 결과가 니체가 도덕에서의 '노예 반란slave revolt' 이라고 부른 것이다. 이것은 실패한 사람들이 자신의 실패에 대한 위로로, 자신에게 가치 있는 것이 있다고 스스로에게 말하는 것을 뜻한다. 그 결과로 니체는 진정한 인간의 탁월함이 낮게 평가되고 경멸받는다고 생각한다. 귀중한 것이 무엇인가라는 문화적 감각이 그러한 시도에 대응해서 바뀔 때, 니체가 가치의 '평가절상revaluation'이라고 부른 것을 이끈다. 전에는 인간의 실패를 표시한다고 생각되던 것이 이제는 도덕적 선함이 된다. 전에는 탁월함으로 간주되던 것이 이제는 도덕적 악이 된다. 우리 목적에 비추어볼 때 여기서 중요한 것은, 노예 반란에서 사람들이 힘에의 의지를 만족시키려고 도덕성 자체를 활용한다는 점이다. 니체는 우리 문화가 이미 이런 반란을 겪었다고 생각했다. 따라서 주

류의 도덕적 믿음들은 매우 잘못되었는데, 강자를 모욕하고 약자를 칭송케 하도록 만들기 때문이다.[19]

우리는 보통의 도덕 상태에 관한 전반적·실질적 평가에 대해 니체와 매우 다른 의견을 갖고 있다. 우리는 그가 비난하는 변화 중 일부, 특히 모든 인간을 도덕적으로 평등한 존재로 광범위하게 인정하게 된 것은 긍정적인 발전이며 심지어 위대한 문화적 성과라고 생각한다. 사실 이 책에서 우리는 니체가 거부했을 만한 많은 내용을 말했다. 우리가 몇 가지 점에서 니체에게 동의하지 않는다 하더라도, 전반적으로 그는 도덕성에 대한 중요한 통찰을 준다. 즉, 사람들은 지배력을 느끼고자, 심지어 다른 사람들에게 자신의 의지를 행사하고자 자주 도덕성을 이용한다. 당연히 이 통찰을 통해 우리는 그랜드스탠딩을 새로운 시각에서 생각할 수 있다.

이 책 전반에 걸쳐 설명하려고 애써온 것처럼, 사람들은 보통 이기적으로 자기 이익을 채울 목적을 위해 도덕성, 특히 도덕적 이야기를 활용한다. 이 책 초반에 도덕적 이야기는 마법이 아니라 일종의 속임수라고 말했다. 니체가 예상한 것처럼, 사람들은 자신의 이익을 채우기 위해 정정당당하지 않은 방식으로 도덕적 이야기를 한다. 우리는 니체가 왜 사람들이 그런 방식으로 도덕성을 활용하는지에 대해 밝힌 이유 역시 옳다고 생각한다. 자신의 위상을 높이고 세상에서 뭔가를 이루고 있다는 만족감을 얻기 위해서다. 우리가 니체로부터 얻은 교훈은 상식적인 도덕이 크게 잘못되었다는 것이 아니라, 도덕적 이야기가 종종 약하거나

그랜드스탠딩

절망적인 늑대가 뒤집어쓴 양가죽이라는 것이다. 그랜드스탠더는 힘을 직접 써서, 즉 실제로 자신이 원하는 수준의 탁월함을 성취함으로써 원하는 것을 얻을 수 없다. 그래서 다른 방법을 찾는다. 그랜드스탠더는 좋은 사람으로 보이는 것을 가치 있는 성취라고 스스로에게 말하고, 자신을 높이는 도덕적 자질을 드러내어 전시한다. 그것은 어떤 면에서 교묘한 수이긴 하지만 정정당당하지 않고 때론 잔인하다. 그것은 사람들에게 힘이 있다고 느끼게 할 수 있지만, 실제로 그들이 이룬 성취는 없다.[20] 그랜드스탠딩으로 다른 사람들에게 좋은 인상을 주는 것은 실제 탁월함을 이루는 것과 다르다.

그런데 왜 다른 사람들에게서 훌륭한 도덕적 자질을 지녔다고 인정받는 것이 추구할 만한 목적이 아닐까? 앞에서 우리는 우리가 수행한 경험적 연구에 따라 그랜드스탠더는 명성과 지배력이라는 두 종류의 위상을 추구한다고 언급했다. 전자는 지식·기술·성공을 기준으로 그것을 가진 사람을 좋게 생각하는 다른 사람들로부터 얻게 되는 위상이고, 후자는 위협·강압·잔인한 힘의 전시를 통해 다른 사람들에게 두려움을 주입함으로써 얻게 되는 위상이다.

먼저 그랜드스탠딩이 다른 사람을 지배하는 것부터 생각해보자. 지배를 위한 그랜드스탠딩은 다른 사람을 비방함으로써 자신을 높이는 것이다. 이 그랜드스탠더는 도덕성을 무기로 다룸으로써 사회 권력을 잡으려고 한다. 이것이 니체가 묘사한 도덕에서의 '노예 반란'과 정확히 견줄 만하다는 데서 왜 이것이 추구할 만한 목적이 아닌지가 명확해진다. 본래의 '노예 반란'이 다른 사람들을 지배하려는 도구로 도덕성을 활용하려는 것처럼, 그랜드스탠더는 도덕성, 특히 도덕적 이야기를 높은 자리를 잡기 위해 활용한다. 지배를 위한 그랜드스탠딩은 자신의 힘에의 의지를 행사하기 위해 다른 사람들을 희생시키는 방법이다.

이제 명성을 위한 그랜드스탠딩을 생각해보자. 이 종류의 그랜드스탠딩은 보통 자신이 내부 구성원들과 다름없고 따라서 가치 있는 사람이라고 그 구성원들을 안심시키는 데 쓰인다. 니체주의자는 이러한 그랜드스탠더에게 의아함을 느낀다. 이를테면 자신의 가치를 보일 다른 방법은 없는가? 사람들이 동의하는 도덕적 용어를 기계적으로 반복하는 것은 자신을 흥미로운 사람, 그러니까 자신의 목소리에 귀를 기울이고 자신을 알아두면 좋을 사람으로 만드는 더욱 가치 있는 전시의 천박한 대체물로밖에 보이지 않는다. 더 큰 야망의 형태인 명성을 위한 그랜드스탠딩도 마찬가지다. 소속뿐만 아니라 그 집단에서 자신이 우두머리 역할에 잘 어울린다고 보이길 원할 때, 자신의 가치를 보이는 한 방법으로써 도덕적 이야기라는 도구에 기대는 것은 약자의 전략이다. 진정한 탁월함은 훨씬 더 어렵다. 그러나 그것이 더 보람 있고 더 정직하다.

니체주의 시각에서 보면 그랜드스탠딩은 탁월한 사람이 하는 짓이 아니다. 탁월한 사람은 자신의 시간과 에너지를 가치 있는 목표, 즉 인간이 이뤄야 하는 선한 목표에 쏟는다. 그 목적이 무엇인가에 대해 우리가 니체의 의견에 동의할 필요는 없다. 예를 들어, 즐거움·지식·성취·도덕적 가치·관계가 주요하게 가치 있는 인간의 목표라 생각할 수 있다.[21] 그것이 무엇이든 우리는 니체가 최소한 이것만은 정말 맞는다고 생각하는데, 탁월한 사람은 도덕적 말을 포함해 도덕성을 자신의 지배력에의 의지를 만족시킬 도구로 활용하지 않는다는 것이다. 그리하여 탁월한 사람은 그랜드스탠딩을 하지 않는다. 탁월한 사람은 도덕적 이야기의 전략적 활용을 통해 자신의 위상을 얻으려는 일말의 노력에 아무 관심이 없다.

결론

이제 그랜드스탠딩을 반대하는 주장의 말미에 도달했다. 앞 장들에서 우리는 그랜드스탠딩의 부정적 결과와 그것이 다른 사람들을 충분히 존중하지 않는 방식에 초점을 맞췄다. 이 장에서는 다른 각도에서 덕이 있는 사람은 공적 담론에서 어떻게 행동하는가라는 질문을 던짐으로써, 그랜드스탠딩 윤리를 살펴보았다. 전통적인 덕의 관점에서, 공익보다 사익을 추구하기 위해 도덕적 이야기를 이기적 목적으로 사용하는 사람은 인성이 낮게 평가되는 것을 살펴보았다. 이것이 바로 덕이 있는 사람이 그랜드스탠딩을 하지 않는다는 증거다. 우리는 좋은 결과를 낳으면 그 특성이 덕이 될 수 있다는 대안도 살펴보았다. 보통 허영심이 덕이라고 해도 공적 담론에서 허영심으로 행동하는 것은 통상 우리가 제4장에서 기술한 부정적인 결과를 초래한다는 것도 언급했다. 따라서 공적 담론을 자기과시의 도구로 접근하는 것은 도덕적이지 않다. 끝으로, 그랜드스탠딩은 지배력을 느끼려는 한심하고 음흉한 방법이라는 것을 주장하기 위해, 도덕성의 기만적 활용에 대한 니체의 통찰을 살펴봄으로써 가장 강력한 비판을 했다.

7장 도덕성이 경연되는 장인 제도정치

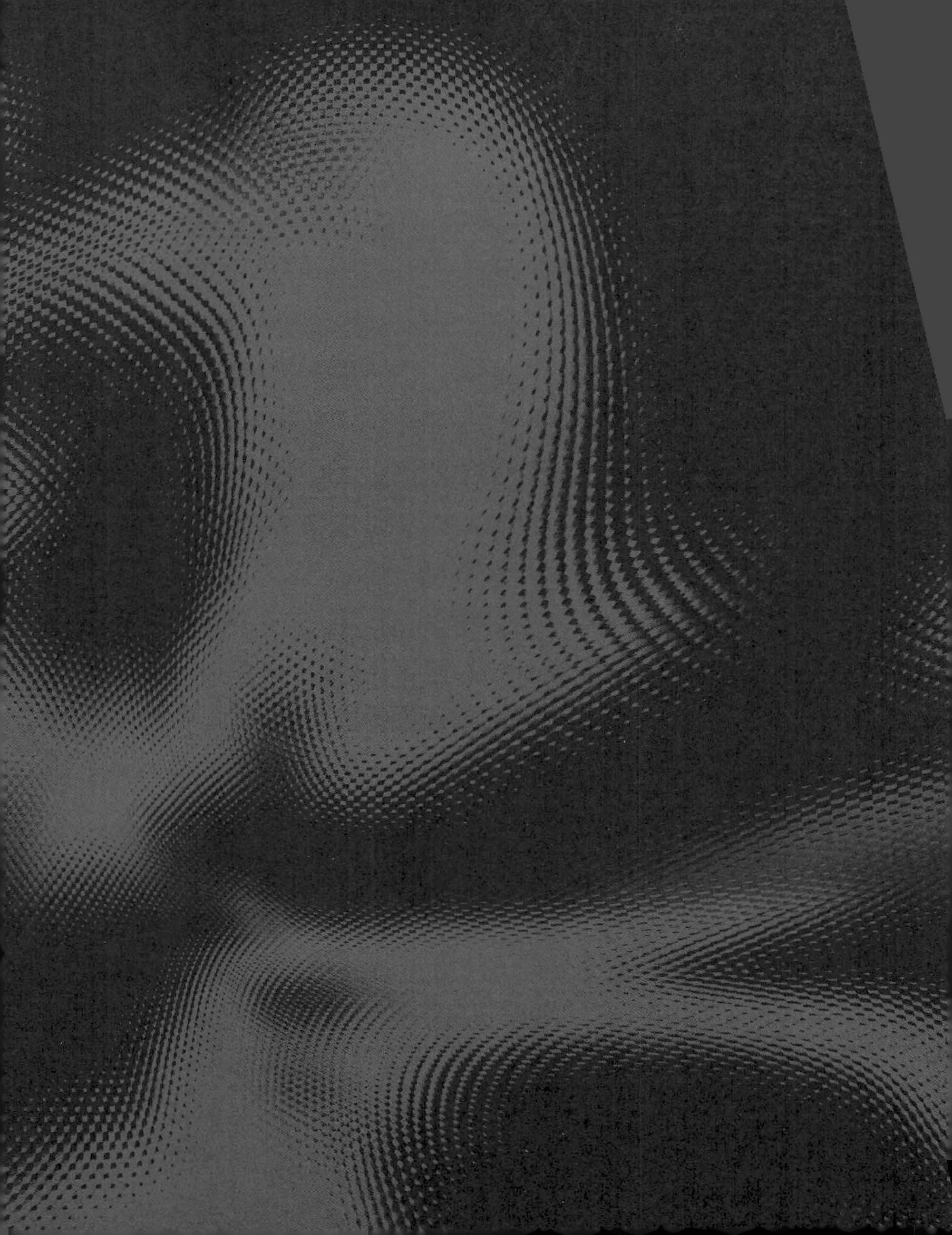

정치인보다 그랜드스탠딩으로 더 악명 높은 집단은 없을 것이다. 우리는 그랜드스탠딩을 하는 정치인을 비판하는 헤드라인을 항상 본다.

- "정치인은 그랜드스탠딩을 그만두고 현실을 말하는 것부터 시작하라."[1]
- "보호 및 복무법*은 존재하지 않은 문제에 대한 정치적 그랜드스탠딩이다. 그것이 진짜 해악을 끼칠 수 있다."[2]
- "오바마가 공화당의 그랜드스탠딩을 비판한다."[3]
- "오바마 대통령이 법안 서명식signing statements에서 하는 그랜드스탠딩."[4]

이런 헤드라인이 그다지 놀랍지는 않다. 정치인은 정치 권력을 누리거나 적어도 누리길 바라기 때문에 어찌 됐든 세간의 주목을 받는다. 정치 영역에서는 무엇이 잘못되었고 상황을 어떻게 해야 하는지에 관한 신념을 표현하는 말이 빈번하게 나온다. 달리 말하면 대중적 소비를 위해 도덕적 이야기의 인상적인 한 구절을 말하는 게 정치인 직무기술서의 일부인 셈이다. 민주주의 체제에서 정치인은 호의적인 대중적 이미지를 만드는 데 관심이 있다. 정치인은 당선을 원하고 자신이 선호하는 정책과 법률에

---

* Protect and Serve Act, 2020년에 발의된 법으로서 고의로 법집행관에게 심각한 신체적 상해를 입히거나 유발하려는 시도를 연방 범죄로 한다는 것이 골자다.

대한 대중적 지지를 얻고 싶기 때문에, 그 지지를 끌어내고자 도덕적 말을 고안한다. 물론 정치인이 유일한 정치 행위자는 아니다. 활동가 역시 여론을 움직이고 대중적 지지를 동원해서 정치인과 다른 활동가에게 영향을 끼치려고 한다.

우리는 정치인과 (활동가와 같은) 다른 정치 행위자들이 그들의 정치 활동의 일부로 행하는 도덕적 그랜드스탠딩을 **정치적 그랜드스탠딩**political grandstanding이라고 부를 것이다. 이 장에서는 민주주의에서 정치적 그랜드스탠딩이 보상을 받을 때 어떤 일이 일어나는지 살피고자 한다.

사실 이 질문에 대한 답을 분석하려면 별도의 책 한 권이 필요할 것이다. 그래서 우리는 민주주의 정치에서 그랜드스탠딩의 세 가지 부정적 결과에만 초점을 두려고 한다. 이를 구체적으로 다루기 전에 왜 정치인이 그렇게 눈에 띄는 그랜드스탠더인지 알아보도록 하자.

왜 정치인은 그랜드스탠딩을 할까?

정치인의 그랜드스탠딩을 비난하긴 쉽다. 그런 모습은 정말 이기적이고 비겁하게 보인다. 그러나 한 발 뒤로 물러서서 정치인이 직면한 동기를 고려하면 그들의 그랜드스탠딩이 약간 이해되기도 하고 피할 수 없어 보이기도 한다. 정치인은 대부분의 보통 사람보다 더 그랜드스탠딩을 하고, 그들에게는 그렇게 해야 할 더 많은 동기가 있기 때문에 그렇다는 것이 우리의 주장이다. 많은 보통 사람과 마찬가지로 정치인에게도 나르시시스트적 경향이 있다. 그러나 선거 정치에는 우리 대부분이 직면할 필요가 없는, 열정적이고 까다로운 유권자들이 있다. 정치학자 피터 하테미Peter Hatemi와 졸탄 파제카스Zoltán Fazekas는 이렇게 말한다.

> 정치는 거의 틀림없이 나르시시즘이 표출되는 이상적인 극장을 마련해준다. 즉, 정치인들의 끝없이 주고받는 모욕, 선거운동에서 퍼뜨리는 불안 가득하고 개인화된 소란스러운 동원 메시지, 한 집단의 요구가 다른 집단의 것보다 더 중요하고 적법하다는 요구들, 그리고 사람들이 자신과 정치적 쟁점에 동의하는 주자들을 보는 데서, 그리고 맞지 않는 이들이 당황하는 것을 보는 데서 오는 만족감. 그런 해로운 토론장은 나르시시스트들이 활개 치기 좋은 최적의 기회를 준다.[5]

정치적 그랜드스탠딩에는 주변 친구들에게서 보는 그랜드스탠딩보다 더 큰 위험이 있다. 정치 행위자의 그랜드스탠딩은 단순히 논쟁에서 이기고 반대편을 침묵시키고 소셜 미디어에서 잘난 척하려는 게 아니다. 정치인의 그랜드스탠딩이 성공하면 우세한 선거운동을 치를 충분한 기부자를 동원하고, 당선 가능한 충분한 수의 유권자에게 신뢰도 얻을 수 있다. 이런 요소와 여타 요소들로 인해 그 정치인은 동료들에게 특정 법률에 투표하도록 설득하거나 압력을 가할 충분한 영향력을 가진다. 정치 활동가의 그랜드스탠딩이 성공하면 수천, 심지어는 수백만의 항의 시위를 동원할 수도 있다. 반대로 정치인이 적절한 사람들에게 충분히 감명을 주지 못하면 정당의 재정적 지지, 정치 자본과 투표함에서의 표를 잃는다. 끝내 그 정치인은 퇴출된다. 활동가, 특히 직업 활동가도 비슷한 걱정에 직면한다.[6] 우리 대부분은 이런 문제들과 씨름할 필요가 거의 없다. 많은 사람에게 영향을 끼칠 사회적 가시성이 없을 뿐만 아니라 정치 권력을 활용할 기회가 사실 제로에 가깝기 때문이다.

정치가는 많은 것이 유권자를 감동시키는 데 달려 있다는 것을 안다. 그들은 또 유권자가 도덕성이 경연되는 장morality pageant을 얼마나 원하는지도 알고 있다.[7] AP 여론조사에서 대부분의 응답자는 '정책' 문제보다 '인성' 문제가 더 중요하다고 말했다.[8] CNN, 《USA 투데이USA Today》, 갤럽Gallup의 조사는, 후보가 유권자의 가치를 공유하는 정도가 대선에서 유권자의 투표 경향을 예측할 때 가장 중요한 특징이라고 밝혔다.[9] 한 민주당 전략가에 따르면 "현대 대통령 선거운동은 본질적으로 인성 테스트인데 특히 외모·호감도·비전·철학·이념·약력·소통 기술·지성·힘·낙관주의·공감·윤리·가치관 등의 모자이크식 특성을 포괄하는 넓게 정의된 의미의 인성이다".[10] 정치학자들도 선거운동은 주로 후보가 지닌 성격적 특징을 유권자에게 확신시키는 작업이라고 한다.[11]

많은 유권자는 왜 자신이 생각하기에 도덕적으로 훌륭한 정치인을 지지하고 싶을까? 어찌 됐든 도덕적으로 의심스럽더라

그랜드스탠딩

도 똑똑하고 유능하며 교육을 잘 받은 사람이, '옳은' 정책을 실행하는 데 효율적일 수도 있을 텐데 말이다. 한 가지 이유는, 유권자는 그냥 도덕적으로 선한 사람들이 자신을 대표하길 선호하기 때문이다. 정치인은 그들의 지역구를 '대표하고', 지역구 사람들은 그들을 대표하는 사람의 인성이 고상하길 원한다. 그 정치인이 세법 개혁에 아무리 유능하더라도 도덕적으로 나쁜 사람을 지지하고 싶지 않기 때문이다.

어떤 사람들은 정치인의 인성을 다른 것의 대체물로 생각한다. 가장 좋은 정책이 무엇이며, 그것을 실행할 수 있는 가장 적합한 정치인이 누군지 알아보는 데는 많은 시간과 에너지가 든다. 어떤 유권자들은 더 선한 사람이 더 나은 정책을 실행할 것이기 때문에, 그냥 후보의 성격을 가늠하고 더 선한 사람에게 투표를 하면 된다고 추론한다.[12] 그래서 바람직한 도덕적 특성을 지닌 것 같은 정치인에게 그냥 투표한다.[13]

많은 사람은 그 이유가 무엇이든 정치인의 도덕적 자질이나 〔자신과 그 정치인이〕 공유하는 가치를 기준으로 표를 행사한다. 우리는 후보의 인성이나 가치관에 근거해 투표해야 하는가에 대해서는 어떤 입장을 취하지 않는다.[14] 그런데 사실 유권자 대부분에게는 정치인의 지식 정도나 정책 전문성에 기반해 후보를 선택할 만한 정보가 없다.[15] 요점은 많은 사람이 후보의 인성에 대한 자신의 판단에 기반해 투표권을 행사한다는 것이다. 미국의 전前 대통령 리처드 닉슨Richard Nixon이 말한 것처럼 사람들은 "무엇보다도 인성이 형편없는 사람에게 권력을 주어서는 안 된다.

인성은 미국 대통령이 갖춰야 할 가장 중요한 조건이다"[16]라고 생각한다.

대중이 정치인의 인성에 관심을 갖고 있기 때문에, 정치인들은 자신의 도덕적 특성을 드러내야 한다는 것을 인식하고 있다. 만약 여러분의 지역구 의원이 가난한 사람들에게 얼마나 마음을 쓰는지 여러분이 알고 싶어 한다면, 그 의원은 자신이 가난한 사람들에게 얼마나 신경을 쓰는지를 보여줄 것이다. 이 같은 도덕적 전시를 바라는 요구로 인해 정치가 도덕성을 경연하는 장으로 변한다.

유권자는 정치인이 도덕적 자질을 드러내길 바라고, 그 때문에 도덕적 그랜드스탠딩이 정치적 목적을 이루는 데 매우 효과적이라는 점, 심지어 이익이 된다는 점을 우리는 부인하지 않는다. 이런 맥락에서 그 누구보다 정치인에게 그랜드스탠딩은 도덕적으로 허용 가능하다. 이 문제를 이 장의 마지막에서 다시 다룰 것이다. 그런데 정치적 그랜드스탠딩이 아무리 효과적이어도 이런 그랜드스탠딩은 그 자체로 대가가 있다. 결국에는 거짓말도 정치적 목적을 이루는 데 효과적인 방법이 될 수 있다. 반대파를 수감시키는 것도 마찬가지로 효과적일 수 있다. 그러나 "그것 때문에 내가 좋아하는 사람이 뽑혔어"라고 말하면서 그 행위들의 도덕성을 방어하는 것은 말이 안 된다.

그랜드스탠딩은 정치에서 일정한 목적을 위한 효과적인 도구이며, 이를 없애는 것은 불가능하다. 그랜드스탠딩이 효과적인 이유는 다름 아닌 정치인이 도덕성의 경연을 펼치기를 사람들이

원하기 때문이라는 것을 알아야 한다. 일부 사람들이 그 장을 유심히 지켜보고 있다는 이유로 그랜드스탠딩을 옹호할 수 있겠지만, 그리 설득력 있는 주장은 아니다. 그것 때문에 우리 모두가 엄청난 대가를 치르고, 만약 사람들이 그 대가를 좀더 분명하게 인식한다면 그들이 (기존에) 들어온 정치적 그랜드스탠딩을 계속 장려하지는 않을 것이다. 이 장 뒷부분에서 민주주의 체제에서 치러야 할 그랜드스탠딩의 세 가지 대가를 살펴볼 것이다.

비타협 문제

민주주의에 대한 고전적 비판은 이렇다. 그것이 당파 간, 즉 다른 편을 희생시켜 자신의 이익을 추구하는 양극화된 집단들 간의 전쟁으로 전락한다는 것이다.[17] 이런 운명을 막을 수 있는, 적어도 미루기라도 할 수 있는 결정적 도구가 건강한 공적 담론이다. 건강한 담론은 개인과 집단이 공동의 문제와 불만을 서로 공개적으로 대응토록 하고 어떻게 다룰지 숙고하도록 한다. 이런 담론은 자기표현을 할 때 받을 피해의 규모, 진정성의 규범, 합리적인 반대를 허용하는 공간, 열린 마음의 정도, 사회적 신뢰와 같은 기본적인 문화적 조건들에 달려 있다.[18] 우리는 어떻게 그랜드스탠딩이 이런 가치들의 일부를 망치는지 이미 살펴보았다. 그랜드스탠딩은 시민들에게 냉소와 공적 도덕 담론에 대한 무감각을 촉진해 시민 사이의 신뢰를 무너뜨린다. 그리고 치닫기와 날조하기와 같은 그랜드스탠딩은 공통적으로 집단 양극화를 가속 시킨다.

정치라는 장場에서 그랜드스탠딩은 우리가 **비타협 문제**no compromise problem라고 부르는 것을 초래한다. 즉, 그랜드스탠딩은 대립하는 정치 집단 사이의 타협을 이끄는 조건을 약화시킨다. 따라서 그랜드스탠딩은 민주주의를 파당들의 위험에 취약하게 만든다. 그랜드스탠딩은 단순히 집단을 양분하는 데 그치지 않고, 상대편 구성원들이 양편의 차이를 인정한 채 많은 사람이 수용하는 조건으로 문제를 해결하기 위해 협상하는 것을 더 어렵게 만든다. 그래서 사회 분열을 일으키는 것 이상의 역할을 한다. 또 호소를 수용하는 폭넓은 기반을 몰아냄으로써 분열을 극복하기 어렵게 만든다. 우리는 정치에서 그랜드스탠딩이 사용되는 두 공통된 방식인 (1) 내집단을 향한 호소 (2) 외집단을 향한 공격을 살펴봄으로써, 그랜드스탠딩이 어떻게 타협의 가능성을 없애는지 알아볼 것이다.

정치 행위자가 내집단을 향한 호소로 그랜드스탠딩을 할 때는, 정치적으로 같은 마음인 사람들에게 자신이 그 가치관을 공유하고 있다는 것을 보이려고 한다. 대체로 자신은 이데기올로기적으로 순수하고, 정당 내의 경쟁자보다 자신이 이데올로기적으로 더 순수하다는 점도 보이려고 한다. 이데올로기적 순수성을 보이는 것은 대부분 그 속성 자체가 도덕적이다. 예를 들어, 정의에 진심으로 마음을 쓰는 사람은 누구나 최저임금을 시간당 15달러로 해야 한다는 데 동의하는 정치인을 쉽게 떠올릴 수 있다.

그랜드스탠딩

이런 종류의 도덕적 주장은 정치적 목적으로 쓰인다. 그런 도덕적 주장은 그 발화자를 자기 집단의 선두, 즉 그 집단이 새롭고 급진적인 견해를 취하게 하는 선택된 소수로 만든다. 이 같은 새로운 도덕적 견해를 취하는 사람들은 〔압력을 받아도 의견을〕 철회하지 않을 것이라고 신뢰받는다. 많은 당파적인 이에게 이것은 듣기 좋은 말이다. 이데올로기적 순수성은 일을 제대로 성사시키기 위해 기꺼이 타협하는 것보다 가치가 더 크다. 정당의 충실한 지지자들이 예비 지도자가 당초에 자신을 매력적인 후보로 만든 그 가치들을 두고 기꺼이 협상한다는 이야기를 듣는 것은 고무적이지 않다.

우리는 종종 이데올로기적 순수성을 전시하려고 타협을 거부하는 것을 자랑하는 정치인을 본다. 두말할 것 없이 이런 언술은 보통 내집단을 향한 호소다. 테드 크루즈Ted Cruz는 미국 상원의원에 처음 출마하며, 공화당 예비선거 기간에 텍사스 군중을 향해 이렇게 말했다. "여러분이 워싱턴에 가서 합심해 일하면서 타협을 하는 저명한 중도파를 찾는 것이라면 …… 나는 분명 아니올시다."[19] 크루즈는 그의 적수인 공화당 데이비드 듀허스트David Dewhurst가 민주당이 발의한 부담적정보호 법안을 공개적으로 지지한 것을 언급했다. "텍사스 의회 데이비드 듀허스트의 기록을 본 누구라도, 그가 의회에서 타협하려는 중도파들 사이로, 서서히 걷는 것도 아니고 뛰어가리라는 걸 한순간도 의심하지 않을 것이다." 결국 의석을 차지한 사람은 크루즈였다.

크루즈는 상대편과 일을 함께하는 것보다, 무엇이 확실히 옳은지를 옹호하는 것을 자신의 일이라고 파악했다. "나는 워싱턴에 필요한 것은 더 많은 타협이 아니라 더 많은 상식과 원칙이라고 생각한다."[20] 이런 종류의 말은 두말할 것 없이 그 상식의 내용에 대해 크루즈에게 동의하는 사람들의 귀에는 듣기 좋은 소리다. 심지어는 정치적 반대자들에게서 실용주의보다 원칙을 좋아하는 정서에 감탄했던 말을 들을 수도 있다. 그들은 그것이 역사의 잘못된 편에 서 있는, 즉 탐욕, 왜곡 혹은 다른 천박한 동기에서 나온 입장을 취하는 사람들이 겪는 반가운 변화라고 말한다.

우리가 강조하고 싶은 문제는 정치 쟁점이 도덕화되면 될수록 사람들이 그 쟁점에서 타협할 가능성이 줄어든다는 점이다. 정치학자 티머시 라이언Timothy Ryan은 일단 도덕적 신념의 문제로 바뀐 쟁점에 대해서는, 제3장에서 설명했던 도덕적 태도가 깊게 배인 사람들의 경우 타협할 가능성이 더 줄어든다고 밝혔다.[21] 사회보장제도 개혁, 단체교섭권, 줄기세포 연구, 동성결혼에 대한 견해가 자신의 핵심적이고 근본적인 도덕적 신념의 일부라면, 그 사안들에 대해서는 타협하는 열린 마음을 덜 가질 것이다.

이 때문에 그랜드스탠딩은 정치적 타협의 가능성을 약화시킨다. 우리가 보아온 것처럼 그랜드스탠딩은 도덕화, 즉 도덕적 영역이 아닌 문제에 도덕성을 부당하게 적용하거나 도덕적 주장의 과장을 수반하곤 한다. 도덕화는 지극히 평범한 사안을 도덕적인 사안으로 탈바꿈한다. 사안을 도덕화하는 사람들은 자신의 우월한 도덕적 통찰을 적용하기 위해 계속해서 새로운 삶의 영역을

그랜드스탠딩

찾고, 그 영역을 도덕적 신념이라는 측면에서 더욱 근본적인 것으로 만들기 위해 앞다툰다. 따라서 사람들이 도덕적 신념을 가져야 할 쟁점의 영역이 늘어난다. 그랜드스탠딩 때문에 도덕적 신념이 늘어나고 강화될수록 타협은 더 어려워진다.

이런 양상은 위험하다. 정치 행위자에게는 내집단 구성원의 삶에 아무런 상관이 없거나 중요하지 않은 사안에까지 도덕적 신념이 생기도록 조장할 필요가 생기고, 집단 구성원은 비타협적인 입장을 선택하게 된다. 로버트 달Robert Dahl은 "융통성 없는 도덕성을 가진 사람에게는 …… 불완전한 협상에 동의하는 것보다 아예 동의하지 않는 것이 더 낫다"[22]라고 경고한 바 있다.

신중한 정치인이 확고한 연설이나 도덕적 입장을 취하지 않는 데는 그만한 까닭이 있다. 정치인이 도덕적 입장을 취할 때 사람들은 정치인이 정말로 그 입장을 지키길 기대하기 때문이다. 그리고 정치인이 마음을 바꾸거나 약속을 깨면, 유권자는 그 정치인을 지지할 만한 사람이 못되고 제 역할을 하지 못해 쓸모가 없다고 심판한다.[23] 청중은 도덕적 약속이 실용주의처럼 왔다갔다 하는 걸 안 좋아한다.[24] 그러나 모든 유능한 도덕철학자가 잘 알고 있듯이 이것은 어처구니없는 상황이다. 신중함이나 효과성에 대한 고려가 새로운 사실을 발견할 때 변화하는 것처럼, 어떤 상황에서 우리가 도덕적으로 해야 할 일은 세상에서 일어나는 사실들에 달려 있다. 참전을 해야 하나? 탄소세를 매겨야 하나? 최저임금제를 폐지해야 하나? 이 모든 질문에 대한 답은 현장의 사실들에 달려 있다. 우리가 해야 할 일을 둘러싼 도덕적 문제를 해결하려고 노력할 때 중요한 것은, 부수적인 피해의 정도와 민간인이 얼마나 사망할 가능성이 있는가이다. 무엇이 사실인지에 대해 우리가 알고 있는 최상의 증거는 자주 변한다. 이것은 그 질문들에 도덕적 진실이 없다는 말이 아니다. 다만 그 질문들은 답을 내기 어려운 문제들이며, 정치인을 포함해 합리적인 사람들은 증거가 변함에 따라 마음도 바꿔야 한다는 말이다.

그러나 사람들이 도덕적 주장이 실현되길 기대하기 때문에 그랜드스탠딩은 정치 행위자의 통치 능력을 방해한다. 청중이 원하는 것을 그랜드스탠딩으로 제공하거나 이데올로기적 순수성을 드러내 집단 내 경쟁에서 앞지르려고 노력하면서, 그랜드스탠더는 유연성을 견지해야 할 때 다른 선택의 여지를 없애는 위험을 감행한다. 달리 말해, 정치인은 옳은 일을 위해 과정을 바꿔야 할 필요가 있지만, 이데올로기적 순수성을 보이려고 강경한 도덕적 입장을 취하기 때문에 그렇게 하지 못한다. 그러면 자기 당의 열렬한 당원들에게 향하는 그랜드스탠딩으로 인해 그 정치인은 상대편과 타협하지 못할 뿐만 아니라 유권자도 옳은 일을 하지 못한다. 정치인이 옳은 일을 하더라도 어쨌든 (정치인이 도덕 쟁점의 원칙을 바꿨다고 비난하는) 상당한 반격이 있을 것이다.

또 정치적 그랜드스탠딩은 외집단을 향한 공격 형태를 띤다. 그 전략은 그랜드스탠더와 상대편 정당에 있는 사람들 같은 외집단 간에 현격한 대조를 보여주는 것인데, 바로 이런 식이다. '상대편은 소수자를 싫어하지만 나는 모든 사람을 사랑하고 환영한다', '나는 힘든 노동과 책임감을 소중히 여기고 상대편은 게

으르다', '나는 사심 없는 공복이고 상대편은 은행들의 손아귀에 있다', '나는 푸르고 평화로운 세상을 원하지만 그들은 폭력적이고 파시스트 민족국가를 원한다', '나는 우리 문화의 언어와 관습을 보존하길 원하고 그들은 샤리아법Sharia Law의 제정을 원한다'.

외집단 공격을 통한 그랜드스탠딩은 상대편의 특정 인물을 내세우는 형태를 띠기도 한다. 이때 한 명의 부기맨bogeyman이 전체 집단의 상징적 대표가 된다. 여기서 부기맨은 대중적으로 알려진 악행을 하는 사람인데, 그 악행은 그 사람의 본래 도덕적·정치적 견해에서 전적으로 부수적인 것일 수 있다. 심지어 그 사람이 대표한다고 추정되는 대의명분이나 정치운동에 정작 그 당사자가 중요하지 않을 수도 있다. 일부 보수주의자는 존 F. 케네디John. F. Kenny 대통령의 혼외정사를 아직도 현대 민주당의 핵심이 썩었다는 증거로 삼고, 할리우드 자유주의자들의 과문寡聞한 활동가적 발언을 마치 상대편이 제시하는 최선인 것처럼 반복해서 말한다.

진보주의자들은 앤 콜터Ann Coulter, 토미 래런Tomi Lahren, 앨릭스 존스Alex Jones와 같은 주변부에 있는 보수적 미디어의 인물들이 문제적인 우파의 상징으로 보일 때까지 그들의 중요성을 부풀린다. 그랜드스탠더는 자신의 위상을 높이려고 그들의 이름을 자주 언급한다. 보통 '이런 종류의 사람들이 우리가 맞서는 자들이다'라는 것이다.

부기맨 그랜드스탠딩은 두 가지를 이룬다. 하나는, 그 외집단은 부기맨을 그들 중 하나로 기꺼이 받아들이는 악한 곳이므로 믿을 수 없다는 것이다. 다른 하나는, 그랜드스탠더와 그의 지지자는 그런 사람들보다 도덕적으로 나을 뿐만 아니라 그들에게 반대하며 단결한다는 것도 넌지시 암시한다. 게다가 그 그랜드스탠더는 부기맨과 부기맨이 대표하는 운동으로부터 자신의 지지자들을 보호하기까지 할 수 있다는 것이다. 두 메시지 중 어디에도 부기맨이 아닌 상대편 사람들과 타협할 여지는 보이지 않는다.

마찬가지로 그랜드스탠더들은 외집단이 제안하는 정책 중 가장 빈축을 살 만한 비주류인 정책에 관심을 두면서, 그것이 그 외집단의 핵심적인 의제인 것처럼 몰아간다. 정치인들은 외집단이 제기하는 위협을 대중이 극대화해서 인식하게 만들려고 이 '비주류 개념 그랜드스탠딩fringe-idea grandstanding'을 활용한다. 이것으로 그랜드스탠더는 공격에 포위된 그 집단의 투사로 보인다. 예를 들어 미국의 보수주의자들은 좌파가 모든 개인 소유의 총기를 압수하려고 국가제도를 활용할 (비밀) 계획이 있다는 우려를 자주 표한다. 그 계획은 수많은 일반적인 보수주의자가 최후의 날 시나리오로 생각하는 것이다.[25] 대량살상 총기 사건이 벌어지면, 즉각적인 총기 압수에 대한 경고들이 극에 달한다.

한편 진보주의자들은 대량살상 총기 사건에 대해 보수주의 진영이 제안한 가장 터무니없는 정책에 집착하면서, 그것이 입법될 수 있으며 실제적인 위협이라고 간주한다. 우리가 이 책을 쓰는 동안 진보주의자들은 학교 총기 사건을 막기 위해 교사들이 총을 필히 휴대하자는 아이디어를 염두에 두고, 트럼프 대통령을 포함한 일부 우파에 대한 그들의 분노를 계속 유지하고 있다. 상대 정당의 정책 의제를 극단적이라고 호도하는 작업은, 당연히 외집단이 말도 안 되는 과격한 정책을 실제로 주창하는 데까지 치달으면 훨씬 쉬워진다. 적이 일으키는 위험을 밝힘으로써, 그랜드스탠더는 자신이 다른 사람들이 간과하거나 신중하게 다루지 못한 위협에 민감한 사람이라는 명성을 쌓는다. 당연히 날조를 하거나 상대편의 행동을 무자비하게 표현하는 것도 효과적이다. 비주류 개념 그랜드스탠딩도 타협을 더 힘들게 한다. 가장 극단적인 당파적 견해들이 외집단 전체를 대표한다고 하면, 그 집단과의 어떤 타협도 악마와의 거래처럼 보인다.

마지막으로, 그랜드스탠더는 외집단의 주류적 가치가 극단적이고 자기 집단과는 이질적이라고 묘사함으로써 내집단에서 자신의 위상을 높이려 한다. 이것을 '소외 그랜드스탠딩alienation grandstanding'이라고 부르자. 외집단의 주류 구성원이 극단적 가치를 지니고 있다면 그랜드스탠더가 속한 집단은 그것을 더 큰 위협으로 볼 것이고, 이어서 자신의 내집단과 지지자를 더욱더 중요하다고 볼 것이다. 그랜드스탠더는 외집단의 극단주의와 그것을 부정하는 표현에 집중함으로써 자신의 내집단에 가치를 전시한다.

불행히도 이런 양상은 현대 미국의 좌우파에서 흔한 모습이다. 보수주의 논평자 커트 슐릭터Kurt Schlichter는 소외 그랜드스탠딩의 전형적 사례를 무심코 제시했다.

그들은 당신을 싫어한다. 좌파들은 당신에게 그냥 동의하지 않는 것이 아니다. 그들은 당신이 단순히 잘못 판단했다고 생각하지 않는다. 그냥 틀렸다고도 생각하지 않는다. 그들은 당신을 싫어한다. 그들은 당신이 죽지 않는 한 예속되고 복종하길 원한다. 당신이 그걸 이해하면 지금 일어나고 있는 모든 일이 이해될 것이다. 그리고 지금 무엇을 준비해야 할지 이해할 것이다.

당신은 정상이고, 따라서 이단자다. 당신은 그들의 우상에 절하기를 거부하고 그들의 비뚤어진 교리를 따르지 않고 그들의 거짓된 신을 칭송하길 거부했다. 이것은 [그들로부터] 비난받을 일이다. 당신은 분노해야 한다.[26]

좀더 구체적으로 말해보자. 많은 우파는 좌파가 국가로 하여금 동성결혼을 전통적인 이성결혼과 동등한 것으로 인식하게 할 뿐만 아니라, 전통적인 성적 도덕성을 완전히 훼손할 계획을 줄곧 해왔다고 주장한다. 그들은 국가가 '침실 문제에서 손을 떼길' 원하는 좌파의 주장이 동의된 성인 간의 동반자 관계를 동등하게 인정하라는 평범한 요구라기보다 훨씬 더 급진적인 원칙에 기반한다고 주장한다. 또 성적 도덕의 자유를 규제하지 않으면 좌파가 궁극에는 수간獸姦과 소아성애자에 대한 관용도 요구할 것이라고 말한다.

한편 좌파는 최근 1985년에 출간된 마거릿 애트우드Margaret Atwood의 디스토피아적 소설 《시녀 이야기》를 발견했는데, 이 책 안에서는 성적 노예와 같은 여성차별적 법과 관행을 제도화한

그랜드스탠딩

신정주의 기독교 정권이 미국 정부를 전복했다. 일부 좌파 활동가는 소설에 나오는 시녀들의 빨간 의상을 입고 하얀 보닛을 쓰고 시위를 하며, 우파의 진짜 의제가 좌파의 인권을 박탈하는 것이라며 두려움을 표현한다.[27] 일부 좌파는 심지어 우리가 이미 어떤 면에서《시녀 이야기》속에 살고 있다고까지 주장한다.[28]

어찌 됐든, 그랜드스탠더가 외집단을 공격할 때 악용하는 극단적인 정책이나 가치를 수용하려고 애쓰는 외집단 내의 사람들을 볼 수 있다. 인터넷의 가장 놀라운 선물 중 하나는, 자기 집단이 하는 주장이라면 그것의 왜곡마저 기쁘게 따르는 극단적인 열성분자들이 미끄러운 경사길 논증*의 두려움을 어느 곳에서나 즉각 확인시켜준다는 것이다. 하지만 이 모든 게 실제로 보여주는 건, 어떤 사람은 자신의 그룹을 방어하고 참아내기에는 너무 성급하다는 사실뿐이다.

이와 같은 외집단에 대한 공격은 합의를 보는 데 역효과를 낸다. 내집단이 도덕적·정치적 문제에서 자신들과는 근본적으로 다른 의견을 가진 사람들이 외집단에 가득하다고 확신하게 되면, 그들은 적어도 일면 부정적인 방식으로, 그러니까 '자신은 외집단은 아니'라는 말로 스스로를 생각하게 된다.[29] 이런 경향이 내집단의 순수성 테스트와 연계되면 타협의 가능성은 희박해진다. 비록 어떤 정치 행위자가 자신의 집단과 외집단 간에 얕으나마

---

* slippery slope argument. 사전적 의미는, 하나의 작은 행동이나 결과가 불가피하게 의도하지 않은 또 다른 큰 (그리고 대개는 부정적인) 행동과 결과를 초래한다는 것이다.

합의의 근거를 본다 해도, 양쪽과 합심해 일하면 그 행위자는 자신의 집단 내에 있는 순수한 이데올로기의 주창자들에게 과장된 공격을 받는다. 협조할 마음이 있는 상대편 사람들 역시 같은 위험에 노출된다.

물론 우리는 '상대편'과 타협을 추구하는 것이 항상 적절하다고 생각하지는 않는다. 어떤 문제에서는 타협하는 것이 바람직하지 않다. 철학자 아비샤이 마갈릿Avishai Margalit은 이 경우를 설명하기 위해 무슨 일이 있어도 우리가 해서는 안 되는 타협인 부패한 타협rotten compromise이라는 개념을 제안한다.[30] 부패한 타협의 한 예는 비인간적인 정권을 수립·유지하기 위한 합의일 것이다. 함께 살아야 할 정치적 반대자들과 합의에 도달하기 위해 종종 양보를 해야 하지만, 노예제도의 합법적 허용 같은 것을 포함하는 타협을 해서는 안 된다.[31] 마갈릿의 타협 유형은 유용한데, 대부분의 합리적인 사람은 자기 집단이 선호하는 모든 정책이 기본 인권 보호에 관련되지는 않는다는 것을 인식하며, 따라서 평화적인 협력을 위해 논의를 할 수 있기 때문이다. 그러나 심하게 양극화된 사람들이 보기에는 (부분적으로 그랜드스탠딩 때문에) 상대 당은 비인간적인 정권을 대변하는 경우가 너무 많다. 그런 사람들에게 **모든** 타협은 부패한 타협이다. 모든 것이 근본적으로 도덕적 원칙의 문제가 되면 '싸움을 가려 하면서' 취할 것을 취하는 명분은 있을 수 없게 된다. 그러나 때로 불공평한 타협을 하는 것이 더 나쁜 결과를 막는다면, 그것이라도 시도해야 한다.[32] 그런데 그랜드스탠더에게 그러한 타협은 악과의 공모이며, 따라서 비양심적이다.

다행히 민주주의 제도에는 타협을 정치적으로 현명한 것으로 만드는 대항력들이 있다. 정당에는 강경한 당파주의자들 이외의, 유권자에게 호소력이 있는 '당선 가능한' 후보를 지명할 동기가 있다. 그렇지 않으면 선거에서 이기지 못하고 결국 제도 권력을 장악하지 못하기 때문이다. 같은 논리로 후보에게는 중위 투표자에게 호소를 할 동기가 있다. 즉, 가능한 한 많은 표를 확보하고 선거에서 이기는 기회를 극대화해야 한다.[33] 그러나 선거운동 관계자들도 때때로 '기반base' 선거를 언급한다. 기반 선거의 승리 전략은 (상대편에게 지지를 호소하기보다는) 자기 지지층의 투표율을 극대화하고 상대편의 투표율을 떨어뜨리는 것이다.[34] 그래서 제도적 동기들은 도움이 되지만 그것이 합리적인 대중의 대체물이 될 수는 없다.

우리가 지지하는 정치인에게 그랜드스탠딩을 하라고 요구하면 그 정치인의 타협은 더 어려워진다. 유권자가 엄격한 이데올로기적 순수성을 요구하고 정치인이 도덕적 순수함을 보이면, 그 정치인은 보상을 받는다. 또 자기 당의 가치를 확신하지 않는 정치인을 대의를 배신한 자라고 낙인찍는다. 정치인이 자신이 쓰지 않은 연설과 꾸며낸 이미지를 선전해 좋은 인상을 주면 사람들은 쉽게 속아서 환호한다. 정치인이 외집단의 도덕적 진실에 맞서 비판하는 것을 좋아한다. 이러한데 그렇게 적은 수의 정치인만이 상대편과 타협하기 위해 합심하며 일하는 것이 놀라울 일은 아니지 않은가?

현시적 정책의 문제

정치가 자신이 옳은 편에 있음을 보여주는 상징적 제스처가 되면, 정치인은 도덕적 가치를 표현하기만 하는 정책을 지지할 것이다. 예를 들어 어떤 정치인은 자신이 호의적이고 인정 많은 사람이라는 것을 보이려고 국경 개방을 지지한다. 또 어떤 정치인은 국가의 명예를 귀중하게 생각하는 것을 보이려고 전쟁을 지지한다. 그 정책이 무엇을 의미하든 자신이 역사의 옳은 쪽에 있다는 것을 보이려고 정책을 지지하는 정치인도 생각해볼 수 있다. 비슷한 이유로 정치인은 어떤 가치를 표현하지 않는 정책을 반대한다. 다시 말해 '상대편'의 가치를 담고 있다는 이유만으로 특정 정책에 반대할 것이다.[35]

정치가 도덕성을 경연하는 장이 될 때 정치인은 잘못된 이유로 정책을 지지한다. 우리는 이것을 현시顯示적 정책 문제expressive policy problem라고 부르는데, 이것이 그랜드스탠딩이 정치 영역에서 일으키는 중요한 세 가지 문제점 중 두 번째다.

이 문제를 이해하기 전에 가치를 표현하는 행위가 무슨 의미인지 알아볼 필요가 있다. 현시적 행동이란 도덕 원칙을 실제로는 따르지 않으면서도 그것에 대한 헌신을 표현하는 행동이다.[36] 이 생각을 더 명확하게 보기 위해 결혼반지를 생각해보자. 많은 문화에서 결혼반지를 끼는 것은 배우자에 대한 충실을 표현한다. 반지는 결혼에서 충실의 가치를 지키기 위한 노력과 약속을 뜻한다. 하지만 반지를 끼고 있다고 해서 배우자에게 충실한 것은 아니다. 결혼반지를 낀 것이 충실의 약속을 표현하지만 결혼반지를 끼는 것 자체가 충실성의 행동은 아니다. 불륜을 저지르지 않는 것은 충실의 행위다. 물론 결혼반지를 낀 사람들이 배우자에게 더욱 충실하다고 밝혀질 수도 있지만, 실제 충실성은 아무도 모른다. 반지를 끼는 것은 그냥 가치를 나타낼 뿐이다.

이 모든 것이 정책을 둘러싼 상황에서도 마찬가지로 나타난다. 정책을 지지하는 것은 가치를 나타낼 수 있다. 그 지지가 여러분이 그 가치에 관심을 갖거나 그 가치에 전념하고 있다는 것을 전달하기 위한 것일 때 말이다.[37] 예를 들어, 주택을 모든 사람이 구입할 수 있도록 주택 가격을 낮추는 것을 핵심 가치로 삼는 정당이 있다고 생각해보자. 그 정당은 임대인의 임대비용 상한액을 법적으로 강제하는 임대료 규제법을 추진하면서, 그 가치에 대한 헌신을 표현할 수 있다. 그 정책이 모두가 부담 없이 살 수 있는 주택을 만드는 데 성공할지의 여부는 정책을 표현하는 것과는 별개의 문제다.[38] 결혼반지를 끼는 것이 배우자에게 반드시 충실하다는 의미가 아닌 것처럼, 임대료 규제법을 공개적으로 지지하고 통과시킨다고 해서 반드시 그 정책이 모두를 위해 주택을 저렴하게 만든다는 것을 의미하지는 않는다.

정책이 실제로 무엇을 하는가보다 무엇을 표현하는가에 기반해 사람들이 정책 선호를 정하는 것이 이상하게 보일지 모른다. 사람들은 현시를 왜 그렇게 중요시할까?

사회과학에서는 정보를 얻는 데 비용이 많이 들기 때문이라고 하는데, 그건 정치와 정책에 대한 정보를 얻을 때도 마찬가지다.[39] 여러분이 시민의 역할을 다하고 정보통이 되어서 시민문화에 기여하고 싶은 책임감 있는 사람이라고 가정하자. 그 목적을 이루는 데는 많은 일이 필요하다. 세계정세에 대한 정보를 얻으려면 뉴스를 찾아야 한다. 그날의 사건들에 대한 명확한 그림을 얻었다고 확신하려면, 무엇을 읽거나 볼 때 제시된 내용의 차이를 비판적으로 생각하면서 여러 다양한 출처로부터 뉴스를 얻어야 한다.

또 현재 사건을 찾는 것만으로는 충분치 않다. 지금 일어나는 일의 중요성을 이해하기 위해 적어도 최근 역사도 공부해야 한다. 그리고 난 다음에도, 무엇을 해야 하는가라는 질문이 남아 있다. 어떤 사례에서 그 질문에 대한 정답이 간단하다고 추측되더라도, 정치 공동체의 문제를 다루는 방법을 아는 것은 복잡한 손익이 함께 있는 잠재적 정책 장치들에 대한 상당한 지식을 필요로 한다. 연구자들은 거의 아무도 모르는 내용들로 국회도서관을 채울 수 있고 실제로 그렇게 해왔다.[40]

성실한 사람이라고 해도 앞에 열거한 모든 정보를 얻을 수 있다고 생각하는 것은 비현실적이다. 설혹 그것이 가능하더라도 그렇게 하는 건 틀림없이 비이성적이다. 우리 인생에는 해야 할 일이 가득하다. 우리 저자들을 포함해 모두의 삶은 비교적 무사평온하고 솔직히 말해 흥미진진한 일은 드물다. 우리는 유별난 데 흥미가 있고, 둘 다 좀더 집 밖으로 나가야 할지 모른다. 하지만 우리 같은 사람조차도 정치나 공공정책에 관한 책을 읽는 것보다 더 큰 삶의 보람을 주는 가치를 추구할 방법을 갖고 있다. 우리가 그러한 주제들에 중점적인 관심을 가져서 잘 알고 있을지라도(실은 그렇지도 않지만), 잘 알고 있다는 것의 실제적 효과가 그리 크지 않다. 몇몇 극단적인 사례를 제외하고는, 정치적으로 아주 박식한 사람조차도 오랜 시간 그 모든 것을 공부한 것에 비하면 훌륭한 결과를 좀처럼 내지 못한다. 게다가 개인의 표 하나가 중요한 선거에서 결정적이거나 의미 있는 방식으로 득표 차에 영향을 줄 가능성은 정말로 낮다. 간략히 말해, 훌륭한 시민의 지식 근간을 마련하는 데는 엄청난 비용이 든다. 더 나은 부모·친구·형제·동료가 되거나 자신을 위해 무언가를 하는 데 시간을 보내는 것이 더 나을 것이다. 그것이 사실 우리 대부분이 시간을 보내는 방법이고, 합리적으로 따져보아도 그게 더 낫다.

하지만 독서를 잘 하지 않는 많은 사람이 정치에 적극적이다. 전문 지식이 부족한 것을 극복하기 위해, 그들은 의사결정에 도움이 되도록 다양한 〔경험치로 판단하는 심리적 기술인〕 휴리스틱heuristics, 또는 대충이지만 경험치로 알게 된 어림짐작의 수단이나 방침rules of thumb을 활용한다. 이러한 경험치로 알게 된 수단으로 가장 흔하게 사용되는 것이 후보의 소속 정당이다. 누구에게 어떤 이유로 투표할 것인지 확실치 않다? 그렇다면 자신의 가치를 더 자주 표현하는 정당 소속의 후보에게 투표하라.

아마도 더 근본적인 어림짐작 수단은 후보나 당이 유권자를 신경 쓰는 것처럼 보이는지 아닌지를 살피는 것일 테다. 일반 유권자가 전문적 정책의 장기적 결과가 무엇인지를 말하기는 불가능하지만, 타인이 자신을 신경 쓰는가 안 쓰는가에는 더 강렬한

직관적 감이 있다. 더 정확히 말해, 사람들은 그 감이 있다고 느
낀다.

정책 전문성이 부족한 대중은 자신이 신경 쓰는 문제를 이해
하기 좋은 방식으로 말하는 정책을 선호한다. 왜 그럴까? 철학
자 귀도 핀시오네Guido Pincione와 페르난도 테손Fernando Tesón은 "사
람은 사회에 대한 **자극적인**vivid 이론들을 더 믿는 경향이 있다.
사람들은 성찰이 부족한 사고방식에 들어맞는 쉽게 얻을 수 있
는 '증거'를 이용하기 때문"[41]이라고 주장한다. 심리학자들이 주
장한 것처럼, 이 철학자들은 "(a) 감정적으로 흥미진진하고 (b)
구체적이고 이미지를 연상시키며 (c) 감각적·시간적·공간적으
로 가까운" 정보를 가리키기 위해 '자극적'이라는 단어를 사용한
다.[42] 예를 들어, 잘 차려입은 틀림없이 부유한 정치인으로만 가
득한 입법부가 왜 몇몇 중요 법안을 통과시키지 못했는지에 대
해서 두 가지 설명이 가능하다. 하나는 정치인 모두가 '부패해서'
실패했다는 것이다. 다른 하나는 복잡하고 상충하는 (그러나 완
벽하게 타당한) 동기들—그 사안이 법으로 통과되는 것이 정말로
비이성적임을 보이는—로 행동을 했기 때문이라고 한다. "부패
해서"라는 표현은 자극적이다. 이런 표현은 분노를 일으키고 돈
가방이 여러 사람의 손을 거치는 이미지를 연상시키며, 정치인들
이 왜 그렇게 옷을 잘 차려 입는지도 설명한다. (하나의 동기가 아
닌 여럿이 얽혀) 복잡한 동기를 설명하는 것은 불명확하다. 설명하
기가 더 어렵고, 사람들은 동기를 깊게 이해할 수 있는 많은 정보
를 소화할 여유가 없다.

그랜드스탠딩

정치 행위자에게는 자극적인 설명에 호소하는 현시적 정책을 마련할 동기가 있는 셈이다. 현시적 정책은 내집단의 가치관을 더 명확하게 표현하고, 따라서 자기과시를 위한 더 효과적인 도구다. 현시적 정책을 지지하는 것은 내집단의 구성원들에게, 자신이 그들과 마찬가지로 사람들을 신경 쓰고 자신의 마음이 옳은 편에 있음을 보여주는 것이다. 이 때문에 그랜드스탠더에게 현시적 정책은 매력적이다. 같은 논리로 덜 현시적인 정책은 매력적이지 않다.[43]

안타깝게도 자극적인 설명을 바탕으로 한 정책들은 얼핏 봐서는 마음을 끌지만 효과가 없는 경우가 많다. 그 정책들이 역효과를 내기도 한다. 이게 놀랄 일은 아니다. 세상은 복잡하다. 적정 가격의 주택이 부족한 문제를 다시 생각해보자. 임대료 규제 정책은 그 문제를 생생하게 보여준다. 집세가 너무 높으니 임대인에게 임대료를 덜 매기라고 강제하거나, 적어도 임대료를 더 올리는 그들의 권한을 제한하는 게 어떠한가? 하지만 기초 경제학을 공부한 사람이라면 누구나 말할 수 있듯이, 임대료 규제 정책은 주택난을 초래한다. 사람들은 고정된 임대료를 이용하기 위해 이사를 멈추고, 개발업자들은 다른 곳에서 더 많은 투자 수익을 얻기 때문에 주택을 더 이상 짓지 않는다. 정책이 제대로 작동하지 않는다.[44] 그런데 그것을 둘러싼 그랜드스탠딩은 작동한다. 정치인은 문제를 해결하는 방법을 알아낼 때까지 공부한 다음에 집단 내의 참을성 없는 이들에게 그것을 설명할 수도 있고, 아니면 슬로건을 내걸고 좋게 들리지만 작동하지 않는 결과를 서투

른 방식으로 당장 약속하거나 요구할 수도 있다.[45]

사례는 넘쳐난다. 2012년 아이오와 주의회의 공화당 의원들은 메디케이드*를 위한 연방 자금 20억 달러를 삭감하려고 했다. 메디케이드 프로그램이 22개의 임신중단에 자금을 지원했기 때문이다. 이 모든 임신중단은 [임신중단을 반대하는] 프로라이프 활동가들이 받아들인 이유에서 행해진 것이었다.[46] 이러한 움직임은 후보들이 아직 태어나지 않은 아이들을 지키기 위해 온갖 수단을 동원했다고 말할 수 있도록, 즉 생명에 대한 그들의 헌신을 드러내는 자극적인 표현을 하게 만든다. 갑작스럽게 그렇게 많은 자금이 날아가 그 주의 다른 취약계층에게는 틀림없이 재앙이 되었을 테지만 말이다.

주삿바늘 교환 프로그램은 사람들(전형적으로 마약 사용자)이 이미 사용한 주삿바늘을 깨끗한 주삿바늘과 교환할 수 있도록 한다. 이 프로그램은 무엇보다도 HIV와 간염 확산을 막는 데 효과적이다. 그것은 현시적 정책을 제안할 기회를 노리는 그랜드스탠더의 또 다른 빈번한 쟁점이기도 하다. 이 프로그램에 반대하는 일반적인 입장은 그것이 부도덕한 행동을 용인하거나 심지어 부추긴다는 것이다. 프로그램 지지자에게는 주삿바늘 교환이 질병 확산을 막는 데 효과적이고 마약 사용을 증가시키지 않는다는 산더미 같은 경험적 증거가 있다.[47] 하지만 그랜드스탠더에게

---

*   medicade, 빈곤자에 대해 연방의 원조를 받아 주에서 실시하는 미국의 의료 공공부조제도.

는 소재가 필요하고, 많은 사람은 마약 중독자를 별로 신경 쓰지 않는다. 그래서 주삿바늘 교환 프로그램을 비판할 기회가 생기면, 그랜드스탠더는 갑자기 자신은 부도덕한 일과 연루되지 않는데 신경 쓰는 것처럼 보인다.

누군가는 이러한 사례 중 일부 혹은 모두에 대해 우리와 의견이 다를 수 있다. 문제의 정치인이 마땅한 도덕적 우려를 제기하고 있으며 좋은 정치적 해결책을 낸다고 할 수도 있다. 하지만 우리의 주장 가운데 그 어떤 주장도, 이 특정한 사례들에 대한 우리의 입장이 옳은지 그른지의 문제와는 아무런 상관이 없다. 문제는 정치인들과 유권자들이 정책이 무엇을 하는지가 아니라 무엇을 현시하는지에 초점을 맞출 때 발생한다. 기억하라. 정책이 가치를 표현한다고 해서 실제로 가치를 추진하는 것은 아니다. 오히려 현시적 정책은 대부분 그것이 현시하는 가치를 훼손한다.

(정치인이 어떤 정책을 지지함으로써 정직하게 자신의 가치를 표현한다고 가정하면서) 가치를 표현하거나, 유권자가 그 가치를 아는 것에 장점이 전혀 없는 것은 아니다. 곧 이 내용을 다룰 것이다. 그런데 정치인이 바람직한 가치를 표현하는 정책을 지지하고, 그 정책을 실행해 가치를 성공시킨다고 유권자가 가정할 때 해악이 발생한다. 정치인이 어떤 가치를 표현하는 정책을 지지한다고 해서 그것을 추진할 것이라고 단정해서는 안 된다. 유권자는 현실에서 가치를 실행할 수 있는 정책을 내는 정치인을 원해야 한다.

그러나 한 정책의 현시적 가치가 자신을 좋게 보이게 한다는 이유만으로 어떤 정치인이 그 정책을 지지하는지 어떻게 알 수 있을까? 많은 사례를 식별할 수 있는 테스트는 이것이다. 정치인이 자신이 제안한 정책의 예상되는 나쁜 결과를 기꺼이 밝히는가? 핀시오네와 테손은 이것을 **전시 테스트**display test라고 부른다.[48] 거의 모든 정책 제안은 제아무리 중요해도 막상 실행되면 단점이 있을 수밖에 없다. 정치인이 단점을 정직하게 말하면서도 어떤 정책을 지지한다는 것은, 그 정책이 전반적으로 좋은 결과를 가져올 것이라고 생각해 그것을 지지한다는 좋은 증거다. 반면에 제안한 정책의 부정적인 면을 가리거나 인정하길 거부하면, 그 정치인은 무지하거나 부정직하다는 것이다. 그 정치인이 단점을 모르면 무지한 것이고, 단점을 알지만 수사적 이득을 위해 그것을 숨긴다면 부정직한 것이다. 핀시오네와 테손이 표현한 것처럼 그 정치인은 "척하는 사람"일 뿐이다.[49]

우리가 정치인에게 그랜드스탠딩을 요구하면, 자신의 정책이 의도된 목표를 달성할지 그 여부와 상관없이 당연히 그 정치인은 모두가 귀중하게 여기는 가치들을 표현하는 정책을 지지한다. **현시적 정책 문제가 골칫거리인 이유다.** 우리가 현시적 가치에 신경 쓰기 때문에 정치인은 잘못된 정책을 지지한다. 정치인의 동기는 옳은 일을 하는 것이 아니라, 사람들의 호감을 얻을 수 있는 일을 하는 것이다. 만약 우리가 정치인이 현시적 정책 제안을 할 때 그의 지위에 이득을 주면 그 정치인은 우리가 요구하는 것, 즉 그럴듯하게 들리지만 효과는 없는 정책들을 내놓을 것이다.

사회문제 해결의 모순

정치에서 수지맞는 그랜드스탠딩의 마지막 위험을 살펴보자. 정치 활동의 핵심은 문제를 해결하는 것이지 참여하는 사람들의 영광을 위한 장을 만드는 것이 아니다. 그런데 정치가 도덕성을 경연하는 장이 되면 그 경연의 참가자는 문제를 [해결하지 않고] 그대로 두거나, 더 심하게는 뚜렷한 목적이 전혀 없는데도 사회운동을 할 동기가 생긴다. 정치가 도덕적 자질을 과시하는 장이 되면 될수록, 사람들은 자신을 뽐낼 도구로써 자기 일신을 위해 사회운동에 더욱 더 매진한다.

정치 이론가 미셸 퍼거슨Michaele Ferguson이 점거운동occupy movement에 관해 쓴 다음 구절을 살펴보자.

관련 활동가들은 명확하고 공통적인 의제에 운동의 초점을 맞추기보다 정치적 자유 자체를 중시해왔다. 한 논평자는 주코티 공원Zuccotti Park 점거운동의 목적은 "사전에 임명된 지도자들 없이 일반적인 비판, 즉 미국 경제가 파탄 나고 정치는 재벌 때문에 타락한다는 비판을 하면서, 즉흥적인 민주적 저항의 마을로서 공공장소에 장기 야영지를 세우는 것인데, 구체적인 입법이나 행정조치에 대한 즉각적인 요구는 없다"라고 썼다. 2006년 이민자 시위가 주최 측의 공동 목표를 달성한 후 그렇게 빨리 해산된 걸 생각해보면, 이것은 현명한 정치 전략일 것이다. **만약 점거가 명확한 목표를 명시하고 그것이 충족되면 그 이상의 활동은 필요 없어진다. 그**

리고 목표가 달성되지 않으면 특정 결과를 의도한 사람들은 좌절한다. 자기에게 권위를 부여하는 민주주의의 실천을 정치 행동의 목적으로 만들고, 이를 통해 점거운동은 참여자들에게 민주주의에 대한 감각을 배양하며, 앞으로 수년간 그 운동을 충전·재충전하고, 운동이 사그라져도 더 나아갈 수 있을 것이다.[50]

퍼거슨이 보기에 운동이 목적을 이루면 나쁠 수밖에 없는데, 이유는 그 운동이 해야 할 일이 남지 않아서다. 이것이 사회문제 해결의 모순이다.[51] 즉, 정치 행위자가 자신이 원하는 모든 것을 얻으면 정치 행위자가 될 동기를 잃는다. 만약 활동가가 정치 행위자가 되는 것을 최우선으로 신경 쓰면, 사회문제의 해결이 실제로는 그 사람이 인생에서 원하는 바를 방해하는 것이다. 자신이 선택한 정치적 그랜드스탠딩을 통해 위상을 얻는 수단이 사라지기 때문이다.

이 모순은 개인과 조직 수준 모두에서 일어난다. 개인에게는 활동가이자 개혁가라는 정체성이 위험에 빠진다. 모든 목표를 달성하면 한때 자신을 움직였던 그 문제들이 다시 나타나는지 면밀하게 살펴보는 것 빼고는, 자신의 대의명분에 적극적으로 활동할 이유가 사라진다. 새로운 대의를 찾을 수 있지만 그 쟁점에서 오랫동안 활동한 활동가들 사이에서 과거와 유사한 지위를 얻는 데 상당한 시간과 노력이 든다. 우리는 프로젝트들이 사그라지는 것은 삶의 한 슬픈 사실이라는 데 동의한다. 공동 목표에 근거한 의미 있는 관계들이 끝날 수 있다. 자신에게 중요한 다른 어떤 것이 다가올 때까지 상실을 느낀다. 과거의 승리에 머물면서 그것을 오래도록 회상하는 것도 자연스러운 경향이다. 그러나 자신이 투신했을 만큼 중요한 사회문제를 해결할 가능성과 비교해본다면, 이런 후회는 거의 가치가 없는 것이다. 그런 생각이 든다는 게 이해는 되지만 성숙한 성인이 그런 생각들을 말로 표현하는 건 상상하기 힘들다. 부정의는 친구들에게 과시하거나 자신이 중요한 사람이라고 느낄 기회가 아니라 일을 바로잡으라는 신호다.

조직도 그 모순의 동일 버전을 겪는다. 어떤 문제를 해결하려고 만들어진 조직이 있을 때, 그 문제가 사라지면 그 조직에서 일하던 사람들은 직업을 잃는다. 그들은 유지되는 조직의 존재를 중심으로 이사를 하고 집을 사고 가족을 꾸리면서 삶을 조직해왔다. 그 문제의 해결은 그들의 삶을 혼란에 빠뜨린다. 그러나 다시 말하지만, 이것은 문제가 해결되지 않기를 바라거나 실제 그렇지 않은데 뭐가 여전히 문제가 있다고 고집을 부릴 만한 좋은 이유는 아닌 것 같다. 아마도 집단을 유지하면 그들이 이루어낸 진전에 따르는 갑작스러운 반동에 재빨리 대응하는 이점이 있다는 생각일 것이다. 그러나 자신의 운동을 이렇다 할 목적 없는 울화의 정치적 등가물로 바꾸지 않는 것도, 능동적 참여보다 대응에 기반한 더 작은 상설조직을 만드는 것도 분명 가능하다.

게다가 활동가는 자신의 역할을 지속하고픈 개인적·집단적 동기 때문에 도덕화에 대한 압력, 즉 세상을 고치기 위해 더 많은 사안에 도덕성을 적용하길 원한다. 세상에는 두말할 것 없이 많은 문제가 있다. 그러나 많은 활동가가 모호하고 열린 목표를 달성하는 그들의 일을 지속하기 위해 도덕적 부정행위를 물색하는 걸 거부할 수 없다는 점도 틀림이 없다.

자신을 "사회정의 산업이라 불리는 곳에서 한때 상당히 좋은 보수를 받은" 전前 "독선적인 사회정의 활동가"라고 묘사한 배럿 윌슨Barrett Wilson을 생각해보자.[52] 말하자면 그는 활동가다. 그는 바로 자신이 속했던 사회정의 무리의 타깃이 되어 그 직업을 잃어야만 했다. 여기서 흥미로운 점은 그 활동가의 의심에 찬 도덕적 안목의 대상들이 확대되었다는 고백이다.

불과 몇 년 전에 자유주의자나 진보주의자라 정체화한 내 친구들이나 또래들 중 상당수가 세라 실버먼Sarah Silverman과 같은 자극적인 스탠드업 코미디언들과 〈사우스 파크South Park〉 같은 프로그램의 공개적인 팬이었다.* 오늘날 그것들은 심각하게 '문제적'으로 보이거나 혐오 발언으로까지 분류되기도 한다. 나는 사람들이 음란한 농담을 할 때 신경 쓰지 않는 데서, 그 농담들이 잘못된 대명사를 쓰거나 중도 우파의 견해를 표현할 때 사실상 기절하는 쪽으로 바뀌었다. 재치 있는 농담을 너무 심각하게 받아들이는 사람을 놀리던 데서, 정작 내가 그런 사람으로 바뀐 것이다.

---

* 세라 실버먼은 미국의 코미디언, 배우, 작가로 직설적 개그로 유명하다. 〈사우스 파크〉는 1990년대 말 시작된 미국의 성인 대상 풍자 애니메이션으로, 블랙 유머와 비속어 사용으로 유명하다.

심지어 활동가가 스스로에게 자부심을 갖는 바로 그 호전성·적개심·비관습성·유별남 같은 특징들이 활동가들과 그들이 제안한 변화를 다른 사람들이 수용하지 못하게 만든다. 심리학자 나디아 바시르Nadia Bashir와 동료들이 수행한 몇 가지 연구에서는 다음과 같은 내용이 나타났다.

> 사회적 대의명분에 열정적으로 헌신하는 것처럼 보이는 모습은 다른 사람들에게서 반동을 일으키고 비우호적인 반응을 낳는다. 실제로 개인들은 '전형적인' 활동가들과의 제휴와 그들이 옹호하는 변화를 지지하는 행동을 택하지 않는다. 사람들은 활동가들을 부정적인 고정관념과 연관시키기 때문이다. 역설적으로, 그리고 좋은 의도에도 불구하고, 결국 사회 변화를 촉진하는 데 가장 적극적으로 참여하는 바로 그 개인들이 무심코 일반 대중을 소외시키고 변화를 지지할 동기를 감소시킨다.[53]

모욕 주기와 여러 종류의 적대적인 대우로 자신의 도덕적 우월성을 과시하는 그랜드스탠딩을 하는 활동가들은 이로움보다는 해악을 훨씬 더 끼친다. 여기서 얻을 수 있는 교훈은 분명하다. 이 세상에서 실제적인 사회 변화를 이루길 원하면 그랜드스탠딩이 아니라 좀더 효과적으로 목표를 제시해야 한다.

지금까지 정치적 스탠딩의 세 가지 위험을 확인했고 이제 그것의 다른 측면도 살피려 한다. 정치적 그랜드스탠딩의 긍정적인 결과는 정말 없을까?

정치적 그랜드스탠딩의 이익

제4장에서 그랜드스탠딩의 두 가지 잠재적 이익을 살펴보았다. 그랜드스탠딩은 협력을 암시하고 생산적인 사회적 행동을 위한 동기 부여를 한다. 그 외에도 정치적 그랜드스탠딩에는 유권자에게 유용한 정보를 준다는 또 다른 이점이 있다. 정치인의 가치관을 아는 것은 정책 입장이나 표결 기록을 읽을 시간이 없는 유권자에게 정치인을 판단하는 유용한 휴리스틱, 즉 어림짐작의 탐색 방법이다. 대중이 가난한 사람들이나 자유무역에 가장 관심을 많이 보이는 후보에게 투표하길 원하면, 후보들에게는 그 가치관을 드러내는 게 도움이 된다. 따라서 정치인이 그랜드스탠딩을 그만두면 유권자는 중요한 정보를 얻을 수 없게 된다.

우리는 이런 이유로, 정치인이 가끔 그랜드스탠딩하는 것은 무방하다고 생각한다. 당연히 정치적 그랜드스탠딩이 선한 결과를 낳는다는 사실은 그랜드스탠딩이 다른 이유로 여전히 나쁘다는 것과 같은 맥락 위에 있다. 그랜드스탠딩은 다른 나쁜 결과를 초래하고 무례하며 덕의 부족을 나타낸다. 그럼에도 정치적 그랜드스탠딩은 간혹 허용될 수 있다. 이것이 맞는다면, 정치인은 우리보다 더 큰 그랜드스탠딩을 사용할 허가권을 얻는 셈이다. 정치적 그랜드스탠딩의 정보 공유 기능이 민주주의에서 중요한 역할을 할 수 있다.

그러나 한 정치인의 그랜드스탠딩이 그 사람의 도덕적 자질에 대해 항상 (그리고 아마도 자주) 진실만을 유권자에게 알리지 않는다는 걸 명심해야 한다. 어떤 가치에 마음을 쓴다고 하는 정치인 모두가 실제로 그 가치에 마음 쓰는 것은 아니다. 어떤 정치인은 전혀 마음을 쓰지 않기도 하며, 그 가치를 무시하기 위한 계획을 세울 수도 있다. 따라서 앞에서 언급한 정치적 그랜드스탠딩의 정보 차원의 이익은, 그 정치인의 성격에 대해 유권자가 무언가를 알게 된다는 말이 아니다. 대개 정치인은 자신의 성격에 관해 부정확한 정보를 준다.

정치적 그랜드스탠딩에 가치 있는 정보를 제공하는 기능이 있다 하더라도 여러분은 이런 시나리오가 염려될 것이다. 악한 당과 정의로운 당, 이렇게 두 정당이 있다고 치자. 양당의 정치인은 잠재적 유권자에게 그들의 가치가 무엇인지를 알리기 위해 그랜드스탠딩을 하려고 한다. 사악한 당은 모든 것이 그냥 나빠서 그 당의 정치인이 그랜드스탠딩을 하는 것은 나쁘지만, 정의로운 당의 정치인이 하는 것은 괜찮지 않을까?

그러나 그랜드스탠딩을 옹호하는 것은 유권자가 더 좋은 일을 많이 하려는 정치인에게 투표를 하는 데 도움이 안 된다고 말한 것을 명심할 필요가 있다. 그보다 정치적 그랜드스탠딩은 사람들이 자신의 선호에 따라 투표를 하도록 돕는다. 민주주의 통치의 핵심 가치 중 하나는 사람들이 자신의 가치가 반영된 선택에 따라 통치받는 세상에서 마음 편히 지내는 것이다.[54] 여타 문제들이 중요할지라도 이런 식으로 자신의 선호에 맞는 투표를 돕는 것도 어느 정도 중요한 문제다.

결론

그랜드스탠딩은 민주주의 정치에 막대한 해를 끼친다. 사람들이 정치 담론을 자신을 과대포장하는 장으로 여기면, 그들의 이해관계는 사회문제의 해결이라는 목적과 자주 상충할 수밖에 없다. 그랜드스탠더는 외집단과 타협하는 대신 그 집단의 구성원을 공격하고 그들의 가치와 정책을 다르게 묘사한다. 그랜드스탠더는 기꺼이 타협하려는 내집단 성원들의 진정성을 문제 삼고 다른 구성원들이 그들을 피하도록 조장한다. 복잡한 방식으로 변화를 만드는 밋밋한 정책을 장려하기보다, 실제 얻는 것이 거의 없더라도 자신들의 노력을 가상하게 여기게 만드는 거창한 겉치레를 선호한다. 그리고 자신의 현재 역할을 굉장히 즐기는 그랜드스탠더는 사회문제를 해결해 자신의 존재 이유를 약화시킬 이유가 없다.

이런 나쁜 영향(과 지금까지 확인한 다른 문제들)이 정치적 그랜드스탠딩이 내는 좋은 효과를 앞지르는가의 여부는 우리가 지금 확실한 답을 줄 수 없는, 적어도 부분적으로는 (관찰이나 경험에 바탕을 두고 해결되는) 실증적인 질문이다. 모든 것을 고려했을 때 우리는 그랜드스탠딩이 정치 과정과 정치제도에 좋은 결과보다는 해를 끼친다고 본다. 어찌 됐든 정치가 도덕성을 경연하는 장이 되는 것을 응원해서는 안 된다.

8장

변화를 위한 방법에 대해

지금까지 우리는 그랜드스탠딩의 도덕적 측면을 평가하고 모두가 피하면 좋을 나쁜 행위라고 결론지었다. 우리는 그것을 문제로 진단하기보다 독자들이 해결책을 찾을 수 있게 도우려 한다. 어떻게 하면 공적 도덕 담론을 향상시킬 수 있을까? 현실적으로 그랜드스탠딩을 완전히 없애는 것을 목적으로 할 수는 없다. 그래도 이 책 전반에서 살핀 모든 이유 때문에 그것을 현격하게 줄이려고 애는 써야 한다.

그러면 어떻게 그리할 수 있을까? 번지르르하고 젠체하는 도덕적 이야기와 그것이 야기하는 모든 폐해를 어떻게 줄일 수 있을까? 솔직히 말하면 우리도 확신이 있지는 않다. 전 계층의 수백만의 사람이 위상을 얻고 싶다는 평범한 열망을 충족시키기 위해 도덕적 이야기를 한다. 이것을 어떻게 그만두게 할 수 있겠는가. 사람들이 언제 그랜드스탠딩을 하는지 알기 어렵기 때문에 문제가 더 복잡해진다. 누구도 다른 사람들의 마음을 읽을 수 없고 동기도 확신할 수 없다. 이 때문에 그랜드스탠딩을 모니터하기가 어렵다. 그랜드스탠더를 잡아내는 것은 속도위반 딱지를 발급하는 것과는 다르다. 게다가 논쟁이 팽배한 정치 기후 때문에, 도덕적·정치적 담론에 기여하는 방법의 문제에 관한 **그 어떤** 충고를 해도 위험이 가득하다. 많은 사람은 그러한 충고를 정적政敵을 향한 일종의 은밀한 공격이라고 보기 때문에, 그 충고를 액면 그대로 받아들이기 어렵다.

그랜드스탠딩 문제를 다루는 방법에 대해 우리가 생각하는 최선의 제안을 하려고 한다. 그러나 대부분은 모색하는 단계임을 강조하고 싶다. 우리가 생각하기에 그랜드스탠딩을 줄이는 유망한 수단인, 경험적으로 지지받을 만한 몇 가지 전략만을 제시한다. 다른 분야의 전문가들이 공적 담론에 더 많은 겸양을 결합하는 방법에 관한 이 문제를 앞으로 더 살펴봐주기를 간곡히 바란다.

공개적으로 비난하는 것을 반대하며

사람들의 행동을 변화시키는 노력 중 하나는 혼을 내는 것이다. 누군가의 엉망인 때를 지적하고 싶은 것은 우리 모두에게 있는 인간적인 충동이다. 그것은 그랜드스탠딩을 해결하는 명백한 방법처럼 보인다. 어떤 사람이 그랜드스탠딩을 한다는 생각이 들 때 그것을 지적하는 것 말이다.

벤: 웰스 파고Wells Fargo가 또 고객 프라이버시를 무시하는 태도를 보였어. 소비자 권리를 신중하게 생각하고 기업의 탐욕을 경멸하는 다른 사람들처럼, 나도 내 통장을 다른 은행으로 옮길까 심각하게 고려 중이야.
앤: "심각하게 고려 중"이라고? 열정적인 남자군. 그랜드스탠딩 좀 그만해.

많은 독자는 이 같은 말을 뱉고 싶은 충동을 많이 느낄 것이다. 그러나 우리는 그랜드스탠더를 비난하는 것은 공적 담론을 개선하는 데 대체로 나쁜 전략이라고 생각한다.

어떤 사람을 지적한다는 건 그 사람이 나쁜 행동을 했다고 공개적으로 비난하는 것이다. 그런 비난에는 타당한 이유가 필요하다. 어떤 사람이 외도를 한다거나 회삿돈을 횡령한다고 여기저기 비난하며 돌아다니는 것은 바람직하지 않다. 최소한 비난을 하는 사람에게는 자신의 비난이 맞는다는 합당한 자신감이 필요하다. 사람을 허위로 비난하는 것의 대가는 엄청나다. 불공정할 뿐만 아니라 상대방의 명성을 해치거나 삶도 파괴할 수 있다. 요점은 간단하다. 나쁜 행위를 공개적으로 비난하려면 그 비난이 정확하다는 합당한 믿음이 있어야 한다.

만취한 유명 인사가 인종차별 발언을 하는 모습이 카메라에 잡혔을 때처럼, 어떤 때는 그 합당한 믿음을 충족시키기 쉽다. 그러나 나쁜 행동의 특징들은 잘 보이지 않는 곳에 있기도 하다. 예로 거짓말을 보자. 우리는 어떤 사람이 면전에서 언제 거짓말을 하고 있는지 알기 어렵다. 서면으로 우리를 기만하려고 하는지 그 여부를 알기는 더욱 어렵다. 시험을 해보자.

- "웜키는 글루텐을 꺼린다."
- "토시는 콘서트에서 인터폴을 다섯 번 봤다."

연구들에 따르면 사람들은 평균적으로 대략 54퍼센트 정도 거짓말을 찾아낸다고 한다.[1] 절반보다 조금 높은 비율이다. 대부분의 관련 연구에서 '거짓말을 찾아내는 사람들'에게 '거짓말쟁이들'의 표정은 보여줬지만, 그 이상의 추가 맥락을 제공하지는 않았다. 낯선 이로부터 받은 게 문서 텍스트밖에 없다면 거짓말을 발견하기가 얼마나 더 어려운지 생각해보자.

여기에 또 하나 그랜드스탠딩과 거짓말의 공통점이 있다. 자신의 도덕적 자질로 다른 사람들에게 좋은 인상을 주려고 도덕적 이야기를 활용하는 그랜드스탠더를 다시 떠올려보자. 그런데 바로 그 이유 때문에 그랜드스탠더가 공적 담론에 참여하는지 여부를 가려내기가 어렵다. 갖고 있는 유일한 증거가 문서라면 특히 더 어렵다. 누군가 그랜드스탠딩을 한다고 비난하기 위해서는 비난의 대상이 그랜드스탠딩을 한다는 마땅한 자신감을 가져야 한다. 그러나 그 사람의 도덕적 이야기의 동기가 무엇인지 잘 모르기 때문에, 그랜드스탠딩을 한다고 공개적으로 비난할 만한 정당성이 없다. 이것이 사람들이 그랜드스탠딩을 비난하지 못하는 합리적인 이유다.

한 가지 오해를 막기 위해 여기서 잠깐 멈춰보자. 우리는 이 책 내내 공적 담론에 도덕적 그랜드스탠딩이 흔하다고 주장해왔다. 하지만 누군가가 특정한 경우에 그랜드스탠딩을 하는지 그 여부를 알기 어렵다는 것도 인정했다. 그런데 누군가 그랜드스탠딩을 하는지 말하기 어려운데 그랜드스탠딩이 흔한 것을 어떻게 알 수 있는가?

어떤 사람이 그랜드스탠딩을 한다고 강하게 생각이 들 때마다 그 생각이 맞을 확률이 50퍼센트라고 가정하자(여러분은 당신 자신이 그랜드스탠딩을 하는지에 대해선 잘 모른다. 그런데 일단 이 확률이 맞는다고 하자). 그리고 소셜 미디어 사이트에서 한 시간을 보내고 그랜드스탠딩이라고 강하게 생각이 드는 100개의 게시물을 본다고 가정하자. 그랜드스탠딩 여부를 판단하기 어렵다는 우리 주장을 확신해, 여러분은 특정 사건이 그랜드스탠딩의 한 예라고 확신해서는 안 된다는 걸 깨닫게 된다. 하지만 그 시간 동안 수십 건의 그랜드스탠딩을 볼 수 없다는 것도 말이 안 된다.

거짓말을 다시 생각해보자. 우리가 살펴본 것처럼 어떤 사람이 여러분에게 거짓말을 하고 있는지는 알아채기가 어렵다. 그러나 그 사실 하나만으로 세상에 거짓말이 많지 않다고 결론짓는 것은 착각이다. 거짓말이 얼마나 만연한지는 연구할 필요도 없는 자명한 일이다. 그래도 사람들은 이것을 연구해왔고 거짓말이 사회생활에서 흔하다는 것을 알고 있다.[2]

따라서 모든 그랜드스탠딩 사례를 확신하기 어렵더라도 우리가 그랜드스탠딩이 흔한지 아닌지 그 여부를 모르는 것은 아니다. 대부분이 도덕적으로 자기를 높게 보고 다른 사람들이 자신을 좋게 생각해주길 바라서 인상 관리를 한다는 것을 감안하면, 그랜드스탠딩이 드물다는 게 더 놀랄 일이다. 실제로 우리의 예비 연구는 명성을 좇는 그랜드스탠딩이 유별나게 흔하다는 것을 보였다.[3] 그래도 그랜드스탠딩을 발견하기가 너무 어렵다는 사실은 누군가 그랜드스탠딩을 하고 있다고 공개적으로 비난하고픈 유혹을 참아야 할 좋은 이유가 된다.

그런데 만약 그랜드스탠더가 틀림없다고 확신을 한다면 어떨까? 이런 경우에는 그 사람을 지적해도 괜찮을까? 이때조차 정당한 자신감이 반드시 공개적 비난을 해도 괜찮다는 의미는 아니다. 정확성만으로 비난을 할 수는 없다. 여러분의 친구가 저녁 파티에서 케케묵은 농담을 한다고 가정해보자. 비록 그 농담이 나쁘다는 걸 안다고 해도 그것이 얼마나 끔찍한 농담인지 전체 테이블에서 공표해도 괜찮다는 말은 아니다. 적절하지 않은 과민반응이라는 것도 두말할 것 없고, 쓸데없이 비열한 행동이다.

이와 비슷하게, 누군가 정말로 그랜드스탠딩을 한다고 해도 공개적으로 비난하는 것은 대체로 조야한 대응이다. 그것이 역효과를 불러일으키기 때문이다. 일단 그랜드스탠딩에 대한 비난이 생기면 이어지는 토론은 (그런 것이 만약 하나라도 있다면) 대개 조잡하고 쓸모가 없다. 그랜드스탠딩을 한다고 공개적으로 비난을 받을 때 거기에 대한 반격을 참을 수 있는 통제력을 가진 사람은 없을 것이다. 그래서 여러분이 누군가를 그랜드스탠딩한다고 비난하면, 그 비난은 그대로 여러분에게 돌아올 확률이 높다.[4] 되레 사람들을 침묵시키려 한다고 여러분이 비난받을 것이다.[5] 아니면 진심 어린 관심을 인식하지 못한다고 비난받을 수도 있다.[6] 그것도 아니면 여러분의 정치를 토론에 주입시킨다고 할지 모른다.[7] 여러분의 비난은 다른 사람들이 더 많은 그랜드스탠딩을 할 기회가 된다.

또 그랜드스탠딩을 한다는 비난은 비난받는 쪽이 무엇을 하려 했는지 입증할 수 없다는 주장 때문에 역효과를 낸다. 여러분이 누군가 그랜드스탠딩을 한다고 비난할 때 나오는 간단한 대답이 있다. "나는 사람들에게 좋은 인상을 남기려고 그런 것이 **아니다!**" 그러면 이제 주변의 모든 사람이 비난받은 사람이 생각하는 여러분의 동기에 대한 평가와 여러분의 진짜 동기를 논쟁하게 된다. 비난받은 사람이 평가하는 여러분의 동기와 여러분이 자신의 동기를 어떻게 평가하는지를 두고 논쟁을 하게 되는 것이다. 이런 대화는 결코 생산적이지 않다.

그랜드스탠딩을 비난했을 때 발생하는 또 다른 문제는 개념 변이概念 變異, conceptual drift가 '그랜드스탠딩' 같은 용어에 재빠르게 안착되는 것이다. 개념 변이는 한때 명백했던 한 개념이 느슨하게 연결된 현상까지 다루기 위해 경계가 확장될 때 발생한다.[8] '맨스플레인mansplaining'을 생각해보자. 이 말은 초기에는 남자가 여자에게 거들먹거리면서 대개 부정확한 설명을 하는 것을 뜻했고, 가끔은 여자가 남자보다 더 잘 알고 있는 것을 가리킬 때 사용되었다.[9] 그 관점이 대중의 감정을 건드려 그 단어가 유명해졌는데, 얼마 지나지 않아 실제 어떤 맥락에서든 남성이 말하는 것을 묘사하기 위해 사용되었다. 사람들이 그 개념이 굉장히 유용해 더 많은 사례에 적용될 수 있다고 알게 되자, 맨스플레인이라고 하는 행위의 범위를 넓혔다. 예를 들어, 2017년 의회 질의 시간에 영국 노동당 대표인 제러미 코빈Jeremy Corbyn이 "내일은 세계 여성의 날입니다. 비단 영국뿐만 아니라 전 세계에 걸쳐 여성 평등이 얼마나 진보했는지 축하할 뿐만 아니라 얼마나 더 멀리 가야 할지 생각해봐야 할 기회이기도 합니다"라고 하자, 국무총리 테리사 메이Theresa May가 이렇게 답했다. "먼저 제게 내일이 세계 여성의 날이라고 말해준 정말 훌륭한 남성에게 감사를 드립니다. 저는 이것이 '맨스플레인'이라고 불리는 행위라고 생각합니다."[10]

대중적 비난으로 '그랜드스탠딩'이라는 단어가 쉽게 활용될 때 같은 종류의 변이의 희생물이 된다. 정의 내리기 힘든 용어와 확인하기 어려운 행위는 유독 변이되기가 쉽다. 그 수순은 예측 가능하다. 사람들은 실질적인 참여substantive engagement 없이도 발화자를 무시하기 위해 그랜드스탠딩이라는 비난을 활용할 수 있다는 걸 알게 된다. 그다음은 이데올로기적으로 불편하게 만드는 누구든 반대하면서 그 용어를 사용할 것이다.

어떤 독자는 이렇게 말할 것이다. "당신들은 그랜드스탠더를 비난하는 것에 대해 방금 반대를 했지. 그런데 이 책 전체에는 그랜드스탠딩을 비판하는 내용을 썼어. 위선이 아닌가? 스스로의 충고를 받아들이는 게 어때?"

그랜드스탠딩을 공개적으로 비난하는 데는 두 가지 방법이 있다. 먼저 그랜드스탠딩을 하는 특정 개인을 공개적으로 비난할 수 있다. 여러분은 그 사람을 (소셜 미디어에서 보는 반응처럼) 직접 비난할 수 있다. 아니면 당사자는 모르게 한 채 (트위터에서 그랜드스탠딩하는 정치인을 비난하는 것처럼) 누군가를 비난할 수도 있다. 이것이 **개인적**personal 비판이다.

그러나 두 번째 종류의 전반적인 비난은 그랜드스탠딩을 보통 부정적으로 평가하는 것이다. 이런 비판은 특정인에 대한 비난이 아니다. 이것은 **일반적인** 비판이다. 특정인이 거짓말을 했다고 비난하지 않고도 거짓말이 나쁘다고 할 수 있는 것처럼, 그랜

그랜드스탠딩

드스탠더 개인을 비난하지 않고 그랜드스탠딩이 나쁘다고 말할 수 있다. 우리는 그랜드스탠더 개인에 대한 비난을 경계하지만, 그랜드스탠딩에 대한 일반적인 비판까지 막지는 않는다.

도덕성은 삶에서 어려운 국면을 마주할 때 탄탄하고 재빠른 지침을 거의 주지 않는다. 그러나 우리가 보기에 그랜드스탠딩에 대한 공공연한 비난은 이런 사태를 악화시킨다. 더 나아가 일단 사람들이 그랜드스탠더를 비난하는 힘을 알게 되면, 어떤 도덕적 이야기라도 그것을 빌미로 그들을 비판함으로써 다른 사람들에게 지배력을 휘두르길 원할 것이다. 이것은 끔찍한 결과다. 이런 이유들로 우리는 그랜드스탠더를 지적하고 비난하는 것을 반대한다.

많은 독자에게 그랜드스탠더를 지적하는 것만이 유일하게 가능한 대응으로 보일 것이다. 무기고에 이 무기가 없다면 그랜드스탠딩을 줄일 가능성은 전혀 없어 보인다. 그러나 실망하지 마시라. 우리에게는 그랜드스탠딩을 줄이고 도덕적 이야기를 개선할 다른 안이 있다.

개인 차원의 변화

우리 대부분이 도덕적 말을 사용하는 데 나쁜 습관이 배어 있다. 어떤 사람은 연쇄 그랜드스탠더이기도 하고, 어떤 사람은 그 충동이 너무 강할 때만 가끔 하기도 한다. 정직하게 스스로를 돌아보면 우리 모두 그랜드스탠딩을 해보았다고 인정할 것이고, 적어도 그런 욕구를 느낀 적이 있다고 할 것이다.

인간의 의지력에는 한계가 있다. 진심 어린 도덕적 신념이 나쁜 짓을 하지 말라고 압박할 때조차 옳은 일을 저절로 하지는 않는다. 옛 농담을 빌리면, 인간은 유혹만은 물리칠 수 없다고 한다.[11] 금연을 하려는 사람들은 그 말을 이해할 것이다. 상습적으로 외도를 저지르는 기혼자들도 이해할 것이다. 그랜드스탠딩도 비슷하다. 하고 싶어 안달이 난다. 자신의 도덕적 우월성에 대한 믿음은 만연하다. 다른 사람들로부터 인정을 받고 싶은 욕구는 막기가 어렵다.

그러나 그랜드스탠딩은 피할 수 없는 공적 담론의 특성이 아니다. 우리는 다른 사람들이 자신을 도덕적으로 많이 존경하길 바라는 강렬한 욕구를 가질 수 있지만, 그것을 실행하는 것이 반드시 좋은 일은 아니다. 장난삼아 연애를 하고 싶은 강렬한 욕구가 있다고 해서 동료와 외도를 하는 것이 괜찮을 수 없다. 칭찬을 받고 싶은 욕구 때문에 자신의 업적을 자랑하면서 저녁식사의 대화를 좌지우지하는 것도 좋지 않다. 성인이 될 무렵까지 우리 대부분은 이러한 반사회적 행동을 하지 않도록 배운다. 그랜드스탠딩에 대해서도 자기 절제를 배울 수 있다. 그랜드스탠딩을 줄이는 개인 차원의 다양한 변화를 만들 수 있다. '제거'가 아니라 '줄인다'라는 표현을 쓴 것을 명심해달라. 개인의 변화는 원래 어렵다. 우리가 아무리 최선을 다하더라도 여전히 부족할 것이다. 그러나 그것도 괜찮다. 그랜드스탠딩을 그만두지 않더라도 줄이는 변화만으로도 기쁠 것이다.

상황을 다듬어라

20세기 심리학에서 가장 믿을 만한 발견 중 하나는 상황이 인간 행동을 만드는 데 중요한 역할을 한다는 것이다. 예를 들어, 한 실험에서는 연구 참여자들이 큰 충돌 소음과 비명이 들리는 옆방에 있는 다른 사람을 도울 것인가 말 것인가를 시험했다. 사고가 일어날 때 혼자 있던 참여자의 70퍼센트가 도움을 주었다. 그러나 무관심으로 반응하도록 사전에 설계된 공모자와 짝이 되었을 때는 7퍼센트만이 도왔다.[12] 또 다른 연구에서는 참여자들이 공중화장실에서 나온 직후에 [모르는 사람으로부터] 40미터 떨어진 곳으로 문서를 배달해줄 수 있냐는 부탁을 받으면 [마주침이 아무렇지 않은 상황에서보다 그 어색한 상황에서] 도움을 줄 확률이 2배 높아졌다.[13]

'상황주의situationism'는 상황이 우리 행동을 형성하는 데 강력한 역할을 미친다는 말이다.[14] 우리는 유혹을 물리치려고 신경 쓸 때 은연중에 이 사실을 깨닫는다. 금연하려고 애쓰는 중에는 예컨대 집에 갈 때 좋아하는 담배 가게를 지나가지 않도록 방향을 잡는다.

또 상황의 변화를 만드는 것은 공적 담론에서 자신의 행동을 향상시키는 데 도움을 준다. 여러분은 자신이 하루에 몇 시간씩 트위터를 찬찬히 살피고도 독선적인 그랜드스탠딩을 담은 트윗을 올리지 않을 만큼 화를 내지 않을 거라 생각할지 모른다. 여러분은 비록 자기와 같은 마음인 친구들로부터 폭넓은 칭찬을 받을 걸 알아도, 선동적이고 과장된 주장을 페이스북에 올리는 것은 피할 수 있다고 생각할지도 모른다. 하지만 우리 대부분에게 그 유혹은 너무 강해서 저항할 수 없을 것이다. 이러한 유혹의 상황을 완전히 피하는 것이 종종 더 낫다. 다음은 몇 가지 제안이다.

- 소셜 미디어에 쏟는 시간에 제한을 둬라. 가장 모범적인 학계 친구 중 한 명은 사용 시간을 하루에 30분으로 제한한다. 핸드폰에 소셜 미디어 접속을 차단하거나 제한하는 디톡스 Detox, 오프더그리드Off the Grid, 혹은 안티소셜Antisocial 등의 앱을 설치해도 된다.
- 소셜 미디어에서 정치를 토론할 때 성급하고 무절제한 사람들을 뮤트하거나 언팔로우하라. 그런 종류의 행동, 특히 '상대편'이 하는 행동을 보는 것은 그랜드스탠딩을 하고 싶게 만드는 지름길이다. '삼진 아웃제' 규칙을 실험해보라. 누군가 여러분을 세 번 화나게 하거나 짜증나게 한다면 언팔로우하라.
- 다른 편에 대해 여러분을 흥분케 하는 극단적으로 당파적인 뉴스를 피하도록 해보라. 혹은 말하자면 [자유주의 진보 진영의 시사 평론가이자 방송인인] 레이철 매도Rachel Maddow나 [보수주의 정치 논객이자 방송인인] 숀 해니티Sean Hannity를 보는 시간을 1주일에 한 시간을 넘기지 않도록 해보라.

그랜드스탠딩

계획

운동을 더 하고 설탕을 덜 먹고, 좋은 책을 더 많이 읽어라. 몇몇 예외적인 사람을 빼고는 대부분 이 목표를 달성하는 데 실패한다. 왜일까? 1990년대에 심리학자 피터 골비처Peter Gollwitzer는 우리에게 계획이 없기 때문이라고 설명했다.

골비처는 목표를 이루기 위한 계획을 가리키기 위해 '실행 계획*'이라는 용어를 소개한다. 실행 계획이 있으면 언제, 어디서, 어떻게 목표를 이룰 것인지 결정하게 된다. 목표가 금연이라고 생각해보자. 금연 껌을 사기 위해 수요일 밤마다 가게에 가기로 결정한 실행 계획을 만들 수 있다. 아니면 흡연을 하고픈 욕구가 생길 때마다 산책을 하기로 결정할 수도 있다.

실행 계획은 사람들이 어려운 목표를 이룰 수 있도록 돕는다. 금단 현상을 경험한 중독자들에 대한 한 가지 연구를 살펴보자. 두 중독자 집단에게 오후 5시 전에 간단한 이력서를 쓰는 과제를 주었다. 이것이 그들의 목표였다. 그런데 이때 한 집단은 그 일을 언제 어떻게 마칠 것인가에 대한 구체적인 내용도 적으라고 지시받았고, 다른 한 집단은 이런 실행 계획을 만들지 않았다. 두 번째 집단에서는 그 누구도 이력서를 쓰지 않았지만, 실행 계획을 쓴 집단에서는 80퍼센트가 해냈다. 유사한 결과가 유방암 검진 촬영, 체중 감량, 야채 더 먹기 같은 다른 종류의 목표에서도

---

*　implementation intention. 기존에 이 용어는 영문 그대로 '실행 의도'로 번역되었지만 여기서는 맥락상 '실행 계획'으로 옮겼다.

발견되었다.[15] 실행 계획이 우리의 감정을 규제하는 데 도움을 준다는 증거도 있다.[16]

도덕적 이야기를 개선하고픈 사람들에게 실행 계획은 도움이 될 것이다. 특히 너무 화가 나 아무 생각이 나지 않은 상태에서 강한 유혹을 느낄 때 그러한 계획이 도움이 된다. 여러분이 온라인에서 사람들이 하는 말이나 행동에 좌절하고 화날 때, 사전에 짜놓은 실행 계획이 있다면 그 실행 계획이 여러분이 따를 수 있는 방안을 제시함으로써 행동을 이끄는 데 도움이 될 것이다. 그러면 자제하기가 더 쉬워진다. 이렇게 계획을 세워보면 어떨까? 조건문으로 내용을 제시할 때 가장 효과적이라서 이렇게 작성했다.[17]

- 화나는 정치 게시물을 본다면 나는 새 인터넷 창을 열어 스포츠 기사를 읽거나 넷플릭스를 보거나 이메일에 답장을 보낸다. 정치와 관련 없는 어떤 것이라도 한다.
- 멍청하고 알지도 못하는 걸 말하는 사람을 보면 나는 그것을 고치려고 달려들지 않는다.
- 내가 온라인에서 도덕과 정치에 대해 누군가에게 짓궂게 나르시시스트적으로 말하면 공개적으로 사과를 한다.

인정 욕구를 재설정하라

자신의 도덕적 자질을 보고 다른 사람들이 자신에 대한 좋은 인상을 받길 원하는 것은 강렬하고 자연스러운 욕구다. 여기에서는 이 욕구를 자제하고 그랜드스탠딩을 피할 수 있는 몇 가지 방법을 제시한다. 그 방법들은 **인정 욕구**를 만족시키는 다른 생산적인 출구를 찾는 데도 도움이 될 것이다.

공적 도덕 담론은 명성을 좇기에는 마땅한 장소가 아니다. 다른 사람들이 자신에 대해 도덕적으로 훌륭하다는 인상을 갖게 하는 더 나은 방법들이 있다. 더 좋은 결과를 낳고, 다른 사람을 존중으로 대하고 자신을 더 유덕한 사람으로 만드는 데 도움이 되는 방법들 말이다. 이러한 방법들은 분명 도덕적으로 바람직하고, 다행스럽게도 찾기 어렵지 않다. 우리는 여러분의 시간에 무엇을 하라고 지시를 내리지는 않을 테지만, 검색을 조금만 해봐도 여러분 공동체에서 선행을 할 자원봉사자를 구하는 조직들을 볼 수 있다. 그 조직들에서는 여러분이 기여하는 어떤 것에도 고마워할 것이다. 아니면 격식에 매이지 말고 선의가 필요한 가까운 사람들을 찾으러 주변을 돌아보라. 도덕적 그랜드스탠딩과 달리, 여러분이 다른 사람들에게 잘 보이고 싶어서 좋은 일을 한다 하더라도 여전히 전체적으로 긍정적인 뭔가를 하는 것이다.

자신의 행동을 바꾸는 것이 그랜드스탠딩에 맞서는 가장 안전한 방법이지만, 자신의 그랜드스탠딩을 제한함으로써 그것을 줄이는 데는 한계가 있다. 다른 사람들이 그랜드스탠딩하는 것을 막을 수단도 필요하다. 그래서 더 광범위한 사회 변화를 위한 몇 가지 제안으로 넘어가려고 한다.

사회 차원의 변화

한 공동체에 노상 배변open defecation의 관습이 있다고 가정해보자. 공동체에서 집이라고 부르는 강변이 있는 강에 사람들이 배설물을 그냥 던진다. 이것은 식수 오염, 높은 유아 사망률, 질병으로 인한 아동의 발달 지체를 초래한다. 배설물을 적절히 처리하는 대신 강을 이용하는 것이 더 쉽다. 그러나 사람들이 노상 배변이 얼마나 건강에 나쁘고 해를 끼치는지 알게 되면 강변에다 배변하는 일을 그만둘 것이다. 그러나 공동체의 다른 사람들은 이것을 실천하지 않는다. 사람들은 계속해서 강을 공중화장실로 사용한다. 여러분이 강변에서의 배변 행위를 그만둔 유일한 사람이면 여러분은 다른 사람들의 배설에 여전히 영향을 받을 것이다. 다른 사람들도 마찬가지고. 이제 여러분이 해야 할 일은 그들도 배설물을 그만 버리게 하는 것이다.

많은 사람은 공적 담론을 그 강처럼 다룬다. 무분별하게 배설물을 쏟아낸다. 여러분 혼자는 어떻게 그랜드스탠딩을 피할 수 있을지도 모른다. 그러나 다른 사람들이 그랜드스탠딩으로 여전히 공적 담론을 오염시키고 있다면 여러분이 계속 그 결과를 처리해야만 할 것이다. 우리는 다른 사람들이 그랜드스탠딩하는 것을 멈추도록 돕는 방법을 찾아야 한다.

대부분의 현대 문화에는 노상 배변을 하지 못하게 하는 사회 규범이 있다. 그 문화권의 구성원들은 다른 사람들이 노상 배변을 하지 않는다고 생각한다. 또 노상 배변을 해서는 **안 된다**는 일반적인 믿음이 있다는 것 역시 알고 있다. 그러나 일부 지역, 특히 인도의 시골 지역은 여전히 노상 배변의 비율이 높다. 문제는 빈곤이 아니다. 인도는 훨씬 더 가난한 나라들보다 노상 배변의 비율이 더 높다. 인프라 부족 문제도 아니다. 수십 년 동안 인도는 노상 배변을 해결하기 위해 시골 지역에 화장실을 지었다. 그보다 문제는 카스트제도가 뒷받침하는 사회 규범이다. 인간의 배설물을 처리하는 유일한 기술은 화장실을 비우는 것인데, 이 일은 달릿(불가촉천민)의 일로 간주된다. 달릿이 아닌 사람은 그 일을 하지 않는다. 달릿도 배척이 두려워 보통 그 일을 피한다. 그래서 더 나은 해결책이 없는 상황에서 사람들은 노상 배변을 하고 그것을 아무렇지 않게 생각한다.[18]

인도의 노상 배변 문제는 사회과학자들의 관심을 끌었는데, 한 문화가 어떻게 사회 규범을 바꾸게 할까라는 어려운 수수께끼를 내는 문제이기 때문이다. 철학자 크리스티나 비키에리Cristina Bicchieri는 나쁜 사회 규범을 더 나은 규범으로 바꾸는 자세한 전략을 시도했다.[19] 규범을 바꾸는 비키에리의 접근에서 힌트를 얻어, 우리는 형세를 그랜드스탠드에 반대하는 흐름으로 바꿔 더 효과적이고 정중한 공적 담론을 향한 전략을 제안하려고 한다. 근본적으로 우리는 이 같은 상황에서 나아가길 바란다.

현재 규범: 많은 사람이 그랜드스탠딩을 하고 그것을 해도 괜찮다고 생각하며 그것을 함으로써 보상을 받는다.

이렇게 바꾸고자 한다.

새로운 규범: 그랜드스탠딩을 실제로 하거나 그것을 하는 것이 괜찮다고 생각하는 사람이 거의 없다. 사람들이 그랜드스탠딩을 해도 보상을 받지 않는다.

비키에리의 생각을 빌려 우리는 그랜드스탠딩 문화를 바꾸는 방법을 사고하는 데 유용한 3단계 과정을 제안한다.

1단계: 믿음을 바로잡기

사람들이 공공장소에서 배변을 멈추기를 원하면, 가장 먼저 해야 할 일은 배변이 얼마나 독성이 있는지 사람들에게 알리고 그것을 효과적으로 해결하는 방법을 가르치는 것이다.[20] 그것은 뻔한 것이 아니라 반드시 설명되어야 한다.

사회 규범을 바꾸는 첫 번째 단계는 사람들의 믿음을 바로잡는 것이다. 우리는 구체적으로 사실에 대한 믿음과 개인 차원의 규범적 믿음 모두를 바꾸고 싶다.

사실에 대한 믿음은 사물이 존재하는 방식에 대한 믿음이다. 그랜드스탠딩 문화를 개혁하기 위해서 다른 사람들이 자신의 믿음 일부를 바꾸도록 도울 필요가 있다. 첫째, 대부분은 자신에 관한 믿음을 바꿀 필요가 있다. 우리는 자신이 얼마나 도덕적으로 뛰어난가라는 문제에 대해 잘못된 믿음을 갖고 있다. 우리 모두 자신의 도덕적 자질을 과장하는 도덕적 자기고양자다. 둘째, 다른 사람들에 대해서도 잘못된 믿음을 갖고 있다. 우리는 자신이 도덕적으로 얼마나 괜찮은지에 대해 다른 사람들이 필요하거나 듣고 싶어 하는 정도를 과대평가한다. 그리고 다른 사람들에게 좋은 인상을 주는 데 그랜드스탠딩이 실제 효과보다 훨씬 더 성공적이라고 생각한다. 셋째, 공적 담론에 기여하는 효과에 대해서도 잘못된 믿음을 갖고 있다. 그랜드스탠더는 자신의 행동 결과에 너무 낙관적이다.

그랜드스탠더는 사실을 잘못 아는 것 외에도 개인 차원의 규범적 믿음에 대해서도 틀린 경향이 있다. 이것은 해야 할 것과 해서는 안 되는 것에 대한 믿음이다. 예를 들어, 그랜드스탠더는 도덕적 자질을 과시하기 위해 도덕적인 말을 활용해야 한다고 (최소한 그렇게 해도 괜찮다고) 생각한다. 또 도덕적으로 자신보다 좋지 않은 사람들을 침묵시키기 위해 분노나 모욕을 사용해야 한다고 생각한다. 이것은 틀린 생각이다.

이 책은 첫 번째 단계의 시도라고 할 수 있다. 이 책은 우리가 왜 도덕적 이야기를 달리 생각해야 하는지에 관한 하나의 긴 논의다. 여기까지 읽었다면 이제 여러분은 대부분의 사람보다 그랜드스탠딩의 본질과 함정을 더 많이 알고, 공적 담론에서 무엇이 잘못되고 있는지 그것에 관심 있는 친구들에게 설명할 수 있는 충분한 장비를 갖추게 되었다. 하지만 여러분은 한 명일 뿐이고 너무 많은 것을 하려고 해서는 안 된다. 여러분 혼자 하는 작업을 우리도 돕고 싶다. 이 책은 요즘과 같은 정치 시즌에 친구와 가족에게 멋진 선물이 될 것이다.

2단계: 좋은 본보기가 되어라

공적 담론을 개인적인 쓰레기 처리장쯤으로 취급하는 사람은 그렇게 잘 알지 못한다. 설령 그들이 더 잘 안다고 해도 건강한 공적 담론에 대한 경험을 많이 하진 못했을 것이다. 소셜 미디어에서 성장한 많은 사람은 자신이 무심히 보는 많은 것이 도덕적인 이야기의 모습이라고 생각한다. 수년에 걸쳐 흡수한 당파적 미디어는 좋은 도덕적 이야기의 조건이 무엇인지에 대한 사람들의 견해에 영향을 미친다. 정치에 관해 말하는 것은, 어떤 사람들에게 **그냥** 다른 사람을 어리석게 보이도록 하거나 당황시키는 촌철살인의 말을 트위터에 쓰는 것이다. 많은 사람에게 필요한 것은 그저 자신을 더 낮게 보이는 것뿐이다.

《우리는 왜 논쟁하는가(그리고 어떻게 해야 하는가)Why We Argue (And How We Should)》라는 책에서 철학자 스콧 에이킨Scott Aiken과 로버트 탈리스Robert Talisse는 정치적 불일치가 악화되는 많은 방법을 논하고, 공적 담론에 기여하는 방법 몇 가지를 제안한다.[21] 그 전략 중 몇 가지가 그랜드스탠딩을 피하는 데 도움을 준다. 그들은 먼저 우리가 모든 문제를 손쉬운 해결책이 있는 간단한 문제로 다루지 않아야 한다고 제안한다. 도덕성과 정치를 토론할 때, 많은 문제가 복잡하며 도덕적으로 타락하지 않은 모든 이에게 그에 대한 해결책이 그리 자명하지 않음을 인정하는 것은 괜찮다.

더 나아가 에이킨과 탈리스는 논쟁을 할 때 전제를 분명하게 해야 한다고 제안한다. 이 책에서 우리가 토론해온 것처럼, 많은 도덕적 그랜드스탠딩은 화를 내거나 충격을 표현하거나 무시함으로써 다른 사람의 입을 막으려는 것이다. 그러나 분노와 충격은 주장이나 논리가 아니다. 그 철학자들이 잘 지적한 것처럼 "나는 샘이 말한 것 때문에 분노가 치민다"에서 "따라서 샘이 틀렸다"로 비약하는 것은 잘못이다. 누군가 뭔가 잘못했다고 생각되면, 그 사람이 말한 것을 거부하기 위해 여러분의 논리가 무엇인지 명확하게 설명하라.

마지막으로, 에이킨과 탈리스는 대화에서 자신이 틀린 것을 알았거나 다른 사람이 좋은 내용을 말할 때는 그것을 인정하고 독려하라고 한다. 우리가 생각하고 말하는 모든 것이 옳을 확률은 얼마나 될까? 생산적인 대화는 자신의 실수를 인정할 때 일어날 확률이 더 높다. 단호한 태도는 체면을 살리는 데 도움을 줄 수 있지만, 차이에서 비롯된 생산적인 불일치에 대한 해결책은 아니다.

우리가 제안하는 마지막 안이 하나 더 있다. 도덕적인 이야기를 할 때 다른 사람들보다 자기 자신에게 더욱 엄격하라. 우리 모두는 자신보다 다른 사람들을 더 비판하는 경향이 있다. 이것이 그렇게 새삼스러운 일은 아니다. 우리는 자신의 독특한 일련의 도덕적 기준으로 다른 사람들을 평가한다. 자연스럽게 다른 사람들은 자신도 모르는 도덕적 잣대 때문에 더 나빠 보이게 된다. 게다가 우리는 자신의 실패를 나쁜 운이나 통제 불가능한 환경 탓

("햇빛 때문에 눈이 부셔서 신호등의 빨간 신호를 놓쳤어")으로 돌리지만, 다른 사람들의 실패는 그들의 나쁜 성격 탓("그 여자는 무모한 운전자라서 빨간 신호를 놓쳤어")이라고 한다.[22] 이것은 불공평하다. 우리는 스스로의 편견에 맞서기 위해 다른 사람들에게 무죄 추정을 할 준비가 되어 있어야 한다. 철학자 로버트 풀린와이더Robert Fullinwider가 이렇게 쓴 것처럼 말이다. "도덕성은 우리에게 분업의 기본을 강제한다. 다시 말해 다른 사람에 대한 자비와 자기 자신에 대한 엄격함을 필요로 한다."[23]

본보기가 되라는 말의 핵심은 당연히 여러분이 다른 사람들보다 더 낫다는 것을 보이라는 말이 아니다. 비키에리가 설명한 것처럼, "어떤 행동의 효과를 사람들에게 알려주는 것은 그냥 성공한 실천 사례를 보여주는 것만큼 설득력이 높지 않기 때문이다".[24] 이것이 여러분 자신이 좋은 본을 만들라는 의미다. 도덕적 문제를 말하는 더욱 훌륭한 방법을 보면 다른 사람들도 깨달아 같은 방법으로 반응할 것이다.

3단계: 그랜드스탠더를 제재하라

사람들이 노상 배변이나 그랜드스탠딩 같은 일을 그치길 바라면 그에 대한 제재 역시 도입해야 한다. 이 제재를 통해 사람들이 그랜드스탠딩에 불쾌하게 반응할 거라고 알게 하는 것이다. 우리는 그랜드스탠더를 비난하는 것은 나쁜 생각이라고 주장해왔다. 그러나 사람들이 그랜드스탠딩하는 것을 불쾌한 것으로 만듦으로써 상황을 호전시키는 다른 제재의 형태들이 있다. 잠정적이지만 몇 가지 안이 있다.

그랜드스탠딩을 불쾌한 것으로 만드는 한 가지 방법은 그랜드스탠딩하는 걸 민망하게 만드는 것이다. 이 목표를 이루기 위해 여러분은 무대응으로 대응할 수 있다. 소셜 미디어에서 칭찬, 페이스북의 '좋아요', 트위터의 리트윗을 하지 않는 것이다. 자신과 비슷한 부류의 사람들에게 명백히 인기를 얻기 위해 도덕적 신념을 옹호하는, 아무 대가도 치르지 않고 (소셜 미디어상에서) 입장을 표명하는 사람들에게 더 이상 "이건 대단히 용기 있는 말이야" 같은 코멘트를 달지 말라. 미디어 홍보에서 어떤 정치인이 좋은 사람으로 보인다는 이유만으로 그 사람을 지지하지 말라. 직장에서 혼자 옳다는 식의 행태를 보이는 사람들을 무시하라. 핵심은 관심을 좇는 그들의 행동에 점수를 주지 말라는 것이다.

예를 들어, 한 대학 식당에서 문화적으로 전유된 중국 음식이 나온다면서 명백한 혐오의 뉘앙스를 자세하게 담고 있는, 매우 신중하게 쓰인 페이스북 게시물에 '좋아요'가 전혀 없을 때를 가정해보자. 그런 게시물 작성자들이 원하는 것이 그들이 얻지 말아야 할 그것, 바로 사람들의 칭찬이다. 더 많은 사람이 그랜드스탠딩에 칭찬을 하지 않으면 그것에 보상이 없다는 것이 더욱 분명해진다.

우리는 앞에서 누군가 그랜드스탠딩을 하고 있는지 알아내기가 어렵기 때문에 그랜드스탠더를 비난하거나 모욕하는 것이 좋지 않다고 주장했다. 그런데 이 무대응을 하자는 제안이 그 주장과 상충한다고 생각할지 모르겠다. 어떤 사람을 그랜드스탠더라고 비난하고 모욕할 만큼 충분히 알지 못한다면, 칭찬을 하지 않을 만큼은 충분히 알 수 있을까?

그러나 사람들을 비난하는 것과 칭찬을 하지 않는 것 사이에는 큰 차이가 있다. 누가 그랜드스탠딩을 한다고 공개적으로 지적한다는 것은 그 사람을 공개적으로 비난한다는 의미다. 만약 여러분이 틀리면 그 그랜드스탠더의 평판을 부당하게 훼손할 수 있다. 그리고 여러분이 옳아서 비판이 마땅하다 할지라도, 그런 비난은 여전히 그 사람이 정말로 그랜드스탠딩을 하고 있는지 여부를 아는 데 도움이 되지 않는 토론을 이끌 것이다. 또 여러분이 타인을 침묵시키거나 톤 폴리싱*을 한다고 비난받을 확률이 커진다. 그 사람을 비난할 것인가 말 것인가를 고려하면 위험이 커진다.

그런데 칭찬을 하지 않을 때는 그 확률이 훨씬 줄어든다. 누군가 그랜드스탠딩을 한다는 여러분의 판단이 맞는다고 할 때 그 사람을 칭찬하지 않으면, 그것은 보상받을 가치가 없는 사람이 보상을 받지 않도록 하는 데 성공한 것이다. 그러나 여러분의

---

* tone policing, 여성이나 인종적 소수자와 같은 피억압자가 감정을 표현하며 주장하고 비판을 할 때, 상대방이 그 내용보다 표현하는 태도나 방식을 문제 삼는 태도를 가리킨다. 예를 들면, "한국 사회에서는 여성 대상 범죄가 너무 많이 벌어져. 법도 약하고 정말 엉망이야"라며 어떤 사람이 목소리를 높여 화를 내듯이 말을 하면, "워, 워. 무슨 말인 줄은 알겠는데 그렇게 화를 내면 어떻게 설득이 되겠어? 좀 진정하고 이성적으로 말을 해야지" 하는 식이다. 대단한 이론적 지식이 없어도 특권을 누리는 이들의 감정과 안전을 우선시한다는 것을 알 수 있다

그랜드스탠딩

판단이 틀렸을 때를 생각해보자. 칭찬을 하지 않는다고 잃을 게 뭔가? 소셜 미디어를 하지 않는다고 해서 잃을 게 있는 것도 아니다(사실 그렇게 함으로써, 우리가 그랜드스탠더에게 에너지를 쏟는 데의 대안으로 제시한 자원봉사와 같은 의미 있고 가치 있는 뭔가를 할 자유 시간을 확보할 수 있다). 심지어 정말로 용감하고 통찰력 있는 그랜드스탠딩이 없는 소셜 미디어 게시물일지라도 거기에 여러분의 관심과 지지가 필요한 건 아니다. 사람들은 보통 좋은 행동을 해서 칭찬을 받는 것보다 나쁜 행동을 해서 욕을 먹는 것을 훨씬 더 크게 받아들인다. 따라서 누군가가 그랜드스탠딩을 한다고 비난하는 것을 정당화하는 것보다는, 누군가가 그랜드스탠딩을 할 때 칭찬을 보류하는 것을 정당화하는 것이 훨씬 더 간단하고 쉽다.

그랜드스탠딩을 제재하기 위한 우리의 두 번째 제안은 더 공격적이고, 그래서 조금은 조심스럽다. 여러분이 뭔가를 은폐하기 위해서 그랜드스탠딩을 하는 사람을 볼 때, 즉 우리가 앞에서 논의한 바와 같이 자신이 나쁜 일을 하는 사람이라는 것을 덜 의심받으려고 그랜드스탠딩을 하는 사람을 본다면, 그 사람이 감추고자 하는 나쁜 행동을 공개적으로 지적하는 것을 고려해보라. 물론 이것을 가볍게 해서는 안 된다. 비난에 대한 확실한 증거가 없으면 누군가를 잘못했다고 비난해서는 안 된다. 그리고 그랜드스탠더의 희생자들이 그들 삶의 세세한 내용이 대중에게 주목받기를 원하지 않는다는 합당한 이유가 있을 수 있기에, 그 비난을 쏟아내는 것은 우리의 몫이 아니다. 그러나 뭔가를 덮기 위한 그랜드스탠딩은 위험한 현상이다. 많은 사람이 그랜드스탠더의 행동에 속고, 그 결과 그랜드스탠더는 다른 사람들에게 나쁜 짓을 계속 아무렇지 않게 한다.

이제 그랜드스탠딩에 대해 우리가 분노하는 지점을 거의 다 말한 것 같다. 하지만 우리는 어떤 유명 인사나 공인이 자신이 선호하는 가치에 대해 립서비스를 해왔다는 이유로, 사람들이 그들이 여성을 해치거나 아동을 학대하거나 어떤 짓을 할 수 있다는 걸 믿을 수 없다고 말하는 걸 들을 때면 여전히 좌절을 느낀다. 하비 와인스틴, 로이 무어, 그리고 다른 유능한 그랜드스탠더의 희생자들에게 약간의 그랜드스탠딩은 결코 누구도 해치지 않는다고 말해보라. 만약 여러분이 직장에서 그들처럼 유감스러운 행동을 하는 사람을 본다면 그 가해자가 그랜드스탠딩을 한다고 비난하지 말고, 그 사람의 그랜드스탠딩이 은폐하려는 그 잘못을 비난하라.

충분히 많은 사람이 담론을 다르게 다루기 시작하면 규범이 바뀔 수 있다. 도덕적 이야기를 남용하는 것이 왜 나쁜가를 알게 된 많은 사람이 그랜드스탠딩을 그만둘 것이다. 사람들은 자신이 다른 사람들을 잘못 대하고 있으며 공적 자원을 망치고 있다는 것을 깨닫게 될 것이다. 끝내 그랜드스탠딩이 자주 역효과를 내는 것을 알아차릴 것이다. 그랜드스탠딩은 많은 것을 약속하지만 실제로 이루는 것은 거의 없다. 사람들은 더 괜찮은 담론의 가능성을 파악하고 좋은 모범을 만들 것이다. 또 사람들은 여전히 그랜드스탠딩을 하는 이들이 가장 원하는 바로 그것, 즉 남을 칭찬하는 것을 자청하지는 않을 것이다. 일단 사람들이 그랜드스탠딩의 위험을 알고 그것이 자주 침묵을 맞닥뜨리게 되는 것을 알면, 공개된 장에서 칭찬을 받고자 하는 욕망에 빠져 있는 것이 당혹스러운 일이 될 것이다.

낙관의 이유

여러분이 그랜드스탠딩을 둘러싼 규범이 바뀔 수 있다는 우리 생각에 동의하지 않아도 괜찮다. 그랜드스탠딩을 심각한 규범으로 생각하는 그런 세상이 오늘의 세상과 너무 멀어서, 우리 저자들의 제안이 별스럽게 들릴 수 있다. 우리는 어떻게 그렇게 변화할 수 있다는 생각을 할 수 있을까?

규범을 변화시키기란 쉽지 않다. 그 과정이 빠르지도 않다. 그토록 많은 사람이 공적 담론을 자신의 허영 프로젝트로 다루는 걸 그만두게 하는 것은 불가능한 것처럼 보인다. 그러나 충분히 많은 사람이 담론을 달리 다루기 시작할 때 규범도 바뀔 수 있다. 어떤 규범이 규제하는 그 행동이 인간 본성에 깊이 배어 있는 것처럼 보일 때조차, 규범은 나쁜 쪽으로든 좋은 쪽으로든 늘 변화한다.

예를 들어 식탁 예절이라는 규범을 생각해보자. 중세와 르네상스 시대의 예절 매뉴얼에 나온, 식사 예절에는 몇 가지 공통의 규칙이 있다.

- "식탁보에다 코를 푸는 것은 예의에 어긋난다."[25]
- "역겹게 코를 킁킁대고 입술을 쩝쩝거리면서 먹는 돼지처럼 음식을 먹으면서 그릇을 떨어뜨리지 마라."[26]
- "뼈를 씹어 먹고 다시 음식 접시에 두는 것"은 "엄청난 결례다".[27]
- 그리고 에라스무스Erasums는 어떤 사람들은 "먹는다기보다는 교도소에 막 끌려갈 것처럼 폭풍 흡입을 한다", "볼이 배처럼 튀어나올 만큼 입에다 너무 많이 집어넣는다"라며 비난조의 생생한 구절로 기록했다. 그리고 어떤 이들은 "먹으며 입술을 벌려, 그래서 돼지처럼 소리를 낸다".[28]

여러분은 이런 내용이 문명화된 사회에서 성인을 위해 쓰인 것이라곤 믿기 어려울 것이다. 그러나 이것은 실제로 당시에 장려된 것들이었다. 이런 식으로 생각을 해보자. 이 흉측한 행동들이 그것들을 경고하기 위해 종이와 펜을 사용하는 것을 정당화할 만큼 틀림없이 광범위했던 것이다. 더 나아가 그런 행동은 많은 이에게 기본적인 인간의 욕구를 충족시키는 자연스럽고 효과적인 방법으로 보였다. 그러나 우리가 대놓고 그런 행동을 하는 사람을 만날 것이라고 생각하지 않는다. 사람들이 식탁보에 코를 푸는 대신에 어찌 됐든 그 행동이 당황스럽다는 생각까지는 이르렀다. 우리가 어떻게 이 지점까지 도착했을까? 다른 사회 규범을 장려함으로써 그 행동들과 예절 규범을 어긴 행동들이 불미스럽다는 생각에 이르게 되었기 때문이다.

그랜드스탠딩

이런 규범 변화의 성공 사례는 현재 그랜드스탠딩을 걱정하고 있는 우리에게 용기를 준다. 그랜드스탠딩은 만연하고, 많은 사람이 인정을 받고 싶은 기본적인 욕구를 충족하는 자연스럽고 효과적인 방법으로 그것을 받아들이고 있다. 우리가 지금 서 있는 곳에서는 비현실적으로 보일지 모르지만, 공적 도덕 담론의 방식은 바꿀 수 있고 꼭 그렇게 해야만 한다.

주(註)

서문

1   https://quillette.com/2018/07/14/i-was-the-mob-until-the-mob-came-for-me/ (접속일 2018년 9월 15일).

1장 도덕적 이야기가 마법은 아니다

1   이러한 각각의 행동은 아동에게서 보이는 나르시시스트 성격 장애의 경고 징후다. https://www.psychologytoday.com/blog/warning-signs-parents/201701/childhood-roots-narcissistic-personality-disorder (접속일 2018년 7월 8일).

2   http://www.oxygen.com/very-real/woman-was-destroyed-on-twitter-for-blaming-white-mens-entitlement-for-alligator-death (접속일 2018년 7월 8일).

3   https://twitter.com/TheBrandonMorse/status/914885815901319168 (접속일 2018년 7월 8일) (2021년 4월 현재 그녀의 트위터는 비공개이며 그 발언 이후 회사에서 해고되었다).

4   사키지언은 협박이 담긴 모든 트윗을 정리해두었다. https://femfreq.tumblr.com/post/109319269825/one-week-of-harassment-on-twitter (접속일 2018년 7월 8일).

5   https://www.bbc.com/news/av/world-us-canada-24308586 (접속일 2018년 7월 7
     일).

6   http://www.latimes.com/opinion/editorials/la-ed-planned-parenthood-senate-
     vote-20150804-story.html (접속일 2018년 7월 7일).

7   https://brookings.edu/blog/up-front/2012/10/09/mitt-romneys-foreign-policy-
     agenda (접속일 2018년 7월 7일).

8   https://www.nytimes.com/2017/10/18/opinion/whats-the-matter-with-
     republicans.html (접속일 2018년 7월 7일).

9   http://www.donaldjtrump.com/positions/second-amendment-rights (접속일
     2016년 1월 6일).

10   https://www.nbcnews.com/news/us-news/trump-reveals-he-asked-comey-
     whether-he-was-under-investigation-n757821 (접속일 2018년 7월 7일).

11   http://washingtonpost.com/news/the-fix/wp/2018/06/26/trump-cant-stop-
     dissing-john-mccain (접속일 2018년 7월 7일).

12   https://money.cnn.com/2017/10/05/media/harvey-weinsteins-full-statement/
     index.html (접속일 2018년 7월 8일).

13   https://www.theatlantic.com/politics/archive/2017/09/the-lawlessness-of-roy-
     moore/541467/ (접속일 2019 년 4월 28일).

14   https://www.washingtonpost.com/news/powerpost/wp/2017/11/14/in-new-tv-
     ad-alabama-democrat-hits-roy-moore-over-awful-allegations/ (접속일 2018년 7월
     8일).

15   https://www.nationalreview.com/corner/philosophy-professor-makes-terrible-
     argument-roy-moore/ (접속일 2018년 7월 8일).

16   http://transcripts.cnn.com/TRANSCRIPTS/0308/14/se.03.html (접속일 2018년
     6월 26일).

2장 도덕적 그랜드스탠딩이란 무엇인가?

1   Kelly 1888.

2   https://www.thecrimson.com/article/1970/10/17/books-at-war-with-asia-313/

(접속일 2018년 7월 8일).

3   https://newrepublic.com/article/91139/indira-gandhi-corruption-india-supreme-court (접속일 2018년 7월 8일).

4   https://www.rogerebert.com/reviews/just-before-nightfall-1976 (접속일 2018년 7월 8일).

5   원형 개념으로서 도덕적 그랜드스탠딩에 대한 조금 더 풍부하고 전문적인 설명에 관심이 있는 철학자나 다른 분과의 학자들은 다음을 참조할 것. Tosi and Warmke 2016.

6   Cheng, Tracy, and Henrich 2010, Henrich 2015.

7   Buss and Dedden 1990, Schmitt and Buss 2001.

8   우리의 초기 결과는 심리학자 조슈아 B. 그럽스(Joshua B. Grubbs), A. 샨티 제임스(A. Shanti James), W. 키스 캠벨(W. Keith Campbell)과 함께 쓴 논문에 요약 및 설명되어 있다. 논문 제목은 〈공적 담론에서의 도덕적 그랜드스탠딩: 갈등 예상 시 잠재적 설명 메커니즘으로서의 위상-추구 동기(Moral Grandstanding in Public Discourse: Status-seeking Motives as a Potential Explanatory Mechanism in Predicting Conflict)〉(2019)이며, 이곳에서 구할 수 있다. https://psyarxiv.com/gnaj5/. 우리의 자료 전부는 다음의 사이트에서 볼 수 있다. Open Science Framework, https://osf.io/r3j45/.

9   Grubbs et al. 2019.

10   Leary and Kowalski 1990, 35쪽.

11   Grice 1989.

12   Pinker, Nowak, and Lee 2008.

13   다음에서 영감을 받았다. Wittels 2012, 71쪽.

14   인상 관리에 도움을 주거나 방해가 되는 이런 맥락적 특징에 관한 짧은 토론은 다음을 볼 것. Steinmetz, Sezer, and Sedikides 2017, 2~3쪽. 또한 다음을 볼 것. Grice 1989.

15   유능에 대해서는 다음을 볼 것. Brown 2012, Möller and Savyon 2003. 야망에 대해서는 다음을 볼 것. Alicke et al, 2001. 지성에 대해서는 다음을 볼 것. van Lange and Sedikides 1998. 지혜에 대해서는 다음을 볼 것. Zell and Alicke 2011.

16   M. Ross and Sicoly 1979, Fields and Schuman 1976, T.W. Smith, Rasinski, and

Toce 2001, White and Plous 1995.

17   Cross 1977.

18   Goethals, Messick, and Allison 1991.

19   Tappin and McKay 2017.

20   Epley and Dunning 2000, Fetchenhauer and Dunning 2006, Klein and Epley 2016, 2017.

21   van Lange and Sedikides 1998.

22   Tappin and McKay 2017, Dunning 2016.

23   다음을 볼 것. Dunning 2016, 172쪽.

24   Klein and Epley 2016, 660쪽. 또한 다음을 볼 것. Allison, Messick, and Goethals 1989, van Lange and Sedikides 1998, Epley and Dunning 2000, Sedikides and Alicke 2012.

25   Goethals 1986.

26   Epley and Dunning 2000,

27   Klein and Epley 2017.

28   Sedikides et al. 2014.

29   세계 전역의 수많은 사람을 조사한 내용에 대한 논의는 다음을 볼 것. McGrath 2015. 로버트 맥그래스(Robert McGrath)는 "문화가 달라도 성격적 강점에 대한 자기 평가에서는 상당한 유사점이 있음"을 발견했다. McGrath 2015, 43쪽.

30   Liu 2013. (중국과 같은) 집단주의 문화권 사람들은 (미국, 영국과 같은) 개인주의 문화권 사람들보다 도덕적으로 자기고양을 덜한 것으로 나왔다. Liu 2013, Dunning 2016. 그러나 집단주의 문화권 사람들조차도 그들의 우월한 집단주의 문화에 대해 더 낫다는 생각을 한다. Sedikides, Gaertner, and Toguchi 2003, Sedikides, Gaertner, and Vevea 2005. 달리 말해, 문화적 맥락은 자기고양을 표현하는 방식을 바꾼다. 그러나 자기를 높이려는 일반적인 인간 경향은 틀림없이 문화보다 더 깊게 작용한다.

31   Tappin and McKay 2017.

32   C. Miller 2017, 156쪽.

33   Epley and Dunning 2000.

34   Epley and Dunning 2000.

35 Tappin and McKay 2017.

36 Leary and Kowalski 1990.

37 Rom and Conway 2018.

38 Vonasch et al. 2018.

39 Leary and Kowalski 1990.

40 심리학자들은 이것을 선(先)-주목 인상 관리(pre-attention impression management)라고 부른다. Leary and Kowalski 1990.

41 Nisbett and Wilson 1977.

42 https://aeon.co/ideas/confabulation-why-telling-ourselves-stories-makes-us-feel-ok (접속일 2018년 7월 7일).

43 Simler and Hanson 2018, 105쪽.

44 von Hipped and Trivers 2011.

45 Grice 1989.

46 Goffman 1959, 13쪽.

47 Laurent et al. 2014, Powell and Smith 2013.

48 Heck and Krueger 2016.

49 https://www.vanityfair.com/hollywood/2017/01/meryl-streep-donald-trump-golden-globes (접속일 2019년 2월 10일).

50 https://twitter.com/Lavernecox/status/818295093564059648 (접속일 2018년 7월 7일).

51 https://twitter.com/unfoRETTAble/status/818295017152258048 (접속일 2018년 7월 7일).

52 https://twitter.com/markronson/status/818292916787429377 (접속일 2018년 7월 7일).

53 https://www.nationalreview.com/2017/01/meryl-streep-golden-globes-speech-political-donald-trump-moralizing-hypocrisy/ (접속일 2017년 7월 7일). 그러나 그녀의 정치 견해에 공감하는 모든 이가 감화받은 것은 아니었다. https://variety.com/2017/tv/news/trevor-noah-meryl-streep-speech-tone-deaf-1201956927/ (접속일 2018년 7월 7일).

54 https://www.nytimes.com/2017/08/08/magazine/virtue-signaling-isnt-the-problem-not-believing-one-another-is.html (접속일 2018년 7월 8일).

55   Grubbs et al. 2019.

56   https://www.spectator.co.uk/article/i-invented-virtue-signalling-now-it-s-taking-over-the-world (접속일 2018년 7월 8일).

57   Zahavi 1975; Zahavi and Zahavi 1999.

58   Jamie 2017.

59   Caplan 2018.

3장 그랜드스탠딩의 실제 모습

1   Nozick 1990, 303쪽.

2   도널드 트럼프(Donald Trump)와 상관없음.

3   https://www.nytimes.com/2018/05/02/world/asia/chinese-prom-dress.html (접속일 2018년 7월 17일).

4   Asch 1956.

5   로드 본드(Rod Bond)와 피터 스미스(Peter Smith)는 17개국의 133개의 동조에 대한 사회과학 연구조사를 수행했다. 그들은 "(a) 대중의 사이즈가 클수록, (b) 여성 참여자 비율이 높을수록, (c) 과반수에 외집단 구성원들이 없을수록, (d) 자극이 애매모호할수록 동조가 뚜렷하게 높아진다"라고 밝혔다. Bond and Smith 1996, 124쪽. 그런데 그들은 애시의 원래 연구 이래 동조 정도가 낮아지고, 개인주의 문화 구성원들이 집단주의 문화 구성원들보다 순응할 가능성이 적다고 밝혔다.

6   흥미롭게도 비디오에는 참가자들이 다른 반대자와 충분히 사랑스러운 눈길이라고 표현될 수 있는 눈빛을 교환하는 것이 녹화되어 있다. https://www.youtube.com/watch?v=TYIh4Mkcf JA (접속일 2018년 7월 17일).

7   셀리멘(CELIMENE):
     정말 오만한 사람이에요.
     자존심으로 가득 찬 그 사람은
     궁정에서 자기 능력을 알아주지 않는다고
     매일 궁정의 인사들을 비난하고 있습니다.
     그 사람은 궁정의 모든 직책과 성직이

부당하게 하사되었다고 생각하거든요. Moliere 2008, 44쪽[몰리에르, 《인간 혐오
자》, 이경의 옮김, 지만지드라마, 2013, 69~70쪽].

8   Willer, Kuwabara, and Macy 2009.

9   '선호 위장(preference falsification)'에 대한 일반적 현상에 대해서는 다음을 볼
    것. Kuran 1995.

10 윌러, 쿠와바라, 메이시가 확실한 도덕적 의견에 대한 허구적 강제를 실험하지
    는 않았다. Willer, Kuwabara, and Macy 2009. 사람들이 대중적인 의견이라고
    믿는 것—그 의견이 예를 들어 임신중단이나 동성결혼과 같이 도덕적인 것이
    라면—에 대해 반대 목소리를 낼 가능성이 있을까? 이를 위해 구체적으로 실
    험한 연구를 잘 모르긴 하지만 우리는 그에 회의적이다. 그러나 사람들이 "상
    황적으로 호의적인 인상을 보이기 위해" 전략적으로 자신의 도덕적 판단을 바
    꾼다는 증거는 있다. Rom and Conway 2018, 32쪽.

11 C. S. Ryan and Bogart 1997.

12 Marques, Yzerbyt, and Leyens 1988, Pinto et al. 2010.

13 물론 어떤 연대의 표시가 칭송받을 만한 것인지 그랜드스탠딩의 사례인지 알
    기 어렵다. 모든 연대의 표시가 칭송받을 만하다고 주장함으로써 이 문제를
    회피하고도 싶다. 그러나 현실은 훨씬 복잡하다. 예를 들어 브렉시트 투표 이
    후에 어떤 영국인들은 난민과 이민자에 대한 지지를 알리기 위해 그들의 옷에
    일부러 옷핀을 꽂았다. 그 상징은 트럼프가 대통령으로 선출된 후 미국에서 짧
    게 재등장했는데, 사람들은 소수자와의 연대를 선언하기 위해 그것을 사용했
    다. 옷핀을 꽂은 사람 중에서 어떤 이들은 그 소수자 집단의 구성원이 옷핀을
    보고 위안을 느낄 것이라고 믿으면서, 그 집단에 대한 진심 어린 관심에서 다
    른 사람들이 감명받을지의 여부를 신경 쓰지 않고 그리했을 것이다. 어떤 이들
    은 최근 선거 결과에 반대하는 저비용이고 단발적인 신호를 전시하기 위해 옷
    핀을 달았다. 그들은 자신과 친구들에게 자부심만 느끼면서 자신이 지지한다
    고 주장하는 소외 집단과 떨어져서 자신의 할 일을 계속한다. 물론 어떤 사람
    들은 그 운동에 바로 동참하기 위해 해당 해시태그로 소셜 미디어에 옷핀을 착
    용한 사진을 곧바로 게시했을 수 있다. 이 사례를 알려준 탐러 소머스(Tamler
    Sommers)와 데이비드 피사로(David Pizarro)에게 고마움을 표한다.

14 Norris and Kristensen 2006.

15 스탠리 큐브릭(Stanley Kubrick) 감독의 1964년 영화 〈닥터 스트레인지러브〉가

효과적으로 조롱한, 여러 '격차(gap)'에 대한 근거 없는 추측에 냉전 수사학이 지배되었다. '미사일 격차'에 대해서는 다음을 참조할 것. Preble 2003.

16 Festinger 1954.

17 Rom and Conway 2018.

18 이 이야기는 〈진짜 공주〉라는 제목으로 실려 있다(Andersen 1993, 69쪽). 이 와 비슷한 줄거리의 이탈리아 이야기가 있는데, 크리스티안 슈넬러(Christian Schneller)의 책에 〈가장 예민한 여자〉로 번역되어 실려 있다. Christian Schneller 1867, 128~129쪽. 그 이야기에서 왕자는 산들바람 때문에 재스민 꽃잎이 발에 붙어 그곳에 붕대를 감고 움직이지 않는 여자와 결혼하기로 한다.

19 http://insider.foxnews.com/2014/09/23/%E2%80%98how-disrespectful-was-that%E2%80%99-karl-rove-blass-obama%E2%80%99s-%E2%80%98latte-salute%E2%80%99 (접속일 2018년 9월 20일).

20 https://www.breitbart.com/blog/2014/09/23/Obama-s-Disrespectful-Latte-Salute-Shocks-and-Offends/ (접속일 2018년 9월 20일).

21 Driver 2005, 137쪽.

22 도덕화는 그랜드스탠딩과 동일하지 않다는 데 유의하자. 차라리 그랜드스탠딩은 도덕화가 취하는 한 가지 형태라고 할 수 있다. 그 나이 많은 집주인은 도덕적 자격을 통해 다른 사람들에게 좋은 인상을 주려고 노력할 필요가 없다. 그러나 날조하기와 같은 그랜드스탠딩의 형태는 도덕화를 포함한다.

23 Mill 1989, 85쪽.

24 J. Jordan et al. 2017, Kennedy and Schweitzer 2015, Tetlock 2002.

25 신뢰에 관한 이야기에는 한 가지 흥미로운 결점이 있다. 사람들은 비난자에 대한 인지적 신뢰는 높지만, 즉 비난하는 사람을 진실을 말하는 사람으로서 더 믿을 만하다고 생각하지만, 정동적 신뢰의 측면(감정적 연대를 공유하고 싶은 사람으로서 보는 면)에서는 낮게 평가한다. 비난은 관용이 부족한 행위라고 보기 때문이다. 사람들은 비난자가 비난받을 가능성이 더 높다고 여기고, 그래서 그들을 정서적으로 덜 신뢰한다. Kennedy and Schweitzer 2015.

26 https://newsroom.fb.com/company-info/ (접속일 2018년 7월 17일).

27 http://www.adweek.com/digital/data-never-sleeps/ (접속일 2017년 11월 18일).

28 http://files.shareholder.com/downloads/AMDA-2F526X/5458918398x0x9611 21/3D6E4631-9478-453F-A813-8DAB496307A1/Q3_17_Shareholder_Letter.

pdf (접속일 2017년 11월 18일).

29   https://www.omnicoreagency.com/twitter-statistics/ (접속일 2017년 11월 18일).

30   저자들은 "최악의 개인 행위자는 양쪽 모두에서 나오지만 결정적으로 우파
      가 좌파보다 더 많은 분노 언어를 사용한다"라고 밝혔다. Berry and Sobieraj
      2014, 42쪽. 이것은 버락 오바마 대통령 취임 첫해인 2009년에는 틀림없는
      사실이었다. 그러나 이 책을 쓰고 있는 도널드 트럼프 대통령 임기 3년 차인
      2019년에는 분노의 수사를 사용하고 화를 내는 데서 좌파가 우파를 추월한 듯
      하다. 2017년 퓨 리서치센터(Pew Research Center)의 페이스북 연구 결과 "민
      주당 의원들의 게시물에 (2016년 대통령) 선거 이후 '화남' 버튼을 누른 페이
      스북 사용자의 반응 비율이 3배 이상 증가했다"라는 결과가 나왔다. 이와 대
      조적으로 공화당 의원들이 공유한 뉴스에 찍힌 '화남' 반응은 "상대적으로 안
      정적"이었다. http://www.people-press.org/2017/12/18/sharing-the-news-in-a-
      polarized-congress/ (접속일 2017년 12월 19일).

31   Berry and Sobieraj 2014, 36쪽.

32   예를 들어 다음을 볼 것. Skitka, Bauman, and Sargis, Skitka 2010.

33   Skitka 2010, 267쪽.

34   종교성, 태도의 극단성, 정치적 개입과 같은 변수를 통제할 때도 그렇다. 다음
      을 볼 것. Skitka 2010, Mullen and Skitka 2006, Skitka and Wisneski 2011.

35   사람들은 자신의 분노의 감정을 독선의 감정을 유지하기 위해 사용한다.
      Green et al. 2019.

36   Skika and Wisneski 2011, 39쪽.

37   좌파와 우파는 상이한 도덕적 가치를 강조한다고 밝혀졌다. Haidt 2012. 하지
      만 스킷카와 동료들은 도덕적 신념에 대해서는 이념적 노선에 따른 차이를 거
      의 발견하지 못했다. "요약하면 자유주의자와 보수주의자는 종종 구체적인
      쟁점에 대해 갖는 도덕적 신념의 정도가 다르다. 예를 들어, 보수주의자는 연
      방 정부의 예산과 적자, 이민, 임신중단권에 대해 자유주의자보다 도덕적으로
      더 신념에 차 있고, 반면에 자유주의자는 불평등, 교육, 환경에 대해 보수주의
      자보다 더 신념에 차 있다. 하지만 그들은 다음과 같은 쟁점들에서 다르지 않
      았다. (1) 쟁점들을 가로질러 나타나는 도덕적 신념의 전체적인 수위, (2) 그
      들이 가장 중요하다고 보는 쟁점들에 대한 도덕적 신념의 수위, (3) (쟁점 중요
      도를 감안하면서) 더 많은 쟁점을 도덕화하는 경향. 정치 스펙트럼에 상관없이

도덕적 신념에서 입지를 탄탄하게 하려는 성향은 모두 유사하다." Skitka and Wisneski 2015, 67쪽.

38 Rothschild and Keefer 2017.

39 Rothschild and Keefer 2017.

40 Green et al. 2019, 209쪽.

41 2012년 코미디 센트럴(Comedy Central) 채널의 스페셜 프로그램인 〈스탠드업 코미디언(Standup Comedian)〉에서 나왔다.

42 그 증거에 대한 한 리뷰에 따르면, 주요 쟁점은 거짓말 탐지기는 거짓말과 관계없는―예를 들어, 낯선 환경에서 불편한 질문을 받는 것처럼―모든 종류의 일에서 기인하는 불안을 감지하도록 설계되었다는 것이다. Saxe, Dougherty, and Cross 1985. 심문 중에 발가락을 바닥에 누르거나 7부터 거꾸로 세는 것과 같은 대응을 하는 사람들은 거짓말 탐지기 검사를 무효화할 수 있다.

43 Adelson 2004.

44 이에 대한 더 많은 정보는 다음을 볼 것. Grubbs et al. 2019.

4장 사회적 손실

1 https://www.youtube.com/watch?v=aFQFB5YpDZE (접속일 2019년 6월 4일). 우리는 15년 후 스튜어트가 그 형성에 일조한 심야 코미디 풍경 역시 줄거리를 잃어, 실제 농담 대신에 군중에게 즐거운 '클랩터(clapter, clap+laughter)' 코미디―"정치적 영향이 코미디적 장점을 우선하는 메시지 지향 코미디"―를 제공하게 되었다는 것도 말해둔다. https://www.vulture.com/2018/01/the-rise-of-clapter-comedy.html (접속일 2019년 6월 4일).

2 진행자 중 적어도 한 명이 지금 인정한 것처럼 말이다. https://www.cnn.com/2015/02/12/opinion/begala-stewart-blew-up-crossfire/ (접속일 2019년 6월 4일).

3 J. E. Campbell 2016, 61~90쪽.

4 J. E. Campbell 2016, 173~95쪽, Theriault 2008.

5 Groenendyk 2018, Mason 2018.

6 Kalmoe and Mason 2019.

7 양극화에 대한 최근의 저서들로는 다음과 같은 것들이 있다. J. E. Campbell

2016, Fiorina 2017, Rosenfeld 2017, Hopkins 2017, Mason 2018.

8   Fiorina and Abrams 2010, Fiorina 2017.

9   이 부분에 대한 논의를 위해서는 다음을 참조할 것. Sunstein 2002, 2009.

10   이 예시의 출처는 다음과 같다. Sunstein 2002, 175~176쪽.

11   Luskin et al. 미출간.

12   Sunstein 2002, 176쪽.

13   물론 정치학자들의 최근 조사는 그를 최악의 대통령이라고 평가했는데, 그 시
     점은 그가 취임한 지 1년째 되는 해였다. https://www.nytimes.com/interactive
     /2018/02/19/opinion/how-does-trump-stack-up-against-the-best-and-worst-
     presidents.html (접속일 2018년 9월 15일).

14   러시 림바우(Rush Limbaugh), https://www.facebook.com/RushLimbaugh
     AndTheEIBNetwork/posts/10153549717677906 (접속일 2018년 9월 15일).

15   라스무센 조사(Rasmussen poll), http://www.rasmussenreports.com/public_
     content/pol\-itics/current_events/bush_administration/41_say_bush_worst_
     president_ever_50_disagree (접속일 2018년 9월 15일).

16   Will 2002, 238쪽.

17   http://thehill.com/blogs/floor-action/house/363240-pelosi-gop-tax-proposal-
     the-worst-bill-in-the-history-of-the-united (접속일 2018년 3월 5일).

18   http://thehill.com/blogs/floor-action/house/363240-pelosi-gop-tax-proposal-
     the-worst-bill-in-the-history-of-the-united (접속일 2018년 3월 5일).

19   Le Bon 1897, 34~35쪽.

20   만연한 정치적 무지가 낳는 부정적 영향에 대한 논의를 위해서는 다음을 볼 것.
     J. Brennan 2016, Achen and Bartels 2016, Caplan 2007, Somin 2013, Pincione
     and Tesón 2011.

21   Oliver and Wood 2014.

22   http://www.newsweek.com/trump-birther-obama-poll-republicans-
     kenya-744195 (접속일 2018년 9월 15일).

23   Ahler and Sood 2018, Graham, Nosek, and Haidt 2012.

24   이전 수치의 출처는 다음과 같다. Ahler and Sood 2018.

25   Somin 2013, 192쪽.

26   Walter and Murphy 2018.

27   인지과학자 필립 페른백(Philip Fernbach)과 동료들은 사람들이 이란에 대한 일
     방적 제재 강행이나 단일보험자 개혁 시스템으로의 전환 같은 사회적·정치적
     정책들에 대한 자신의 이해에 근거 없는 수위의 신뢰를 가졌다고 주장한다.
     연구자들이 선호하는 정책 중 하나가 어떻게 작동하는지를 자신감에 찬 참여
     자들에게 설명해달라고 요청하자, 참여자들은 그에 대한 자신의 이해에 자신
     감이 떨어지고 태도가 누그러졌다. 연구자들은 참여자들에게 어떻게 일이 돌
     아가는가를 설명해달라고 묻는 것이 그들로 하여금 자신의 무지를 맞닥뜨리
     게 하고 자신감과 입장의 극단성을 누그러뜨린다는 가설을 세웠다. Fernbach
     et al. 2013.

28   Yamamoto and Kushin 2014, 441쪽. 이 조사는 2008년 미국 대통령 선거운동
     기간 온라인 미디어와 정치적 불신 사이의 관계를 연구했다. 이 저자들은 "정
     치제도에 대한 불신의 성향과 신뢰의 부재"를 의미하는 "정치적 냉소주의"
     라는 단어를 사용하면서, 우리와는 다르게 냉소주의를 정의한다. Austin and
     Pinkleton 1995, 1999; Yamamoto and Kushin 2014, 431쪽에서 재인용. 야마모
     토와 쿠신은 "냉담(apathy)"을 "정치에 대한 무관심, 흥미의 부재, 달리 말해 관
     심 부족"으로 정의한다. Bennett 1986, Yamamoto and Kushin 2014, 432쪽에
     서 재인용.

29   클라스 H. 드 브리스(Claes H. de Vreese)는 전략적 뉴스를 "승패에 초점을 맞추
     고, '전쟁과 게임' 용어로 진행되며, '행위자·비판자·청중'을 강조하고, 후보
     의 스타일과 인식에 초점을 두며, 여론조사를 중요시하는 뉴스"라고 정의한다.
     Jamieson 1992, de Vreese 2005, 284쪽에서 재인용. 이후의 연구들은 미국 사
     례에 초점을 둔 카펠라와 제이미슨의 결론을 여러 이유에서 수정하고 그에 도
     전해왔다. 이 반응들에 대한 논의와 독일과 덴마크 사례에 대한 연구는 다음
     을 볼 것. de Vreese 2005. 결정적으로 드 브리스는 미디어 소비자가 더 섬세할
     때 냉소주의를 일으키는 전략적 미디어의 효과가 크게 줄어들 것이라고 주장
     한다.

30   뉴스가 '전략'이나 '게임'으로 프레이밍되는 것이 어떤 의미인지에 대한 더 섬
     세한 논의는 다음을 참조할 것. Aalberg, Strömbäck, and de Vreese 2012. '게
     임' 프레임에서 '경주마 저널리즘'은 여론조사, 선거 결과, 승자와 패자에 초점
     을 두고, 스포츠와 전쟁 용어를 활용한다. '전략' 프레임에서 기자들은 선거운
     동의 전략과 작전, 동기와 도구적 행동, 성격과 스타일에 초점을 두고 언론 보

도(미디어 자체 보도)를 활용한다. 같은 글, 2012, 167쪽. 그들은 "(가장 많이) 인용되는 전략 프레임은 후보나 특정 정책 입장을 취하는 정당의 동기에 대한 저널리스트적 초점을 포함한다. 이런 요소를 포함하는 이야기들은 정치 행위자가 중요한 사회문제의 해결책을 찾기보다 주로 표를 모으는 데 관심 있음을 직접적으로 암시한다"라고 썼다. 같은 글, 2012, 168쪽.

31 Kruger and Gilovich 1999.

32 Williams 2007, 601쪽.

33 물론 '외집단' 구성원들이 그랜드스탠딩을 한다고 더 쉽게 결론 내리는 사실이 그랜드스탠딩이 보는 사람에 따라 다를 수 있다는 것을 가리키지는 않는다. 어떤 사람이 그랜드스탠딩을 한다는 것은 사실이고, 그 사실은 우리가 그랜드스탠딩을 밝힐 수 있는지와 상관이 없다.

34 Mill 2017, 47쪽.

35 프랭크퍼트는 다음의 적절한 사례를 제시한다. "때 빼고 광내기와 불필요한 요식은 군사 요원이나 정부 관료의 '진짜' 목적에 기여하지 못하는 것으로 간주된다. 비록 그 업무들이 그러한 목적을 성실히 추구한다고 주장하는 정부 기관이나 요원들이 부과한 것이라도 말이다. 따라서 '불(bull)'을 구성하는 '불필요한 틀에 박힌 일상 업무 또는 의식 절차'는 그것들이 강요하는 행위의 합법적인 동기들로부터 유리된 것이다. 마치 불 세션(bull session, 잡담)에서 사람들이 말하는 내용들이 그들의 뿌리 깊은 신념과는 유리된 것처럼, 그리고 개소리가 진리에 대한 관심에서 유리된 것처럼." Frankfurt 1988, 126~127쪽(해리 G. 프랭크퍼트, 《개소리에 관하여》, 이윤 옮김, 필로소픽, 2016, 41~42쪽).

36 리처드 루소(Richard Russo)의 소설 《스트레이트 맨(Straight Man)》에서, 주인공인 영문학과 교수 행크 데버러 주니어(Hank Devereaux Jr.)는 "대부분 의도한 것은 아니겠지만 학교 신문은 유머로 가득하다. 첫 면(캠퍼스 뉴스)과 마지막 면(스포츠)을 제외하면, 이 학교 신문은 거의 편집자에게 보내는 편지들로 채워진다. 우선 나에 대해 언급한 내용을 훑어본 뒤에, 요즘 분위기에서 이례적인 내용들—무감각, 성차별, 편견이라는 불경한 삼위일체 이외의 모든 주제—을 훑어본다. 그런 주제가 늘 교양이 있지는 않은데 독단에 사로잡힌 편지 주인공들이 독자들로 하여금 그들이 반대하는 걸 알게 하려는 것이다. 집단으로서 그들은 높은 도덕적 분개가 구두점·철자·문법·논리·스타일의 모든 부족을 상쇄하고 보충할 수 있다고 믿는 것처럼 보인다. 이런 개념을 지지하는 것

은 전체 문화밖에 없다. Russo 1997, 73~74쪽.

37 http://www.washingtonpost.com/wp-dyn/content/article/2006/06/23/AR2006062301378.html (접속일 2018년 7월 22일).

38 http://www.washingtonpost.com/wp-dyn/content/article/2006/06/23/AR2006062301378.html (접속일 2018년 7월 22일).

39 1793년 새뮤얼 크록살(Samuel Croxall)은 자신의 번역에서 그 우화를 사회적·정치적 맥락으로 해석했다. "우리가 그 외침이 꽤 진부하고 뻔해질 때까지 실은 진짜가 아닌 위험에 대한 경고를 들으면, 위험으로부터 자신을 지키는 방법을 어떻게 예상할 수 있겠는가?" Aesop and Croxall 1843, 224쪽.

40 Frijda 2006, 178~191쪽.

41 Frijda 2006, 10~11쪽, Epstein 1973, McSweeney and Swindell 1999. 노출 요법이 외상후 스트레스장애(PTSD), 불안과 기타 상태에 대한 치료로 쓰이는 이유가 바로 습관화다. Marks 1973, Foa 2011, Rothbaum et al. 2000, Feeny, Hembree, and Zoellner 2003.

42 Goethe 1884, 75쪽.

43 Rothschild and Keefer 2017.

44 Collins 1993, 210쪽.

45 Kaufman 1999, 140쪽, Simon 1987.

46 Fehr and Gächter 2002, Fehr and Fischbacher 2004.

47 Dickinson and Masclet 2015.

48 사람들이 만족을 위해 비행에 관한 다른 반응들과 처벌을 호환할 수 있다고 보는 더 많은 증거를 보려면 다음을 볼 것. J. J. Jordan et al. 2016. 또 사람들이 아무에게도 득이 없는 규범을 지지하는 것에서조차 협동을 증진시키려고 무차별적인 처벌을 한다는 실험 결과도 있다. Abbink et al. 2017.

49 Baier 1965, 3쪽.

50 http://www.pewinternet.org/2016/10/25/the-political-environment-on-social-media/(접속일 2018년 7월 23일).

51 왜 특별히 중도파가 이탈하는지에 대한 흥미로운 생각에 관해서는 다음을 볼 것. Loury 1994, 435~438쪽.

52 Preoţiuc-Pietro et al. 2017.

53 Noelle-Neumann 1993, 37~57쪽.

54 Jang, Lee, and Park 2014.

55 이 문단의 주장은 《자유론》에 나온, 표현의 자유를 위한 존 스튜어트 밀의 고전적 방어 부분에서 발췌했다. Mill 1989, 19~55쪽.

56 Mutz 2006, 29~33쪽.

57 Frimer, Skitka, and Motyl 2017.

58 https://www.politico.com/magazine/story/2017/12/06/the-weird-campaign-to-get-taylor-swift-to-denounce-donald-trump-215994 (접속일 2018년 3월 18일).

59 https://www.politico.com/magazine/story/2017/12/06/the-weird-campaign-to-get-taylor-swift-to-denounce-donald-trump-215994 (접속일 2018년 3월 18일).

60 Kogelmann and Wallace 2018.

61 https://www.usatoday.com/story/tech/2018/06/20/rage-giving-fuels-record-fundraising-immigrant-children/718272002/(접속일 2018년 7월 19일).

62 https://www.usatoday.com/story/tech/2018/06/20/rage-giving-fuels-record-fundraising-immigrant-children/718272002/(접속일 2018년 7월 19일).

5장 그랜드스탠딩과 존중

1 온라인 모욕 주기에 관한 탁월한 심리적 설명에 대해서는 다음을 볼 것. Crockett 2017.

2 https://twitter.com/nickwiger/status/623968683807801344 (접속일 2018년 8월 6일).

3 Ronson 2015, 231~238쪽.

4 Norlock 2017.

5 Sawaoka and Monin 2018.

6 Wellman 2012, 380~384쪽.

7 Audi 2015.

8 Isenberg 1964, 466쪽.

9 Alicke et al. 2001.

10 Merritt et al. 2012.

11 https://www.nytimes.com/2018/02/03/opinion/sunday/this-is-why-uma-

thurman-is-angry.html (접속일 2018년 2월 3일).

12 사실 도킨스 자신은 신도들과의 교류에서 매우 쉽게 화를 내는 경향이 있다. 예를 들어, 이 사이트를 보라. https://www.theguardian.com/world/2006/jan/13/religion.comment (접속일 2018년 2월 6일).

13 https://web.archive.org/web/20110920212327/http://seattletimes.nwsource.com/html/nationworld/2003365311_jesuscamp08.html (접속일 2018년 2월 7일).

14 Green et al. 2019.

15 Hardin 1968, 1244쪽.

16 Schmidtz 1994.

17 Grice 1989.

18 Hart 1955, Tosi 2018.

19 Boyd and Richerson 1992.

6장 덕이 있는 사람은 그랜드스탠딩을 할까?

1 MacIntyre 2007, 181~203쪽, Hursthouse and Pettigrove 2018.

2 또한 덕은 무엇보다도 정확한 상황(그녀가 관대한 행위들이 필요할 때 그 행위를 한다)과 여러 상황에 걸쳐(그녀는 집 안에서만 한정해 관대한 행동을 하는 게 아니다) 옳은 일을 하는 것이다. 또 옳은 이유를 위해 옳은 행동을 해온 이력이 필요하다(그녀는 오늘 막 관대한 행동을 시작한 것이 아니다).

3 아리스토텔레스적 덕 윤리로도 불리는 전통적 견해의 지지자들은 일반적으로 덕에는 "올바른 감정으로 옳은 대의명분을 위해 행동하고, 이 두 요소가 조화로운 것이 필수적"이라고 주장한다. van Zyl 2018, 23쪽. 우리의 논의는 도덕적 행위자의 동기만을 언급하면서 그 견해를 단순화한다. 이 논의에 대해서는 다음을 볼 것. van Zyl 2018, 20~24쪽, Annas 2011, 9~10쪽, Hursthouse 2006, 101~105쪽.

4 C. Miller 2017, 15쪽.

5 Burtt 1990, 24쪽.

6 이 표현을 빌린 출처는 다음과 같다. Schmidtz 2008, 187쪽.

7 덕 결과주의를 옹호하는 사람으로는 다음과 같은 이들을 포함한다. Hume

1998, Moore 1993, Driver 2001.

8   이 버전의 덕 결과주의는 줄리아 드라이버의 것으로서 그녀의 주장이 가장 발전된 것이라 할 수 있다. Julia Driver, 2001. 그러나 여기서 문제들은 복잡하다. 덕 결과주의자들은 그 견해에 동의하지 않는다. 이 문제에 대해서는 다음을 볼 것. Bradley 2005.

9   다시 브레들리가 설명한 것처럼 문제는 이보다 훨씬 복잡하다. Bradley 2005. 그러니 이 정도의 단순화가 우리의 목적에 부합한다.

10   《인간 본성에 관한 논고》, 2.2.2.9. 흄의 허영심에 대한 유용한 논의는 다음을 볼 것. Schliesser 2003, 334~335쪽.

11   《인간 본성에 관한 논고》, 3.2.2.12.

12   "사람이 자신의 지위와 인격에 대한 고상한 개념을 가지면 당연히 그 개념에 맞춰 행동할 것이고, 자신이 상상하는 바람직한 모범에 도달하지 못하게 만드는 비천하고 타락한 행위를 경멸할 것이다." Hume 2006, 317쪽.

13   이 질문을 해준 에릭 슐리에서(Eric Schliesser)에게 고마움을 전한다.

14   예를 들어, 애덤 스미스(Adam Smith)는 사람이 허영의 가치가 있을 만한 것에 허영심이 있는 때에만 그것을 인정해야 한다고 생각한다. A. Smith 1985, 255쪽. 흄도 허영심을 긍정적으로 바라볼 때 (물질적 측면에서의 허영이 있는 사람들이 아니라) 도덕적인 행동에 있어서 허영이 있는 사람들로 국한한 것으로 보인다. Hume 2006, 321쪽.

15   우리 연구에서 그랜드스탠딩은 시민 참여 수준이 올라가는 것과는 상관관계가 없다고 밝혀졌다. Grubbs et al. 2019.

16   니체의 도덕성 연구에 대한 탁월한 검토는 다음을 참조할 것. Leiter 2015.

17   Nietzsche 1989, 107쪽.

18   Hurka 2007.

19   니체가 파악한 것처럼 기독교의 발흥이 바로 그것을 이뤘다. 억압받은 초기 기독교 신자들은 그들의 비천하고 무력한 성질을 예의·겸손·빈곤·유순함·인내와 같은 도덕적 덕목으로 바꾸었다. 억압하는 이들은 고귀하고 강력할 수 있지만 반란 이후에는 도덕적으로 악이 되었다. 그들은 초기 기독교인이 갖고 있던 바로 그 특성들인 예의·겸손·빈곤·유순함·인내가 없기 때문이다. 그런데 그 가치들의 평가절상 이후에 유순함·온화함·무력함이 도덕적인 것이 되었다. 니체에 따르면 기독교의 발흥 이래 우리가 이해해온 '도덕성'은 천재성

과 독창성의 삶을 이루려 하는 가장 탁월한 사람들의 노력을 좌절시켰다. (다른 많은 종교와 도덕 사상뿐만 아니라) 기독교는 진정한 탁월함을 완전히 뒤집어 버리고 그것을 원하는 것조차 죄책감이 들도록 만들어버렸다. 니체가 염두에 둔 탁월한 사람들이라는 유형의 예는 괴테, 베토벤, 니체 자신이다.

20 에릭 켐벨(Eric Campbell)은 가짜가 도덕 담론에 만연해 있고 우리는 일반적으로 도덕 표현을 추동하는 동기를 이해하는 데 자기기만적이라고 주장한다. E. Campbell 2014.

21 Hurka 2010

7장 도덕성이 경연되는 장인 제도정치

1 https://www.thetimes.co.uk/article/politicians-must-stop-the-grandstanding-and-start-addressing-the-realities-dnr0w93fx (접속일 2018년 8월 12일).

2 https://www.washingtonpost.com/news/the-watch/wp/2018/05/11/the-protect-and-serve-act-is-political-grandstanding-over-a-nonexistent-problem-and-it-could-cause-real-harm/ (접속일 2018년 8월 12일).

3 https://www.bbc.com/news/av/world-us-canada-24308586/obama-attacks-republican-grandstanding (접속일 2018년 8월 12일).

4 https://www.nationalreview.com/bench-memos/president-obamas-grandstanding-signing-statements-ed-whelan/ (접속일 2018년 8월 12일).

5 Hatemi and Fazekas 2018, 884쪽.

6 사회운동(activism)이 어떻게 진실 추구와 갈등을 일으키는지에 대한 흥미로운 토론은 다음을 볼 것. van der Vossen 2015.

7 정치학자들은 계속해서 대중이 정치인을 평가할 때 인성이 핵심이라고 주장해왔다. A. H. Miller, Wattenberg, and Malanchuk 1986, Greene 2001, Hayes 2005, Bittner 2011, Clifford 2018.

8 http://archive.boston.com/news/nation/articles/2007/03/11/poll_character_trumps_policy_for_voters/ (접속일 2018년 8월 12일).

9 https://news.gallup.com/poll/12544/values-seen-most-important-characteristic-presidential-candidates.aspx (접속일 2018년 8월 12일).

10 http://archive.boston.com/news/nation/articles/2007/03/11/poll_character_
trumps_policy_for_voters/ (접속일 2018년 8월 12일).

11 Kahn and Kenney 1999, Druckman, Jacobs, and Ostermeier 2004.

12 Kinder 1986.

13 Bishin, Stevens, and Wilson 2005.

14 인성이나 정치인의 가치관에 기반한 투표에 대한 비판을 위해서는 다음을
볼 것. J. Brennan 2011, 84~85쪽. 또 이에 대한 방어적 입장은 다음을 볼 것.
Davis 2011.

15 최근의 많은 저서는 유권자 대부분이 정치에 관한 정보가 거의 없고, 따라서
민주주의는 유능하고 책임감 있는 정부 창출에 자주 실패한다고 주장한다.
Caplan 2007, Somin 2013, J. Brennan 2016, Achen and Bartels 2016.

16 https://www.nytimes.com/2018/01/20/opinion/sunday/donald-trump-political-
mythbuster.html (접속일 2019년 6월 5일).

17 예를 들어, 연방주의자 9번(Federalist No. 9)에서 알렉산더 해밀턴(Alexander
Hamilton)은 민주주의를 거대 규모로(미국 주 단위 크기의 공동체에서조차) 세
우는 것은 "우리 스스로를 서로 의심하고 대립하고 소란스러운 무수히 많은
군소 자치주로 분할하는 것이다. 이는 끊임없는 불화의 고약한 온상, 전 세
계의 동정과 경멸을 받는 비참한 대상이 될 것이라고" 우려했다. Hamilton,
Madison, and Jay 2003, 37쪽(알렉산더 해밀턴·제임스 매디슨·존 제이, 《페더럴
리스트》, 박찬표 옮김, 후마니타스, 2019, 75쪽). 해밀턴은 탈중앙화 계획 때문에
이것이 미국의 운명은 아닐 것이라고 생각했다. 연방주의자 10번에 있는 당
파에 대한 제임스 매디슨(James Madison)의 토론에 대해서는 다음을 볼 것.
Hamilton, Madison, and Jay 2003, 40~46쪽(작은 규모의 공화국을 권장한 몽테스
키외(Montesquieu)의 의견에 이어서 나온 견해로서 그의 의견을 진리 기준으로 받아
들이면 군주제의 품 안으로 피신하거나 위와 같은 상황에 놓인다는 맥락에서 나왔다).

18 Vallier 2018.

19 https://www.salon.com/2014/11/20/ted_cruz_trolls_america_why_his_new_
lecture_on_responsible_governance_real_chutzpah/ (접속일 2018년 2월 26일).

20 앞의 사이트.

21 T. J. Ryan 2017.

22 Dahl 1967, 53쪽.

23 Kreps, Laurin, and Merritt 2017.

24 심리학자 질리언 조던(Jillian Jordan)과 동료들에 따르면 사람들은 위선자를 싫어한다. 보통 고결한 도덕적 선언을 훌륭한 인성의 증거로 생각하는데, 이후에 그 사람의 행동이 도덕적 말과 달라 그것이 거짓 시그널이라는 것이 드러나면 그 사람을 싫어하게 되기 때문이다. J. Jordan et al. 2017.

25 예를 들어, 이것을 보라. https://thehill.com/opinion/katie-pavlich/255971-katie-pavlich-yes-obama-does-want-to-take-your-guns (접속일 2018년 8월 13일).

26 https://townhall.com/columnists/kurtschlichter/2017/02/06/the-left-hates-you-act-accordingly-n2281602 (접속일 2018년 7월 18일).

27 https://www.nytimes.com/2017/06/30/us/handmaids-protests-abortion.html (접속일 2018년 4월 18일).

28 https://www.newyorker.com/books/page-turner/we-live-in-the-reproductive-dystopia-of-the-handmaids-tale (접속일 2018년 4월 18일).

29 샨토 아이옌거(Shanto Iyengar)와 마샤 크루펜킨(Masha Krupenkin)은 미국인들이 정치 행위를 하는 더 큰 동기는 상대 당에 지닌 적개심이 아니라 자기 당과의 긍정적인 일체감이라고 밝혔다. Shanto Iyengar, Masha Krupenkin 2018.

30 http://www.nybooks.com/daily/2009/12/17/obama-and-the-rotten-compromise/ (접속일 2018년 9월 24일).

31 Margalit 2009.

32 파비안 벤트(Fabian Wendt)는 다음의 시나리오를 고려한다. "타락하고 잔인한 독재자가 재정 지원과 국제적 인정을 바라면서 그 지역을 안정화하고 일부 소수 집단의 보호를 돕는다고 상상해보라. 협상을 하지 않으면 커다란 위험을 맞는다. 즉, 독재자는 마음대로 예측 불가능하게 행동해도 좋다고 느낄 것이고 결국 불안정, 전쟁까지도 일으킬 수 있다. 모든 대안을 고려했을 때 그 독재자와 협의를 하는 것이 최선으로 보인다." Wendt 2019, 2871쪽.

33 이것이 '중위 투표자 이론(median voter theorem)'이다. Downs 1957. 거칠게 말해 이것은 "다수결 투표 시스템은 중위 투표자가 가장 선호하는 결과를 선택한다는 것이다". Holcombe 2006, 155쪽. 그 이론의 적용 정도는 논쟁 중이다.

34 정치학자 제임스 애덤스(James Adams)와 새뮤얼 메릴(Samuel Merrill)은 이같이 주장한다. "표를 좇는 후보들은 비정책적인 이유에서 그들에게 우호적인 유권자들의 신념을 반영한 여러 정책을 제시하면 당선된다. 그 이유는 많은 유

권자가 후보가 충분히 매력적이지 않으면 기권한다는 것을 정치인이 알고, 그래서 "현 선거운동에서 후보의 입장과 전혀 관련 없는 인종·계급·당파성 등의 고려사항에 지지층을 만족시키려고 하기 때문이다." James Adams, Samuel Merrill 2003, 182쪽.

35 다음을 볼 것. Loury 1994, 441쪽.

36 Pincione and Tesón 2011, 124쪽.

37 Pincione and Tesón 2011, 124쪽.

38 G. Brennan and Lomasky 1997, 16쪽.

39 이 분야에 대한 최근의 저작들로는 다음을 볼 것. Caplan 2007, Somin 2013.

40 이 구절을 읽으면서 동료 시민들의 지식 수준에 불안이 든다면 정치 식견을 가진 시민들이 정부를 운영하는 시스템에 대한 책에도 관심이 있을 수 있다. 다음을 볼 것. J. Brennan 2016.

41 Pincione and Tesn 2011, 23쪽. 강조는 원문.

42 Nisbett and Ross 1980, 45쪽. 다음도 볼 것. Tuan Pham, Meyvis, and Zhou 2001.

43 Sloman and Fernbach 2017, 185쪽.

44 통제되는 자유 시장 경제를 지지하는 경제학자 폴 크루그먼(Paul Krugman)은 이렇게 설명한다. "임대 통제 분석은 경제학 전 분야에서 가장 잘 이해된 쟁점 중 하나며, 경제학자들 사이에서 어찌 되었든 가장 논란이 적은 쟁점이기도 하다. 1992년 미국경제학회는 회원 93퍼센트가 '임대료 상한제가 주택의 양과 질을 감소시킨다'에 동의한다고 밝혔다. 대부분의 입문서 수준의 교과서는 임대료 통제의 부작용을 보여주며 수요공급의 법칙을 설명한다. 절박한 임차인들이 갈 데가 없어서 통제되지 않는 아파트의 하늘 높이 치솟은 임대료, 그리고 높은 임대료에도 불구하고 임대인들이 통제가 확장될 것을 두려워하기 때문에 새 아파트 건축은 부재하다? 자명하다. 임대인을 내쫓으려는 그 어느 것보다 기발한 전략들과 그 전략들을 막으려고 고안된 규제들 확장 간에 무기경쟁 같은 임대인과 임차인의 씁쓸한 관계? 이 또한 자명하다." https://www.nytimes.com/2000/06/07/opinion/reckonings-a-rent-affair.html (접속일 2019년 5월 5일).

45 2015년 샌프란시스코 카운티 감독위원회 감독관 데이비드 캄푸스(David Campos)는 도시 주택 위기를 해결하기 위해 미션(Mission) 지역에서 시가(市

그랜드스탠딩

價) 주택 개발을 중단하자고 제안했다. 그는 이 같은 생생한 논리를 보여줬다. "이 지역의 미래가 이것에 달려 있다. 우리가 이걸 하지 않으면 미션을 잃을 것이다. 미션을 잃으면 샌프란시스코를 잃을 것이다. 이 때문에 우리는 행동해야 한다. 바로 지금 해야 한다. https://archives.sfexaminer.com/sanfrancisco/campos-to-propose-moratorium-on-market-rate-housing-in-the-mission/Content?oid=2928953 (접속일 2018년 7월 11일).

46 태아의 심각한 이상, 성적 폭력, 산모의 생명을 구하는 것이 그 이유다. 그 정당은 예산액을 반대했지만 삭감하고자 한 그 액수의 대체 추정액에는 어떤 근거도 없었다. https://takingnote.blogs.nytimes.com/2012/06/20/anti-abortion-grandstanding/ (접속일 2018년 4월 21일).

47 Vlahov and Junge 1998, Wodak and Cooney 2004.

48 Pincione and Tesn 2011, 151쪽.

49 Pincione and Tesn 2011, 151쪽.

50 Ferguson 2012, 162쪽. 강조는 추가.

51 귀도 핀시오네가 대화 중에 "사회문제 해결의 모순"이라는 구절을 만들었다.

52 '배럿 윌슨'은 가명이다. https://quillette.com/2018/07/14/i-was-the-mob-until-the-mob-came-for-me/ (접속일 2018년 9월 15일).

53 Bashir et al. 2013, 625쪽.

54 Christiano 2008, 61~63쪽.

8장 변화를 위한 방법에 대해

1 2만 4,000명이 참여한 거짓말에 대한 연구를 메타분석한 다음의 연구를 볼 것. Bond Jr and DePaulo 2006. 그러나 폰 히펠(von Hippel)과 트리버스(Trivers)는 속은 사람이 속이는 사람과 교차 점검할 기회가 있을 때, 그리고 서로를 아는 상황일 때 거짓말 감지 비율이 높아진다고 주장한다. von Hippel and Trivers 2011.

2 Vrij 2008. 증거에 따르면 사람들은 평균적으로 하루에 한 번 거짓말을 한다. DePaulo et al. 1996.

3 Grubbs et al. 2019.

4   https://medium.com/@EamonCaddigan/accusations-of-virtue-signaling-are-fallacious-and-hypocritical-d86e9916e634 (접속일 2018년 9월 27일).

5   https://www.theguardian.com/commentisfree/2016/jan/20/virtue-signalling-putdown-passed-sell-by-date (접속일 2018년 9월 27일).

6   https://www.nytimes.com/2017/08/08/magazine/virtue-signaling-isnt-the-problem-not-believing-one-another-is.html (접속일 2018년 9월 27일).

7   https://www.newstatesman.com/politics/uk/2017/02/people-who-accuse-others-virtue-signalling-are-trying-stigmatise-empathy (접속일 2018년 9월 27일).

8   심리학자 닉 해슬람(Nick Haslam)은 이것을 '개념 크립(concept creep, 해악과 병리학 개념이 늘어나는 경향을 가리키는 심리학 용어)'이라고 부른다. Nick Haslam 2016. 그는 학대·괴롭힘·트라우마·중독·편견 같은 개념들이 심리학자들 사이에서 그 의미가 늘었다고 주장한다. 다음도 볼 것. Levari et al. 2018.

9   리베카 솔닛(Rebecca Solnit)이 이 용어를 만든 것은 아니지만, 그 현상에 관심을 둔 후 그 용어에 힌트를 준 것 같다. Solnit 2015, 13~14쪽.

10   https://www.nbcnews.com/news/world/prime-minister-theresa-may-accuses-labour-leader-jeremy-corbyn-mansplaining-n854641 (접속일 2018년 9월 29일).

11   Wilde 1903, 11쪽.

12   다음도 볼 것. Latané and Rodin 1969. Latané and Darley 1970.

13   Cann and Blackwelder 1984, 224쪽.

14   L. Ross and Nisbett 1991. 매슈 리버먼(Matthew Lieberman)은 "만약 한 사회심리학자가 무인도에 버려져 오직 하나의 사회심리학 원칙만을 취할 수 있다면 그것은 틀림없이 '상황의 힘'일 것이다"라고 했다. Matthew Lieberman 2005, 746쪽.

15   Gollwitzer and Oettingen 1998, Luszczynska, Sobczyk, and Abraham 2007, Chapman, Armitage, and Norman 2009.

16   Gollwitzer et al. 2009.

17   Gollwitzer et al. 2009.

18   인도에서 노상 배변 문제에 관한 뛰어난 분석으로는 다음을 볼 것. Coffey and Spears 2017.

19   Bicchieri 2016.

20   그 문제는 주로 후자의 쟁점 때문이다. 인도 사람들은 질병을 일으키는 병균

에 대해 알고 있다. 그러나 화장실을 비우는 빈도와 화장실 비용의 타당성에 관해 잘못된 믿음을 갖고 있다. Coffey and Spears 2017, 67~73쪽.

21 Aikin and Talisse 2013. 이 논의는 다음의 웹사이트에 나온다. https://news.vanderbilt.edu/vanderbiltmagazine/how-to-argue-advice-from-robert-talisse-and-scott-aikin/(접속일 2018년 8월 23일).

22 심리학자들은 이것을 '근본적 귀인오류(fundamental attribution error)'라고 부른다. L. Ross and Nisbett 1991.

23 Fullinwider 2005, 110쪽. 다음도 볼 것. Radzik 2012.

24 Bicchieri 2016, 124쪽. 다음도 볼 것. Pascale, Sternin, and Sternin 2010.

25 Elias 2000, 122쪽.

26 Elias 2000, 73쪽.

27 Elias 2000, 73쪽.

28 Elias 2000, 67쪽.

도덕적인 말의 향연

1.

그랜드스탠딩은 사람들의 이목을 끌어 자신의 도덕적 우월성을 과시하기 위해 도덕적인 말을 하는 것이다. 저자들은 도덕적 이야기가 사회를 바람직하게 이끄는 중요한 도구이지만, 그것이 얼마나 오용되고 사회에 부정적인 영향을 끼치는지를 살핀다. 사회에는 분명 존재하지만 잘 보이지 않고, 꼬집어 말하지 못하는 현상들이 있다. 도덕적 말들의 향연을 보고 들으면서, 뭐라 한마디로 표현하기 어려운 그 부자연스럽고 껄끄러운 현상을 '그랜드스탠딩'이라는 단어가 바로 포착한다.

말과 글이 흔하고 도덕적 담론도 남발되는 시대에 누구나 정의·권리·자유·존엄·평등을 상식적으로 알고 그런 단어들을 흔하게 쓴다. 그런데 그런 말은 너무 옳은 이야기라 힘이 없고, 그것을 쓰고 말하는 사람들의 생활은 그 단어들의 원칙과 괴리가 있는 경우가 많다. 안전과 특권을 그대로 둔 채 자신에게는 부정의와 비리가 없는 것처럼 도덕적인 말을 쏟아낸다. 정치인, 운동가, 진보학자라 정체화하는 사람들이 '정의를 위하여', '국민을 위하여', '연대'와 '배려'를 강조한다. 하지만 저자들이 확인한 것처럼, 이 사람들은 그렇게 책임감 있게 그런 말을 사용하지도 않고 일상생활에서 그들의 도덕성과 말이 일치되는 것도 아니다. 그럼에도 많은 사람은 일상생활에서 '정확하게' 알 수 있는 정보가 없기 때문에, 도덕적 말을 쓰고 주장하는 사람들에게 그리고 그들의 글과 말에 현혹된다. 더 정확하게 표현하면 '속는다'. 이 책은 인권 담론의 과잉, 좋은 말의 과잉 속에서 실종된 원칙 중 하나인 언행의 일치를 상기시킨다.

간혹 학생들이 좋은 글의 기준이 무엇이냐고 내게 묻곤 한다. 나는 그중 하나로 결론을 공감, 연대, 피해자에 대한 이해 등으로 맺는 글은 무겁게 생각하지 말라고 한다. 과정에 대한 분석과 천착 없이, 누구나 다 말할 수 있고 쓸 수 있는 도덕적 정당성이 확보된 그런 단어들을 쓰면서 스스로가 도덕적인 자아임을 전제로 하고 있기 때문이다. 즉, 그 무게와 깊이를 정말 아는 사람은 그런 단어들을 함부로, 혹은 쉽게 쓸 수 없는 경우가 더 많다고 생각하기 때문이다.

2.

이 책에서 그랜드스탠딩이라는 단어 자체 다음으로 가장 눈에 들어온 부분은 덕이 있는 사람은 결코 그랜드스탠딩을 하지 않는다는 저자들의 결론을 니체를 통해 설명한 부분이었다. 니체주의자에게 그랜드스탠딩은 자신의 가치를 표현하는 천박한 대체물로서 자신의 가치를 도덕적 이야기에 기대는 약자의 전략이며, 진정한 탁월함은 훨씬 더 어렵지만 가치 있고 정직하다고 한 부분(제6장의 '그랜드스탠딩과 니체')이다. "탁월한 사람은 도덕적 말을 포함해 도덕성을 자신의 지배력에의 의지를 만족시킬 도구로 활용하지 않는다는 것이다. 그리하여 탁월한 사람은 그랜드스탠딩을 하지 않는다. 탁월한 사람은 도덕적 이야기의 전략적 활용을 통해 자신의 위상을 얻으려는 일말의 노력에 아무런 관심이 없다"(205쪽). 두말할 것이 없다. 니체는 도덕적 이야기를 약하고 절망적인 늑대가 뒤집어쓴 양가죽이라고 표현했는데, 여기에서 이솝우화 중 〈허영심 많은 까마귀〉가 떠오른다. 신이 가장 아름다운 새를 왕으로 정하겠다고 하자, 까마귀가 여러 새의 깃털을 몸에 붙여 왕이 되었다. 그러자 다른 새들이 자신의 깃털을 모두 떼어가고 까마귀는 본래의 모습을 찾는다. 그 까마귀는 왕의 자리가 박탈되고 매질까지 당한다는 이야기다.

3.

이 책은 여러 수위에서 나타나는 도덕적 그랜드스탠딩의 문제점을 철학적 사유를 통해 전개하고 있다. 현재 소셜 미디어의 막강한 영향력 때문에 그 영역에서의 그랜드스탠딩 문제도 중요한데, 저자들이 제시한 대안들도 무난한 방법이다.

그랜드스탠딩이 나타나는 여러 영역 가운데 아무래도 중요한 영역이 정치적 그랜드스탠딩일 것이다. 대통령 선거, 국회의원 선거, 지방 선거 정국에서는 국민과 소통한다는 정치인의 이미지가 각양각색의 방법으로 호소된다. 어떻게 정치적 그랜드스탠더를 구별해 합당한 정치가를 뽑는가라는 문제는 어려운 숙제다. 행하지 않으면서 번지르르한 도덕적 언어를 구사하는 정치인이라도 그것을 말하지 않는 정치인이나 위악을 전면에 서슴지 않는 정치인보다는 낫다고 생각되며, 그러한 언어들이 최소한 정치인에 대한 일말의 정보라도 주는 것이기에, 또 대통령이나 자신의 지역구 국회의원이 도덕적인 사람이길 바라는 유권자의 요구에 상응하는 정치적 그랜드스탠딩이 있기에 관용의 여지 또한 있다. 어쩌면 이러한 특성들 때문에 우리는 민주주의 사회에서 이상적이거나 바람직한 정치인 및 다른 정치 행위자를 정말 만나기 어렵다.

정치적 양분화, 그 속에서 상대편의 가장 극단적인 인물이나 비주류 개념들만을 가시화하고, 그랜드스탠딩과 도덕적 가치를 내세운 집단·조직을 통해 시민에게 자신을 도덕적인 인물로 호소하며 내부 집단에서의 단결을 도모하는 정치인들·활동가들의 면모와 양상을 분별 있게 살펴야 한다. 그런 말을 왜 할까? 어떤 맥락에서 할까? 실천 가능성은 있는가? 그런 말을 통한 궁극적 목표는 무엇일까? 그런 언어들을 자신이 도덕적으로 그럴싸하게, 멋지게 보일 요량으로 하는 것은 두말할 것이 없고, 선의일지라도 그것들의 나열은 '말의 공해'를 가속시키면서 실제 그 단어들이 갖는 고유한 힘과 가치를 약화시켜버린다. 도덕적 과잉이 없는 분석적인 판단과 글, 타인을 기만하는 허무맹랑한 주장이 아닌 구체성을 띤 정책이 활성화될 때, 사탕발림의 이미지의 속성을 바로 보고 득실의 관점을 벗어나는 사람이 늘어날수록, 조금씩이라도 변화의 감을 가질 수 있을 것이다.

4. 이 책은 고색창연한 주의 주장을 능수능란하게 말하고 쓰는 이들에게서 갖는, 언어로 표현할 길 없었던 왠지 모를 꺼림칙함에 대한 한 답을 제공하고 있다.

꼼꼼하게 교정을 봐주신 편집장님께 고맙다는 말씀을 남긴다. 역자로서 저자들과의 소통은 언제나 즐겁다. 두 저자께 고마운 마음을 전한다.

참고문헌

Aalberg, Toril, Jesper Strömbäck, and Claes H. de Vreese. 2012. "The Framing of Politics as Strategy and Game: A Review of Concepts, Operationalizations and Key Findings." *Journalism* 13 (2): 162-78. https:// doi.org/ 10.1177/ 1464884911427799.

Abbink, Klaus, Lata Gangadharan, Toby Handfield, and John Thrasher. 2017. "Peer Punishment Promotes Enforcement of Bad Social Norms." *Nature Communications* 8 (1): 609. https:// doi.org/ 10.1038/ s41467-017-00731-0.

Achen, Christopher, and Larry Bartels. 2016. *Democracy for Realists: Why Elections Do Not Produce Responsive Government.* Princeton, NJ: Princeton University Press.

Adams, James, and Samuel Merrill. 2003. "Voter Turnout and Candidate Strategies in American Elections." *The Journal of Politics* 65 (1): 161-89. https://doi.org/10.1111/1468-2508.t01-1-00008.

Adelson, Rachel. 2004. "Detecting Deception." *APA Monitor on Psychology* 35 (7): 70–71.

Aesop, and Samuel Croxall. 1843. *The Fables of Aesop, with Instructive Applications.* Halifax: William Milner.

Ahler, Douglas J., and Gaurav Sood. 2018. "The Parties in Our Heads: Misperceptions about Party Composition and Their Consequences." *The Journal of Politics* 80 (3): 964–81. https://doi.org/10.1086/697253.

Aikin, Scott F., and Robert B. Talisse. 2013. *Why We Argue (And How We Should): A Guide to Political Disagreement*. New York: Routledge.

Alicke, Mark D., Debbie S. Vredenburg, Matthew Hiatt, and Olesya Govorun. 2001. "The 'Better Than Myself Effect'." *Motivation and Emotion* 25 (1): 7–22. https://doi.org/ 10.1023/ A:1010655705069.

Allison, Scott T., David M. Messick, and George R. Goethals. 1989. "On Being Better but Not Smarter Than Others: The Muhammad Ali Effect." *Social Cognition* 7(3): 275–95. https://doi.org/10.1521/soco.1989.7.3.275.

Andersen, Hans Christian. 1993. *Andersen's Fairy Tales*. Ware, Hertfordshire: Wordsworth Editions.

Annas, Julia. 2011. *Intelligent Virtue*. Oxford: Oxford University Press.

Asch, Solomon E. 1956. "Studies of Independence and Conformity: A Minority of One Against a Unanimous Majority." *Psychological Monographs: General and Applied* 70(9): 1–70.

Audi, Robert. 2015. *Means, Ends, and Persons: The Meaning and Psychological Dimensions of Kant's Humanity Formula*. Oxford: Oxford University Press.

Austin, Erica Weintraub, and Bruce E. Pinkleton. 1995. "Positive and Negative Effects of Political Disaffection on the Less Experienced Voter." *Journal of Broadcasting & Electronic Media* 39 (2): 215–35. https://doi.org/10.1080/ 08838159509364300.

Austin, Erica Weintraub, and Bruce E. Pinkleton. 1999. "The Relation Between Media Content Evaluations and Political Disaffection." *Mass Communication and Society* 2(3–4): 105–22. https://doi.org/10.1080/ 15205436.1999.9677867.

Baier, Kurt. 1965. *The Moral Point of View: A Rational Basis of Ethics*. Abridged. New York: Random House.

Bashir, Nadia Y., Penelope Lockwood, Alison L. Chasteen, Daniel Nadolny, and Indra Noyes. 2013. "The Ironic Impact of Activists: Negative Stereotypes Reduce Social Change Influence." *European Journal of Social Psychology* 43 (7): 614–26. https://doi.org/10.1002/ejsp.1983.

Bennett, Stephen Earl. 1986. *Apathy in America, 1960- 1984: Causes and Consequences of Citizen Political Indifference*. Dobbs Ferry, NY: Transnational Publishers.

그랜드스탠딩

Berry, Jeffrey M., and Sarah Sobieraj. 2014. *The Outrage Industry: Political Opinion Media and the New Incivility*. Oxford: Oxford University Press.

Bicchieri, Cristina. 2016. *Norms in the Wild: How to Diagnose, Measure, and Change Social Norms*. New York: Oxford University Press.

Bishin, Benjamin G., Daniel Stevens, and Christian Wilson. 2005. "Truth or Consequences?: Character and Swing Voters in the 2000 Election." *Public Integrity* 7 (2): 129−46. https://doi.org/ 10.1080/10999922.2005.11051273.

Bittner, Amanda. 2011. *Platform or Personality?: The Role of Party Leaders in Elections*. New York: Oxford University Press.

Bond Jr, Charles F., and Bella M. DePaulo. 2006. "Accuracy of Deception Judgments." *Personality and Social Psychology Review* 10(3): 214−34.

Bond, Rod, and Peter B. Smith. 1996. "Culture and Conformity: A Meta- Analysis of Studies Using Asch's Line Judgment Task." *Psychological Bulletin* 119(1): 111−37. https:// doi.org/ 10.1037/ 0033-2909.119.1.111.

Boyd, Robert, and Peter J. Richerson. 1992. "Punishment Allows the Evolution of Cooperation (or Anything Else) in Sizable Groups." *Ethology and Sociobiology* 13 (3):171−95. https://doi.org/10.1016/0162-3095(92)90032- Y.

Bradley, Ben. 2005. "Virtue Consequentialism." *Utilitas* 17 (3): 282−98. https:// doi. org/ 10.1017/ S0953820805001652.

Brennan, Geoffrey, and Loren Lomasky. 1997. *Democracy and Decision: The Pure Theory of Electoral Preference*. Cambridge, UK: Cambridge University Press.

Brennan, Jason. 2011. *The Ethics of Voting*. Princeton, NJ: Princeton University Press.

Brennan, Jason. 2016. *Against Democracy*. Princeton, NJ: Princeton University Press. https:// press.princeton.edu/ titles/ 10843.html.

Brown, Jonathon D. 2012. "Understanding the Better Than Average Effect: Motives (Still) Matter." *Personality and Social Psychology Bulletin* 38 (2): 209−19. https:// doi.org/ 10.1177/ 0146167211432763.

Burtt, Shelley. 1990. "The Good Citizen's Psyche: On the Psychology of Civic Virtue." *Polity* 23 (1): 23−38. https:// doi.org/ 10.2307/ 3235141.

Buss, David M., and Lisa A. Dedden. 1990. "Derogation of Competitors." *Journal of Social and Personal Relationships* 7 (3): 395 – 422.

Campbell, Eric. 2014. "Breakdown of Moral Judgment." *Ethics* 124 (3): 447 – 80. https:// doi.org/ 10.1086/ 674845.

Campbell, James E. 2016. *Polarized: Making Sense of a Divided America*. Princeton, NJ: Princeton University Press. https:// press.princeton.edu/ titles/ 10846.html.

Cann, Arnie, and Jill Goodman Blackwelder. 1984. "Compliance and Mood: A Field Investigation of the Impact of Embarrassment." *The Journal of Psychology* 117 (2): 221 – 26. https:// doi.org/ 10.1080/ 00223980.1984.9923681.

Caplan, Bryan. 2007. *The Myth of the Rational Voter: Why Democracies Choose Bad Policies*. Princeton, NJ: Princeton University Press.

Caplan, Bryan. 2018. *The Case Against Education: Why the Education System Is a Waste of Time and Money*. Princeton, NJ: Princeton University Press.

Cappella, Joseph N., and Kathleen Hall Jamieson. 1997. *Spiral of Cynicism: The Press and the Public Good*. New York: Oxford University Press.

Chapman, Janine, Christopher J. Armitage, and Paul Norman. 2009. "Comparing Implementation Intention Interventions in Relation to Young Adults' Intake of Fruit and Vegetables." *Psychology and Health* 24 (3): 317 – 32.

Cheng, Joey T., Jessica L. Tracy, and Joseph Henrich. 2010. "Pride, Personality, and the Evolutionary Foundations of Human Social Status." *Evolution and Human Behavior* 31 (5): 334 – 47. https:// doi.org/ 10.1016/ j.evolhum behav.2010.02.004.

Christiano, Thomas. 2008. *The Constitution of Equality: Democratic Authority and Its Limits*. Oxford: Oxford University Press.

Clifford, Scott. 2018. "Reassessing the Structure of Presidential Character." *Electoral Studies* 54 (August): 240 – 47. https:// doi.org/ 10.1016/ j.electstud.2018.04.006.

Coffey, Diane, and Dean Spears. 2017. *Where India Goes: Abandoned Toilets, Stunted Development and the Costs of Caste*. Noida, Uttar Pradesh: HarperCollins India.

Collins, Randall. 1993. "Emotional Energy as the Common Denominator of Rational Action." *Rationality and Society* 5 (2): 203 – 30. https:// doi.org/ 10.1177/ 1043463193005002005.

Crockett, M. J. 2017. "Moral Outrage in the Digital Age." *Nature Human Behaviour* 1

(11): 769. https:// doi.org/ 10.1038/ s41562- 017- 0213- 3.

Cross, K. Patricia. 1977. "Not Can, but Will College Teaching Be Improved?" *New Directions for Higher Education* 17: 1 – 15. https:// doi.org/ 10.1002/ he.36919771703.

Dahl, Robert Alan. 1967. *Pluralist Democracy in the United States: Conflict and Consent.* Chicago: Rand McNally.

Davis, Ryan W. 2011. "A Moral Defense of the 'Moral Values' Voter." *Political Studies* 59 (4): 996 – 1016. https:// doi.org/ 10.1111/ j.1467- 9248.2011.00888.x.

DePaulo, Bella M., Deborah A. Kashy, Susan E. Kirkendol, Melissa M. Wyer, and Jennifer A. Epstein. 1996. "Lying in Everyday Life." *Journal of Personality and Social Psychology* 70 (5): 979 – 95. https:// doi.org/ 10.1037/ 0022- 3514.70.5.979.

Dickinson, David L., and David Masclet. 2015. "Emotion Venting and Punishment in Public Good Experiments." *Journal of Public Economics* 122 (February): 55 – 67. https:// doi.org/ 10.1016/ j.jpubeco.2014.10.008.

Downs, Anthony. 1957. *An Economic Theory of Democracy.* New York: Harper.

Driver, Julia. 2001. *Uneasy Virtue.* Cambridge, UK: Cambridge University Press.

Driver, Julia. 2005. "Moralism." *Journal of Applied Philosophy* 22 (2): 137 – 51. https:// doi.org/ 10.1111/ j.1468- 5930.2005.00298.x.

Druckman, James N., Lawrence R. Jacobs, and Eric Ostermeier. 2004. "Candidate Strategies to Prime Issues and Image." *The Journal of Politics* 66 (4): 1180 – 1202.

Dunning, David. 2016. "False Moral Superiority." In *The Social Psychology of Good and Evil*, edited by Arthur G. Miller, 2nd ed., 171 – 84. New York: The Guilford Press.

Elias, Norbert. 2000. *The Civilizing Process: Sociogenetic and Psychogenetic Investigations.* 2nd ed. Malden, MA: Wiley.

Epley, Nicholas, and David Dunning. 2000. "Feeling 'Holier Than Thou': Are Self- Serving Assessments Produced by Errors in Self- or Social Prediction?" *Journal of Personality and Social Psychology* 79 (6): 861 – 75.

Epstein, Seymour. 1973. "Expectancy and Magnitude of Reaction to a Noxious

UCS." *Psychophysiology* 10 (1): 100 – 107. https:// doi.org/ 10.1111/ j.1469-8986.1973.tb01091.x.

Feeny, Norah C., Elizabeth A. Hembree, and Lori A. Zoellner. 2003. "Myths Regarding Exposure Therapy for PTSD." *Cognitive and Behavioral Practice* 10 (1): 85 – 90. https:// doi.org/ 10.1016/ S1077- 7229(03)80011- 1.

Fehr, Ernst, and Urs Fischbacher. 2004. "Third- Party Punishment and Social Norms." *Evolution and Human Behavior* 25 (2): 63 – 87. https:// doi.org/ 10.1016/ S1090- 5138(04)00005-4.

Fehr, Ernst, and Simon Gächter. 2002. "Altruistic Punishment in Humans." *Nature* 415 (January): 137 – 40.

Ferguson, Michaele L. 2012. *Sharing Democracy*. New York: Oxford University Press.

Fernbach, Philip M., Todd Rogers, Craig R. Fox, and Steven A. Sloman. 2013. "Political Extremism Is Supported by an Illusion of Understanding." *Psychological Science* 24 (6): 939 – 46. https:// doi.org/ 10.1177/ 095679761 2464058.

Festinger, Leon. 1954. "A Theory of Social Comparison Processes." *Human Relations* 7 (2): 117 – 40.

Fetchenhauer, Detlev, and David Dunning. 2006. "Perception of Prosociality in Self and Others." In *Solidarity and Prosocial Behavior: An Integration of Psychological and Sociological Perspectives*, edited by Detlev Fetchenhauer, Andreas Flache, Abraham P. Buunk, and Siegwart M. Lindenberg, 61 – 76. New York: Kluwer Academic/ Plenum Publishers. https:// www.rug.nl/ research/ portal/ en/ publications/ perception-of-prosociality-in-self-and-others(5e1deb73-d787-41b7-8b61-65472d68a940).html.

Fields, James M., and Howard Schuman. 1976. "Public Beliefs About the Beliefs of the Public." *Public Opinion Quarterly* 40 (4): 427 – 48. https:// doi.org/ 10.1086/ 268330.

Fiorina, Morris P. 2017. *Unstable Majorities: Polarization, Party Sorting, and Political Stalemate*. Stanford, CA: Hoover Institution Press.

Fiorina, Morris P., and Samuel Abrams. 2010. "Where's the Polarization?" In *Controversies in Voting Behavior*, edited by Richard G. Niemi, Herbert F.

Weisberg, and David C. Kimball, 5th ed., 309 – 18. Washington, DC: CQ Press.

Foa, Edna B. 2011. "Prolonged Exposure Therapy: Past, Present, and Future." *Depression and Anxiety* 28 (12): 1043 – 47. https:// doi.org/ 10.1002/ da.20907.

Frankfurt, Harry G. 1988. "On Bullshit." In *The Importance of What We Care About: Philosophical Essays*, 117 – 33. Cambridge, UK: Cambridge University Press.

Frijda, Nico H. 2006. *The Laws of Emotion*. Mahwah, NJ: Psychology Press.

Frimer, Jeremy A., Linda J. Skitka, and Matt Motyl. 2017. "Liberals and Conservatives Are Similarly Motivated to Avoid Exposure to One Another's Opinions." *Journal of Experimental Social Psychology* 72: 1 – 12. https:// doi.org/ 10.1016/ j.jesp.2017.04.003.

Fullinwider, Robert K. 2005. "On Moralism." *Journal of Applied Philosophy* 22 (2): 105 – 20.

Goethals, George R. 1986. "Social Comparison Theory: Psychology from the Lost and Found." *Personality and Social Psychology Bulletin* 12 (3): 261 – 78. https:// doi. org/ 10.1177/ 0146167286123001.

Goethals, George R., David M. Messick, and Scott T. Allison. 1991. "The Uniqueness Bias: Studies of Constructive Social Comparison." In *Social Comparison: Contemporary Theory and Research*, edited by Jerry Suls and Thomas Ashby Wills, 149 – 76. Hillsdale, NJ: Erlbaum.

Goethe, Johann Wolfgang von. 1884. *The Sorrows of Werther: Elective Affinities and a Nouvelette*. Translated by R. Dillon Boylan. Boston: S. E. Cassino.

Goffman, Erving. 1959. *The Presentation of Self in Everyday Life*. New York: Anchor.

Gollwitzer, Peter M., and Gabriele Oettingen. 1998. "The Emergence and Implementation of Health Goals." *Psychology and Health* 13 (4): 687 – 715.

Gollwitzer, Peter M., Frank Wieber, Andrea L. Myers, and Sean M. McCrea. 2009. "How to Maximize Implementation Intention Effects." In *Then A Miracle Occurs: Focusing on Behavior in Social Psychological Theory and Research*, ed\-ited by Christopher R. Agnew, Donal E. Carlston, William G. Graziano, and Janice R. Kelly, 137 – 61. Oxford: Oxford University Press. http://www. oxfordscholarship.com/ view/ 10.1093/ acprof:oso/ 9780195377798.001.0001/

acprof- 9780195377798- chapter- 8.

Graham, Jesse, Brian A. Nosek, and Jonathan Haidt. 2012. "The Moral Stereotypes of Liberals and Conservatives: Exaggeration of Differences across the Political Spectrum." *PLOS ONE* 7 (12): e50092. https:// doi.org/ 10.1371/ journal. pone.0050092.

Green, Jeffrey D., Constantine Sedikides, Daryl R. Van Tongeren, Anna M. C. Behler, and Jessica M. Barber. 2019. "Self- Enhancement, Righteous Anger, and Moral Grandiosity." *Self and Identity* 18 (2): 201 – 16. https:// doi.org/ 10.1080/ 15298868.2017.1419504.

Greene, Steven. 2001. "The Role of Character Assessments in Presidential Approval." *American Politics Research* 29 (2): 196 – 210.

Grice, H. Paul. 1989. "Logic and Conversation." In *Studies in the Way of Words*, 22 – 40. Cambridge, MA: Harvard University Press.

Groenendyk, Eric. 2018. "Competing Motives in a Polarized Electorate: Political Responsiveness, Identity Defensiveness, and the Rise of Partisan Antipathy." *Political Psychology* 39: 159 – 71. https:// doi.org/ 10.1111/ pops.12481.

Grubbs, Joshua B., Brandon Warmke, Justin Tosi, A. Shanti James, and W. Keith Campbell. 2019. "Moral Grandstanding in Public Discourse: Status- Seeking Motives as a Potential Explanatory Mechanism in Predicting Conflict." Preprint. PsyArXiv. https:// doi.org/ 10.31234/ osf.io/ gnaj5.

Haidt, Jonathan. 2012. *The Righteous Mind: Why Good People Are Divided by Politics and Religion*. New York: Vintage.

Hamilton, Alexander, James Madison, and John Jay. 2003. *The Federalist: With Letters of Brutus*. Edited by Terence Ball. Cambridge, UK: Cambridge University Press.

Hardin, Garrett. 1968. "The Tragedy of the Commons." *Science* 162 (3859): 1243 – 48. https:// doi.org/ 10.1126/ science.162.3859.1243.

Hart, H. L. A. 1955. "Are There Any Natural Rights?" *Philosophical Review* 64: 175 – 91.

Haslam, Nick. 2016. "Concept Creep: Psychology's Expanding Concepts of Harm and Pathology." *Psychological Inquiry* 27 (1): 1 – 17. https:// doi.org/ 10.1080/

1047840X.2016.1082418.

Hatemi, Peter K., and Zoltán Fazekas. 2018. "Narcissism and Political Orientations." *American Journal of Political Science* 62 (4): 873–88. https:// doi. org/ 10.1111/ ajps.12380.

Hayes, Danny. 2005. "Candidate Qualities through a Partisan Lens: A Theory of Trait Ownership." *American Journal of Political Science* 49 (4): 908–23.

Heck, Patrick R., and Joachim I. Krueger. 2016. "Social Perception of Self-Enhancement Bias and Error." *Social Psychology* 47 (6): 327–39. https:// doi. org/ 10.1027/ 1864- 9335/ a000287.

Henrich, Joseph. 2015. *The Secret of Our Success*. Princeton, NJ: Princeton University Press. https:// press.princeton.edu/ titles/ 10543.html.

Hippel, William von, and Robert Trivers. 2011. "The Evolution and Psychology of Self- Deception." *Behavioral and Brain Sciences* 34 (1): 1–16. https:// doi.org/ 10.1017/ S0140525X10001354.

Holcombe, Randall G. 2006. *Public Sector Economics: The Role of Government in the American Economy*. Upper Saddle River, NJ: Pearson.

Honts, Charles R., and John C. Kircher. 1994. "Mental and Physical Counter measures Reduce the Accuracy of Polygraph Tests." *Journal of Applied Psychology* 79 (2): 252–59. https:// doi.org/ 10.1037/ 0021- 9010.79.2.252.

Hopkins, David A. 2017. *Red Fighting Blue: How Geography and Electoral Rules Polarize American Politics*. Cambridge, UK: Cambridge University Press.

Hume, David. 1998. *An Enquiry Concerning the Principles of Morals*. New York: Oxford University Press.

Hume, David. 2006. *Moral Philosophy*. Edited by Geoffrey Sayre- McCord. Indianapolis: Hackett.

Hurka, Thomas. 2007. "Nietzsche: Perfectionist." In *Nietzsche and Morality*, edited by Brian Leiter and Neil Sinhababu, 9–31. New York: Oxford University Press.

Hurka, Thomas. 2010. *The Best Things in Life: A Guide to What Really Matters*. New York: Oxford University Press.

Hursthouse, Rosalind. 2006. "Are Virtues the Proper Starting Point for Morality?"

In *Contemporary Debates in Moral Theory*, edited by James Dreier, 99 – 112. Malden, MA: Blackwell.

Hursthouse, Rosalind, and Glen Pettigrove. 2018. "Virtue Ethics." In *The Stanford Encyclopedia of Philosophy*, edited by Edward N. Zalta, Winter 2018. Metaphysics Research Lab, Stanford University. https:// plato.stanford.edu/ archives/ win2018/ entries/ ethics- virtue/ .

Isenberg, Arnold. 1964. "Deontology and the Ethics of Lying." *Philosophy and Phenomenological Research* 24 (4): 463 – 480.

Iyengar, Shanto, and Masha Krupenkin. 2018. "The Strengthening of Partisan Affect." *Political Psychology* 39 (S1): 201 – 18. https:// doi.org/ 10.1111/ pops.12487.

Jamie, Gabriel A. 2017. "Signals, Cues and the Nature of Mimicry." *Proceedings of the Royal Society B: Biological Sciences* 284 (1849). https:// doi.org/ 10.1098/ rspb.2016.2080.

Jamieson, Kathleen Hall. 1992. *Dirty Politics: Deception, Distraction, and Democracy.* New York: Oxford University Press.

Jang, S. Mo, Hoon Lee, and Yong Jin Park. 2014. "The More Friends, the Less Political Talk? Predictors of Facebook Discussions Among College Students." *Cyberpsychology, Behavior, and Social Networking* 17 (5): 271 – 75. https:// doi. org/ 10.1089/ cyber.2013.0477.

Jordan, Jillian J., Moshe Hoffman, Paul Bloom, and David G. Rand. 2016. "Third-Party Punishment as a Costly Signal of Trustworthiness." *Nature* 530 (7591): 473. https:// doi.org/ 10.1038/ nature16981.

Jordan, Jillian, Roseanna Sommers, Paul Bloom, and David Rand. 2017. "Why Do We Hate Hypocrites? Evidence for a Theory of False Signaling." SSRN Scholarly Paper ID 2897313. Rochester, NY: Social Science Research Network. https:// papers.ssrn.com/ abstract=2897313.

Kahn, Kim Fridkin, and Patrick J. Kenney. 1999. *The Spectacle of US Senate Campaigns.* Princeton, NJ: Princeton University Press.

Kalmoe, Nathan P., and Lilliana Mason. 2019. "Lethal Mass Partisanship: Prevalence, Correlates, & Electoral Contingencies." Paper presented at the

그랜드스탠딩

2018 American Political Science Association's Annual Meeting, Boston, Aug. 30 – Sept. 2.

Kaufman, Bruce E. 1999. "Emotional Arousal as a Source of Bounded Rationality." *Journal of Economic Behavior & Organization* 38 (2): 135 – 44. https:// doi.org/ 10.1016/ S0167- 2681(99)00002- 5.

Kelly, Michael J. 1888. *Play Ball: Stories of the Ball Field*. Boston: Emery and Hughes.

Kennedy, Jessica, and Maurice E. Schweitzer. 2015. "Holding People Responsible for Ethical Violations: The Surprising Benefits of Accusing Others." *Academy of Management Proceedings* 2015 (1): 112 – 58. https:// doi.org/ 10.5465/ ambpp.2015.11258abstract.

Kinder, Donald. 1986. "Presidential Character Revisited." In *Political Cognition*, ed\- ited by Richard Lau and David Sears, 233 – 56. Hillsdale, NJ: Erlbaum.

Klein, Nadav, and Nicholas Epley. 2016. "Maybe Holier, but Definitely Less Evil, than You: Bounded Self- Righteousness in Social Judgment." *Journal of Personality and Social Psychology* 110 (5): 660.

Klein, Nadav, and Nicholas Epley. 2017. "Less Evil Than You: Bounded Self- Righteousness in Character Inferences, Emotional Reactions, and Behavioral Extremes." *Personality and Social Psychology Bulletin* 43 (8): 1202 – 12. https:// doi. org/ 10.1177/ 0146167217711918.

Kogelmann, Brian, and Robert H. Wallace. 2018. "Moral Diversity and Moral Responsibility." *Journal of the American Philosophical Association* 4 (3): 371 – 89.

Kreps, Tamar A., Kristin Laurin, and Anna C. Merritt. 2017. "Hypocritical Flip- Flop, or Courageous Evolution? When Leaders Change Their Moral Minds." *Journal of Personality and Social Psychology* 113 (5): 730 – 52. https:// doi.org/ 10.1037/ pspi0000103.

Kruger, Justin, and Thomas Gilovich. 1999. "'Naive Cynicism' in Everyday Theories of Responsibility Assessment: On Biased Assumptions of Bias." *Journal of Personality and Social Psychology* 76 (5): 743 – 53. https:// doi.org/ 10.1037/ 0022- 3514.76.5.743.

Kuran, Timur. 1995. *Private Truths, Public Lies: The Social Consequences of Preference Falsification*. Cambridge, MA: Harvard University Press.

Lange, Paul A. M. van, and Constantine Sedikides. 1998. "Being More Honest but Not Necessarily More Intelligent than Others: Generality and Explanations for the Muhammad Ali Effect." *European Journal of Social Psychology* 28 (4): 675 – 80. https:// doi.org/ 10.1002/ (SICI)1099- 0992(199807/ 08)28:4〈675::AID- EJSP883〉3.0.CO;2- 5.

Latané, Bibb, and John M. Darley. 1970. *The Unresponsive Bystander: Why Doesn't He Help?* New York: Appleton- Century Crofts.

Latané, Bibb, and Judith Rodin. 1969. "A Lady in Distress: Inhibiting Effects of Friends and Strangers on Bystander Intervention." *Journal of Experimental Social Psychology* 5 (2): 189 – 202. https:// doi.org/ 10.1016/ 0022- 1031(69)90046- 8.

Laurent, Sean M., Brian A. M. Clark, Stephannie Walker, and Kimberly D. Wiseman. 2014. "Punishing Hypocrisy: The Roles of Hypocrisy and Moral Emotions in Deciding Culpability and Punishment of Criminal and Civil Moral Transgressors." *Cognition & Emotion* 28 (1): 59 – 83. https:// doi.org/ 10.1080/ 02699931.2013.801339.

Leary, Mark R., and Robin M. Kowalski. 1990. "Impression Management: A Literature Review and Two- Component Model." *Psychological Bulletin* 107 (1): 34 – 47. https:// doi.org/ 10.1037/ 0033- 2909.107.1.34.

Leiter, Brian. 2015. *Nietzsche on Morality*. 2nd ed. London: Routledge.

Levari, David E., Daniel T. Gilbert, Timothy D. Wilson, Beau Sievers, David M. Amodio, and Thalia Wheatley. 2018. "Prevalence- Induced Concept Change in Human Judgment." *Science* 360 (6396): 1465 – 67. https:// doi.org/ 10.1126/ science.aap8731.

Lieberman, Matthew D. 2005. "Principles, Processes, and Puzzles of Social Cognition: An Introduction for the Special Issue on Social Cognitive Neuroscience." *NeuroImage* 28 (4): 745 – 56. https:// doi.org/ 10.1016/ j.neuroimage.2005.07.028.

Liu, Ying. 2013. "Investigating the Relation between Moral Self- Enhancement and Self- Deception: A Cross- Cultural Study of U.S. and Chinese College Students." *Dissertations* 279 (December). https:// irl.umsl.edu/ dissertation/ 279.

Loury, Glenn C. 1994. "Self- Censorship in Public Discourse: A Theory of 'Political

Correctness' and Related Phenomena." *Rationality and Society* 6 (4): 428 – 61.

Luskin, Robert C., Gaurav Sood, James S. Fishkin, and Kyu S. Hahn. unpublished. "Deliberative Distortions? Homogenization, Polarization, and Domination in Small Group Deliberations."

Luszczynska, Aleksandra, Anna Sobczyk, and Charles Abraham. 2007. "Planning to Lose Weight: Randomized Controlled Trial of an Implementation Intention Prompt to Enhance Weight Reduction among Overweight and Obese Women." *Health Psychology* 26 (4): 507 – 12.

MacIntyre, Alasdair. 2007. *After Virtue: A Study in Moral Theory, Third Edition*. 3rd ed. Notre Dame, IN: University of Notre Dame Press.

Margalit, Avishai. 2009. *On Compromise and Rotten Compromises*. Princeton, NJ: Princeton University Press.

Marks, Isaac M. 1973. "Reduction of Fear: Towards a Unifying Theory." *Canadian Psychiatric Association Journal* 18 (1): 9 – 12. https:// doi.org/ 10.1177/ 070674377301800103.

Marques, José M., Vincent Y. Yzerbyt, and Jacques- Philippe Leyens. 1988. "The 'Black Sheep Effect': Extremity of Judgments towards Ingroup Members as a Function of Group Identification." *European Journal of Social Psychology* 18 (1): 1 – 16. https:// doi.org/ 10.1002/ ejsp.2420180102.

Mason, Lilliana. 2018. *Uncivil Agreement*. Chicago: Chicago University Press. https:// www.press.uchicago.edu/ ucp/ books/ book/ chicago/ U/ bo27527354. html.

McGrath, Robert. 2015. "Character Strengths in 75 Nations: An Update." *The Journal of Positive Psychology* 10: 41 – 52. https:// doi.org/ 10.1080/ 17439760.2014.888580.

McSweeney, Frances K., and Samantha Swindell. 1999. "General- Process Theories of Motivation Revisited: The Role of Habituation." *Psychological Bulletin* 125 (4): 437.

Merritt, Anna C., Daniel A. Effron, Steven Fein, Kenneth K. Savitsky, Daniel M. Tuller, and Benoît Monin. 2012. "The Strategic Pursuit of Moral Credentials." *Journal of Experimental Social Psychology* 48 (3): 774 – 77. https:// doi.org/ 10.1016/ j.jesp.2011.12.017.

Mill, John Stuart. 1989. *On Liberty and Other Writings*. Cambridge, UK: Cambridge University Press.

Mill, John Stuart. 2017. *Utilitarianism: With Related Remarks from Mill's Other Writings*. Indianapolis: Hackett.

Miller, Arthur H., Martin P. Wattenberg, and Oksana Malanchuk. 1986. "Schematic Assessments of Presidential Candidates." *American Political Science Review* 80 (2): 521 – 40.

Miller, Christian. 2017. *The Character Gap: How Good Are We?* Oxford: Oxford University Press.

Moliere, Jean- Baptiste Poquelin. 2008. *The Misanthrope*. Translated by Ranjit Bolt. London: Oberon Books. https:// books.google.com/ books?id=eTd4nzL7Sj0C.

Möller, Jens, and Karel Savyon. 2003. "Not Very Smart, Thus Moral: Dimensional Comparisons Between Academic Self- Concept and Honesty." *Social Psychology of Education* 6 (2): 95 – 106. https:// doi.org/ 10.1023/ A:1023247910033.

Moore, G. E. 1993. *Principia Ethica*. Cambridge, UK: Cambridge University Press.

Mullen, Elizabeth, and Linda J. Skitka. 2006. "When Outcomes Prompt Criticism of Procedures: An Analysis of the Rodney King Case." *Analyses of Social Issues and Public Policy* 6 (1): 1 – 14. https:// doi.org/ 10.1111/ j.1530- 2415.2006.00100.x.

Mutz, Diana C. 2006. *Hearing the Other Side: Deliberative versus Participatory Democracy*. Cambridge, UK: Cambridge University Press.

Nietzsche, Friedrich. 1989. *On the Genealogy of Morals and Ecce Homo*. Edited by Walter Kaufmann. Reissue edition. New York: Vintage.

Nisbett, Richard E., and Lee Ross. 1980. *Human Inference: Strategies and Shortcomings of Social Judgment*. Englewood Cliffs, NJ: Prentice- Hall.

Nisbett, Richard E., and Timothy D. Wilson. 1977. "Telling More Than We Can Know: Verbal Reports on Mental Processes." *Psychological Review* 84 (3): 231 – 59. https:// doi.org/ 10.1037/ 0033- 295X.84.3.231.

Noelle- Neumann, Elisabeth. 1993. *The Spiral of Silence: Public Opinion— Our Social Skin*. 2nd ed. Chicago: University of Chicago Press.

Norlock, Kathryn J. 2017. "Online Shaming." *Social Philosophy Today* 33 (June):

187 – 97. https:// doi.org/ 10.5840/ socphiltoday201762343.

Norris, Robert S., and Hans M. Kristensen. 2006. "Global Nuclear Stockpiles, 1945 – 2006." *Bulletin of the Atomic Scientists* 62 (4): 64 – 66. https:// doi.org/ 10.2968/ 062004017.

Nozick, Robert. 1990. *The Examined Life: Philosophical Meditations.* New York: Simon & Schuster.

Oliver, J. Eric, and Thomas J. Wood. 2014. "Conspiracy Theories and the Paranoid Style(s) of Mass Opinion." *American Journal of Political Science* 58 (4): 952 – 66.

Pascale, Richard, Jerry Sternin, and Monique Sternin. 2010. *The Power of Positive Deviance: How Unlikely Innovators Solve the World's Toughest Problems.* 1st ed. Boston: Harvard Business Review Press.

Pincione, Guido, and Fernando R. Tesón. 2011. *Rational Choice and Democratic Deliberation: A Theory of Discourse Failure.* New York: Cambridge University Press.

Pinker, Steven, Martin A. Nowak, and James J. Lee. 2008. "The Logic of Indirect Speech." *Proceedings of the National Academy of Sciences* 105 (3): 833 – 38. https:// doi.org/ 10.1073/ pnas.0707192105.

Pinto, Isabel R., José M. Marques, John M. Levine, and Dominic Abrams. 2010. "Membership Status and Subjective Group Dynamics: Who Triggers the Black Sheep Effect?" *Journal of Personality and Social Psychology* 99 (1): 107 – 19.

Powell, Caitlin A. J., and Richard H. Smith. 2013. "Schadenfreude Caused by the Exposure of Hypocrisy in Others." *Self and Identity* 12 (4): 413 – 31.

Preble, Christopher A. 2003. " 'Who Ever Believed in the "Missile Gap"?': John F. Kennedy and the Politics of National Security." *Presidential Studies Quarterly* 33 (4): 801 – 26. https:// doi.org/ 10.1046/ j.0360- 4918.2003.00085.x.

Preoţiuc- Pietro, Daniel, Ye Liu, Daniel Hopkins, and Lyle Ungar. 2017. "Beyond Binary Labels: Political Ideology Prediction of Twitter Users." In *Proceedings of the 55th Annual Meeting of the Association for Computational Linguistics*, 729 – 40. Vancouver: Association for Computational Linguistics. https:// doi.org/ 10.18653/ v1/ P17- 1068.

Radzik, Linda. 2012. "On the Virtue of Minding Our Own Business." *The Journal*

of Value Inquiry 46 (2): 173 – 82. https:// doi.org/ 10.1007/ s10790- 012- 9317-
1.

Rom, Sarah C., and Paul Conway. 2018. "The Strategic Moral Self: Self-
Presentation Shapes Moral Dilemma Judgments." *Journal of Experimental Social
Psychology* 74 (January): 24 – 37. https:// doi.org/ 10.1016/ j.jesp.2017.08.003.

Ronson, Jon. 2015. *So You've Been Publicly Shamed.* New York: Riverhead Books.

Rosenfeld, Sam. 2017. *The Polarizers: Postwar Architects of Our Partisan Era.* Chicago:
University of Chicago Press.

Ross, Lee, and Richard E Nisbett. 1991. *The Person and the Situation: Perspectives of
Social Psychology.* New York: McGraw- Hill.

Ross, Michael, and Fiore Sicoly. 1979. "Egocentric Biases in Availability and
Attribution." *Journal of Personality and Social Psychology* 37 (3): 322 – 36. https://
doi.org/ 10.1037/ 0022- 3514.37.3.322.

Rothbaum, Barbara Olasov, Elizabeth A. Meadows, Patricia Resick, and David W.
Foy. 2000. "Cognitive- Behavioral Therapy." In *Effective Treatments for PTSD:
Practice Guidelines from the International Society for Traumatic Stress Studies*, 320 – 25.
New York: Guilford Press.

Rothschild, Zachary K., and Lucas A. Keefer. 2017. "A Cleansing Fire: Moral
Outrage Alleviates Guilt and Buffers Threats to One's Moral Identity."
Motivation and Emotion 41 (2): 209 – 29. https:// doi.org/ 10.1007/ s11031- 017-
9601- 2.

Russo, Richard. 1997. *Straight Man.* New York: Random House.

Ryan, Carey S., and Laura M. Bogart. 1997. "Development of New Group
Members' in- Group and out- Group Stereotypes: Changes in Perceived
Group Variability and Ethnocentrism." *Journal of Personality and Social Psychology*
73 (4): 719 – 32.

Ryan, Timothy J. 2017. "No Compromise: Political Consequences of Moralized
Attitudes." *American Journal of Political Science* 61 (2): 409 – 23. https:// doi.org/
10.1111/ ajps.12248.

Sawaoka, Takuya, and Benoît Monin. 2018. "The Paradox of Viral Outrage."
Psychological Science 29 (10): 1665 – 78. https:// doi.org/ 10.1177/

그랜드스탠딩

0956797618780658.

Saxe, Leonard, Denise Dougherty, and Theodore Cross. 1985. "The Validity of Polygraph Testing: Scientific Analysis and Public Controversy." *American Psychologist* 40 (3): 355–66.

Schliesser, Eric. 2003. "The Obituary of a Vain Philosopher: Adam Smith's Reflections on Hume's Life." *Hume Studies* 29 (2): 327–62.

Schmidtz, David. 1994. "The Institution of Property." *Social Philosophy and Policy* 11 (2): 42–62. https:// doi.org/ 10.1017/ S0265052500004428.

Schmidtz, David. 2008. *Person, Polis, Planet: Essays in Applied Philosophy*. Oxford: Oxford University Press.

Schmitt, David P., and David M. Buss. 2001. "Human Mate Poaching: Tactics and Temptations for Infiltrating Existing Mateships." *Journal of Personality and Social Psychology* 80 (6): 894.

Schneller, Christian. 1867. *Märchen und Sagen aus Wälschtirol: Ein Beitrag zur deutschen Sagenkunde*. Innsbruck: Verlag der Wagner'schen Universitäts- Buchhandlung.

Sedikides, Constantine, and Mark D. Alicke. 2012. "Self- Enhancement and Self- Protection Motives." In *The Oxford Handbook of Human Motivation*, edited by Richard M. Ryan, 303–22. New York: Oxford University Press.

Sedikides, Constantine, Lowell Gaertner, and Yoshiyasu Toguchi. 2003. "Pancultural Self-Enhancement." *Journal of Personality and Social Psychology* 84 (1): 60–70.

Sedikides, Constantine, Lowell Gaertner, and Jack L. Vevea. 2005. "Pancultural Self- Enhancement Reloaded: A Meta- Analytic Reply to Heine (2005)." *Journal of Personality and Social Psychology* 89 (4): 539–51.

Sedikides, Constantine, Rosie Meek, Mark D. Alicke, and Sarah Taylor. 2014. "Behind Bars but above the Bar: Prisoners Consider Themselves More Prosocial Than Non- Prisoners." *British Journal of Social Psychology* 53 (2): 396–403. https:// doi.org/ 10.1111/ bjso.12060.

Simler, Kevin, and Robin Hanson. 2018. *The Elephant in the Brain: Hidden Motives in Everyday Life*. 1st ed. New York: Oxford University Press.

Simon, Herbert A. 1987. "Satisficing." In *The New Palgrave: A Dictionary of Economics*, edited by John Eatwell, Murray Milgate, and Peter Newman, 4:243–45.

London: Macmillan.

Skitka, Linda J. 2010. "The Psychology of Moral Conviction." *Social and Personality Psychology Compass* 4 (4): 267–81. https:// doi.org/ 10.1111/ j.1751-9004.2010.00254.x.

Skitka, Linda J., Christopher W. Bauman, and Edward G. Sargis. 2005. "Moral Conviction: Another Contributor to Attitude Strength or Something More?" *Journal of Personality and Social Psychology* 88 (6): 895–917. https:// doi.org/ 10.1037/ 0022- 3514.88.6.895.

Skitka, Linda J., G. Scott Morgan, and Daniel C. Wisneski. 2015. "Political Orientation and Moral Conviction: A Conservative Advantage or an Equal Opportunity Motivator of Political Engagement?" In *Social Psychology and Politics*, edited by Joseph P. Forgas, Klaus Fiedler, and William D. Crano, 73–90. New York: Psychology Press.

Skitka, Linda J., and Daniel C. Wisneski. 2011. "Moral Conviction and Emotion." *Emotion Review* 3 (3): 328–30. https:// doi.org/ 10.1177/ 1754073911402374.

Sloman, Steven, and Philip Fernbach. 2017. *The Knowledge Illusion: Why We Never Think Alone.* New York: Riverhead Books.

Smith, Adam. 1985. *The Theory of Moral Sentiments.* Indianapolis: Liberty Fund Inc.

Smith, Tom W., Kenneth A. Rasinski, and Marianna Toce. 2001. "America Rebounds: A National Study of Public Response to the September 11th Terrorist Attacks." *NORC Report.*

Solnit, Rebecca. 2015. *Men Explain Things to Me.* Chicago: Haymarket Books.

Somin, Ilya. 2013. *Democracy and Political Ignorance: Why Smaller Government Is Smarter.* 1st ed. Stanford, CA: Stanford University Press.

Steinmetz, Janina, Ovul Sezer, and Constantine Sedikides. 2017. "Impression Mismanagement: People as Inept Self-Presenters." *Social and Personality Psychology Compass* 11 (6): 1–15. https:// doi.org/ 10.1111/ spc3.12321.

Sunstein, Cass R. 2002. "The Law of Group Polarization." *Journal of Political Philosophy* 10 (2): 175–95. https:// doi.org/ 10.1111/ 1467-9760.00148.

Sunstein, Cass R. 2009. *Going to Extremes: How Like Minds Unite and Divide.* Oxford: Oxford University Press.

Tappin, Ben M., and Ryan T. McKay. 2017. "The Illusion of Moral Superiority." *Social Psychological and Personality Science* 8 (6): 623 – 31. https:// doi.org/ 10.1177/ 1948550616673878.

Tetlock, Philip E. 2002. "Social Functionalist Frameworks for Judgment and Choice: Intuitive Politicians, Theologians, and Prosecutors." *Psychological Review* 109 (3): 451 – 471.

Theriault, Sean M. 2008. *Party Polarization in Congress*. Cambridge, UK: Cambridge University Press.

Tosi, Justin. 2018. "Rethinking the Principle of Fair Play." *Pacific Philosophical Quarterly* 99 (4): 612 – 31. https:// doi.org/ 10.1111/ papq.12219.

Tosi, Justin, and Brandon Warmke. 2016. "Moral Grandstanding." *Philosophy and Public Affairs* 44 (3): 197 – 217.

Tuan Pham, Michel, Tom Meyvis, and Rongrong Zhou. 2001. "Beyond the Obvious: Chronic Vividness of Imagery and the Use of Information in Decision Making." *Organizational Behavior and Human Decision Processes* 84 (2): 226 – 53. https:// doi.org/ 10.1006/ obhd.2000.2924.

Vallier, Kevin. 2018. *Must Politics Be War?: Restoring Our Trust in the Open Society*. Oxford: Oxford University Press.

Vlahov, David, and Benjamin Junge. 1998. "The Role of Needle Exchange Programs in HIV Prevention." *Public Health Reports* 113 (Suppl 1): 75 – 80.

Vonasch, Andrew J., Tania Reynolds, Bo M. Winegard, and Roy F. Baumeister. 2018. "Death Before Dishonor: Incurring Costs to Protect Moral Reputation." *Social Psychological and Personality Science* 9 (5): 604 – 613. https:// doi.org/ 10.1177/ 1948550617720271.

Vossen, Bas van der. 2015. "In Defense of the Ivory Tower: Why Philosophers Should Stay out of Politics." *Philosophical Psychology* 28 (7): 1045 – 63. https:// doi.org/ 10.1080/ 09515089.2014.972353.

Vreese, Claes H. de. 2005. "The Spiral of Cynicism Reconsidered." *European Journal of Communication* 20 (3): 283 – 301. https:// doi.org/ 10.1177/ 0267323105055259.

Vrij, Aldert. 2008. *Detecting Lies and Deceit: Pitfalls and Opportunities*. 2nd ed. Hoboken,

NJ: Wiley- Interscience.

Walter, Nathan, and Sheila T. Murphy. 2018. "How to Unring the Bell: A Meta-Analytic Approach to Correction of Misinformation." *Communication Monographs* 85 (3): 423 – 441. https:// doi.org/ 10.1080/ 03637751.2018.1467564.

Wellman, Christopher Heath. 2012. "The Rights Forfeiture Theory of Punishment." *Ethics* 122 (2): 371 – 393.

Wendt, Fabian. 2019. "In Defense of Unfair Compromises." *Philosophical Studies* 176 (11): 2855 – 2875.

White, Jonathan A., and S. Plous. 1995. "Self- Enhancement and Social Responsibility: On Caring More, but Doing Less, Than Others." *Journal of Applied Social Psychology* 25 (15): 1297 – 318. https:// doi.org/ 10.1111/ j.1559-1816.1995.tb02619.x.

Wilde, Oscar. 1903. *Lady Windermere's Fan: A Play about a Good Woman.* Paris: L. Smithers.

Will, George F. 2002. *With a Happy Eye, But... : America and the World, 1997-2002.* New York: Free Press.

Willer, Robb, Ko Kuwabara, and Michael W. Macy. 2009. "The False Enforcement of Unpopular Norms." *American Journal of Sociology* 115 (2): 451 – 90. https:// doi. org/ 10.1086/ 599250.

Williams, Elanor F. 2007. "Naive Cynicism." In *Encyclopedia of Social Psychology,* edited by Roy F. Baumeister and Kathleen Vohs, 601 – 2. Thousand Oaks, CA: Sage. https:// doi.org/ 10.4135/ 9781412956253.

Wittels, Harris. 2012. *Humblebrag: The Art of False Modesty.* New York: Grand Central Publishing.

Wodak, Alex, and Annie Cooney. 2004. *Effectiveness of Sterile Needle and Syringe Programming in Reducing HIV/ AIDS among Injecting Drug Users.* Geneva: World Health Organization.

Yamamoto, Masahiro, and Matthew J. Kushin. 2014. "More Harm Than Good? Online Media Use and Political Disaffection Among College Students in the 2008 Election." *Journal of Computer- Mediated Communication* 19 (3): 430 – 45. https:// doi.org/ 10.1111/ jcc4.12046.

Zahavi, Amotz. 1975. "Mate Selection—A Selection for a Handicap." *Journal of Theoretical Biology* 53 (1): 205–14. https:// doi.org/ 10.1016/ 0022-5193(75)90111-3.

Zahavi, Amotz, and Avishag Zahavi. 1999. *The Handicap Principle: A Missing Piece of Darwin's Puzzle*. New York: Oxford University Press.

Zell, Ethan, and Mark D. Alicke. 2011. "Age and the Better-Than-Average Effect." *Journal of Applied Social Psychology* 41 (5): 1175–88. https:// doi.org/ 10.1111/ j.1559- 1816.2011.00752.x.

Zyl, Liezl van. 2018. *Virtue Ethics: A Contemporary Introduction*. New York: Routledge.

찾아보기

그랜드스탠딩

ㅊ

ㅈ

ㅋ

그랜드스탠딩

초판 1쇄 펴낸날 2022년 6월 3일
초판 2쇄 펴낸날 2022년 8월 19일
지은이   저스틴 토시·브랜던 웜키
옮긴이   김미덕
펴낸이   박재영
편집   이정신·임세현·한의영
마케팅   신연경
디자인   조하늘
제작   제이오
펴낸곳   도서출판 오월의봄
주소   경기도 파주시 회동길 363-15 201호
등록   제406-2010-000111호
전화   070-7704-2131
팩스   0505-300-0518
이메일   maybook05@naver.com
트위터   @oohbom
블로그   blog.naver.com/maybook05
페이스북   facebook.com/maybook05
인스타그램   instagram.com/maybooks_05

ISBN   979-11-6873-023-6 03190

만든 사람들
책임편집   이정신
디자인   studio forb